김수현 드라마 전집

김수현 드라마 전집

0 2

단막극 2

솔

1. 대사 문장에는 띄어쓰기 원칙을 적용하지 않았다.

가장 먼저, 김수현 극본의 대사에는 마치 악보처럼 리듬이 존재한다는 것을 알면 이해가 한층 쉬워진다. 대사의 리듬과 더불어 대사의 타이밍, 대사의 전환점, 호흡의 완급, 감정선의 절제 또는 연장 등이 대본 자체에서 표현되고 있다. 따라서 문법적 원칙보다 대사의 리듬, 장단이 우선하는 이유로 띄어쓰기 원칙은 간혹 무시되고 있으며 이러한 작가의 의도를 손상시키지 않기 위해 띄어쓰기 문법을 적용시키지 않고 원본 그대로 실었다.

2. 대사에는 맞춤법을 적용하지 않은 경우가 적지 않다.

김수현 극작품의 대사는 구어체에 가까운 것으로 한글, 곧 '소리 나는 대로 읽기-쓰기'에 충실하다. 사투리가 대사에 적용될 때, 캐릭터의 어투나 억양을 강조하기 위한 수단으로 쓰일 때에도 그러하다. 곧 모든 대사의 바탕은 실제 생활 속 일상 언어의 발성이며, 때문에 공식적인 맞춤법이 적용되지 않은 경우가 많다. 외래어 또한 대부분 표기법을 적용해 사용하지 않았고, 문장부호의 사용 또한 일부 맞춤법을 적용하지 않았다.

> 예) "가께 오빠"(맞춤법 표기로는 "갈게 오빠"이다.) "늘구지 마세요 선생님"("늘리지 마세요 선생님") "택시 타구 갈께요"("택시 타고 갈게요") "어뜩해. 들으셨어요?"("어떡해. 들으셨어요") "잔소리 피할려 그러지."("잔소리 피하려 그러지.") "친구 잘못 사겨 착한 내 아들 버렸다는 거랑 같아"("친구 잘못 사귀어 착한 내 아들…") "납쁜 자식"("나쁜 자식") "이제 여덜시야"("이제 여덟 시야") "근데"("그런데") "키이"("키key")

3. 의성어 및 의태어의 사용은 김수현 작가만의 언어를 반영하여 최대한 수정하지 않은 원문을 싣거나, 부분 삭제하였다.

예) '식닥식닥'(화나거나 흥분해 가만히 있지 못 하고 숨을 헐떡거리는 상태), '채뜰 듯'(낚아채서 빠르게 들어 올리는 모양)

4. 작품에 쓰인 기호들의 설명은 다음과 같다.

S#: S: Scene의 약자. / #: Number를 의미하는 기호.

E: Effect의 약자.
E는 여러 쓰임새가 있다. 이번 전집에서는 대체로 다음 두 가지로 쓰인다.
　① 화면상에서 A의 얼굴 위로 B의 목소리를 나오게 할 때
　② 특별한 음향효과를 지시할 때
　이번 전집에서는 ①에서처럼 화면 연출상의 기법을 위한 경우로 쓰일 경우에는 전후 문맥상 반드시 필요한 경우를 제외하고 부분 생략하였다. 그러나 ②에서처럼 전화벨이나 음향효과를 위한 장면에서는 원문 그대로 E라고 표기하였다.

예) E 전화벨 울리고 있고 / E 볼륨 줄여놓은 피아노 연주곡.

F: Filter의 약자.
이것은 예를 들면 A와 B가 통화를 할 때, A가 화면에 나와 있는 상태에서 B의 전화 목소리를 들려줘야 하는 경우, 상대방의 목소리를 전화 저편에서 말하는 것처럼 들리게 하는 음향적 효과를 지시하는 부호이다.

/ : 대사 속의 / 부호와 지문 속의 / 부호가 있다.

　① 대사 속의 / 부호

　대사 도중에 나오는 / 부호는 말투, 억양을 바꿀 때, 텀term 혹은 호흡을 지시 할 때 쓰인다. 그 길이는 길 수도, 짧을 수도 있으며 바로 전 대사의 호흡을 끊고 바로 다음 대사로 빠르게 연결해야 할 때도 쓰인다.

　　예) **수정**　(일어나 아들 앞으로 가 서며) 너 어떻게 / 어디 아파? 돌았어?

　② 지문 속의 / 부호

　연출할 화면을 나열, 혹은 순서대로 지시하는 부호이다.

　　예) **서연**　　? ? ? (허둥지둥 다른 손으로 무릎에 놓은 가방 휘저으며 전화 찾는/ 도저히 전화가 손에 안 잡힌다/ 브러시질 멈추고 아예 가방 내용물을 무릎에 몽땅 쏟아버린다/ 지갑 수첩 필통 손수건 콤팩트 립스틱 선글라스 두통약병 등등/ 그러나 전화는 없다/ 설마 하는 얼굴로 내용물들 다시 손으로 움직이며 체크/ 역시 없다)

　③ 지문과 대사 속의 //

　/ 부호를 겹쳐 사용한 것은 대사와 지문 모두 호흡을 위해 그대로 표기하였다. 행동이나 대사를 완전히 끊고 마무리할 때 사용되었다.

　　예) 지문: (대화 시작되고 유창하게 응답하는 이모// 매일 전화로 학습시키는
　　　　　　영어 회화)
　　　　대사: ……그럼 // 충격받을 준비해.

( ) : 배우의 연기에 대한 지시 사항.

[ ]: 작중 정황을 지시하는 지문.
설정, 행동, 환경, 동선 등을 지시하는 부호이다. 원문에서는 @로 표기되어 있으나
편집 과정에서 [ ]로 바꾸었다.

….: 말줄임표
　① 대사의 말줄임표: 배우의 대사에서의 감정선에 따른 호흡의 길이를 지시하
는 부호.
　② S#의 말줄임표: 도입되는 장면에 대한 연출의 길이를 조절하라는 뜻이다.
　③ [ ]의 말줄임표: 해당 장면에 대한 추가 연출이 필요하다는 뜻으로 쓰인다.

오버랩: Overlap.
앞의 장면과 뒤에 연결되는 장면이 겹쳐지며 다음 화면으로 넘어가게 할 때 쓰는 부
호이다.
대본에서의 오버랩은 앞 사람의 대사가 끝나기 전에 다음 사람의 대사를 겹쳐서 말
하게 할 때 주로 쓰이고 있다. 원본에서는 O.L로 표기되어 있으나 편집 과정에서 한
국어로 바꾸어 표기하였다.

마침표(.)를 넣지 않은 대사 문장에 대해
마침표의 유무에 따라 호흡과 말투, 대사와 대사와의 연결, 뉘앙스에서 차이가 있음
을 지시하는 것으로 원본 그대로 실었다.

인서트: Insert.
일련의 화면에 글자나 필름을 삽입하는 것을 뜻한다. 예를 들어 휴대폰 문자 화면을
화면에 잡는다거나 하는 것도 인서트에 속한다. 그러나 이 대본에서는 대부분의 경
우 이 지시 사항은 생략되어 있고 건물의 외경이나 풍경 등의 씬을 삽입할 때 주로
쓰였다.

디졸브: Dissolve.
한 화면의 밀도가 점점 감소되어 사라짐과 동시에 점차 다른 화면의 밀도가 높아져
나타나는 장면 전환 기법 중 하나. 대본에서의 디졸브는 시간이나 장소의 변화를 보
여주기 위해 사용되었다.

페이드 인: Fade in.
영상이 검정색 상태에서 다음 이미지가 점차 선명하게 나타나는 장면 전환 효과를
말하는 것으로 대본에서는 'F.I'로 표기했다.

페이드 아웃: Fade out.
화면이 어두워져 완전히 꺼지는 상태. 장면의 전환, 또는 시간을 건너뛸 때 주로 쓰
인다. 대본에서는 'F.O'로 표기했다.

스니크 인: Sneak in.
해설이나 대사 등이 진행되고 있는 사이에 음악이나 효과음을 서서히 삽입시키면
서 점점 확대해 가는 오디오 연출 용어.

5. 배우의 연기나 대사, 작중 정황 등 대본의 서술과 실제 방영된 드라마 방송분이 다
를 경우 대본을 우선으로 한다.

차례

편집자 일러두기 · 4

———

혼수 · 11

홍소장의 가을 · 169

아버지가 미안하다 · 303

———

부록

작품 연보 · 438

김수현 연보 · 448

혼수
(2003)

주요 인물

박승주   은행원. 정일의 여자친구.

나정일   승주의 남자친구.

정일네 가족

안복희   정일의 어머니.

나사장   복희의 남편. 정일의 아버지.

나정균   정일의 형.

혜수   정균의 아내.

정아   정균과 정일의 여동생.

승주네 가족

박진숙   승주의 어머니.

박연주   승주의 언니. 남매 중 맏이.

상훈   연주의 남편.

재우   연주 부부의 아들.

박형주   승주의 오빠.

수경   형주의 아내.

제1회

S# **은행 강남 지점 탈의실

    [퇴근 준비하고 있는 여행원 셋.]

행원1 (옷 갈아입으면서)뭐 존일 있어?

행원2 (화장 손질하면서)소개팅요

행원1 능력 있어어.

행원3 (스타킹 끌어올리면서)능력이 아니라 인맥이 존 거지이.

행원2 워낙 인간이 많은 집안이라 한 사람이 한 껀 씩만 물어 와두 서
    른 일곱 껀이거든요‥

행원3 그게 바루 인맥이지이‥

행원1 (거의 함께)부럽다아아아(하는데)

승주 (들어오면서)아우 증말 못말리는 회장님이셔어. 어떻게 진짜 사
    흘돌이루 볶아 먹어어. (셋 보면서 발 구르듯)

행원1 승주하구 통화하는 게 좋아서 그러시는 건데 좀 봐드려.

승주 ?

행원3 어? 나두 그런 생각 했는데에.

승주　기막혀.

행원1　오실 때마다 너 바라보는 눈이 얼마나 그으윽하니 응?

행원2　킬킬 언니 먹으라구 케익두 잘 사 오시구요.

승주　나 먹으라구가 아니라 나눠 먹으라구지이이이.

행원3　나눠 먹으라구 딴 사람 준 적 없어 야. 꼭 너 주지. 그건 말은 나눠 먹어라지만 너 준 거야. 우린 니덕에 사는 거구.

행원1　맞어맞어.

승주　(옷장 열면서)아우 좋아 그래 맘대루 해. 칠순 할아버지가 나 좋대서 뭐에 쓰게. 케익이니 뭐 그런 거 안 갖다 주시구 대출이자 깎아내라는 소리 좀 그만 했으면 좋겠어. 맨날 똑 같은 소리/예금이자가 얼마나 내렸는데 늬들 도둑 아니냐.(손 멈추고 동료들 돌아보며)내가 은행장야?

행원1　은행장 아닌 거 그 할아버지두 아시지이이이.

승주　(다시 움직이며)전화 하실 때마다 도둑 소리를 서른 번은 할 거야 아마/ 도둑도둑도둑도둑/듣구 있다 보면 내가 도둑인 거 같은 기분이 든단 말야. 아이 신경질 나.(정말 짜증나서)

행원3　뭐/ 하니?

승주　?(잠깐 돌아보고는 무슨 뜻인지 안다)하긴 뭘 해.(부어터져서)

행원3　하루 이틀두 아닌데 신경질까지 날 거 뭐 있어‥

승주　하루 이틀 아니니까 그렇지.(에서)

S#　강남 대로변의 **은행 ***지점 앞 거리

　　[잠시 두었다가 은행에서 나오는 네 여행원들. 나오면서 각각 잘 가/ 안녕/적당히 인사하면서 흩어진다.]

승주　(한 방향 잡아서 걷기 시작하는)……(땅 보면서 ‥‥무표정에 가까운

우울)

S# 카페 골목을 들어오고 있는 승주… 여전한 모습

S# 어느 카페 옆

[유리로 발라진 카페 옆을 스치다가 문득 걸음 멈추고 보는]

승주 ….

[유리를 통해서 창가에 앉아 신문 보고 있는 정일··제대한 지 두 달된 머리…]

승주 ……(무표정한 얼굴로 보고 있다가 추스르듯 하고 카페 출입구 쪽으로)

S# 카페 안

승주 (아무 일 없는 듯 가벼운 걸음과 얼굴로 들어서서 곧장 정일 쪽으로 가 푹 앉으며)일찍 왔어? (밝게)

정일 (고개 들고 웃으며)응 한 시간 전.

승주 그렇게나?

정일 (픽 웃듯)백수가 뭐. 집에 있는 거 보다 이러구 너 기다리는 게 더 나아··(하며 신문 옆 의자로 놓으며)그런데 말야 나 시간 별로 없어.

승주 ? 왜애?

정일 E (승주 위에 연결해서)나오다 연락 받았는데 형수 생일이래.(맥 빠지는 승주.)

정일 (연결)식구들 저녁 먹는데 빠지면 안된다구··

승주 (맥 빠진 채 그냥 보며)……

정일 군대 때매 나 /형수 생일 첨이잖아./

승주 (포기/끄덕이며)됐어/알았어. ….(안 보며 옆에 놓았던 핸드백 당겨 무릎으로 옮기며)근 데 우리 집두 오늘 행사 있는데 나는 빠진다구 했거든? (하고 보며 조금 웃으며)

정일 ? 무슨?

승주 우리두 생일이야. 언니.

정일 어어 같은 날이네?

승주 (잠깐 웃으며)그러네?(맞장구치듯)

정일 야 그럼 잘됐다아(편해져서)각각 집 볼일 보구 내일 만나자. 어디 가볍게 인천 쯤 갈까? 바다두 보구 회두 먹구····(잠시 보다가) 어 아니면 영화나 몇 개 때리든지. 너 보구 싶다는게 뭐였지?

승주 (가만히 보며)····

정일 삐졌니?

승주 (보며)아아니?

정일 ·····(잠시 보다가 조금 웃는)너 삐지면 바루 그런 얼굴 되잖아. 마 알가니 사람 보는 거.

승주 ····(그대로 보는)

정일 그러다가 다다다다다다다 정신 못차리게 몰아부치잖아. 나두 이제 너 다 꿰.(전혀 심각하지 않다)

승주 (그대로)···

정일 야 겁나 그러지 마. 오늘은 불가항력이야. 형수 생일이라는데 그것두 첨인데 어떻게(빠진대)

승주 (느닷없는 느낌이 들게 오버랩/가볍게)저기 있잖아. /·· 결혼할 생각 없는 거지··

정일 ?··· (잠깐 보다 픽 웃으며)뭐야 왜. 너랑 안 놀구 형수 생일에 간다구?

승주 (오버랩의 기분/웃으며)사실은 오늘 내가 진짜 근사한데 가서 뽀다구 나는 저녁 쏘구 폼나게 와인두 마시구/우리 그만 여기서 빠이빠이하자/멜로드라마 주인공처럼 분위기 잡구 멋있게 그럴 려구 했는데 (코 찡긋하며)난 그복두 없다. 시간 없다니까 (어깨 춧 썩하면서)뭐 내 돈 굳구 오히려 잘됐네‥ 그냥 여기서 하지 뭐‥

정일   ‥(보다가 또 좀 웃으며 달래듯) 왜 그래애.

승주   (오버랩)이쯤에서 빠이빠이 하구 각자 갈길 가자 선배.

정일   (진지해져서 보는)‥‥

승주   나 울며불며 그건 안하기루 작심했었거든? 하루 이틀두 아니 구 오년인데 머/ 피차 가슴 설레구 생각만 해두 행복하구 보구 싶 어 미칠 거 같구…(잠깐 사이 두었다가) 만약 내 콩팥이 필요하다면 당장 떼어준다 그런 감정들두 /이젠 우리 퇴색될대루 퇴색됐잖아. 그래서 지금은 우리 헤진대두 울구불구 그럴 거 같지두 않지만 / 그치만 와인 마시구 살짝 취하면 어떻게 될지 잘 모르겠어서 좀 걱 정했었는데 술 안마실테니까 그 걱정두 할 거 없네뭐. 다행이다.

정일   (웃음기 없이 오버랩의 기분)이유가 뭐야.

승주   결혼하구 싶은 생각 없잖아.

정일   누가 그래.

승주   결혼하자 소리 한 적 한 번두 없잖아.

정일   꼭 말루 해야 해?

승주   행동으루 한 거두 없잖아. 우리 집에 드나든 건 벌써 옛날부터 면서 나 /니 부모 아직/ 인사두 못드렸어.

정일   야 그건/

승주   (급한 손길로 소지품 챙기면서 감정이 차오른다)제대한지 두달이 넘었어. 나 스물 여덟 됐구. 나 먼저 일어날게. 잘 지내. 나두 잘 지 낼게.

정일 (일어나며 잡는)야 승주야.

승주 (손 떼어 거칠게 빠른 걸음으로 나간다)

S# 카페 밖 거리

승주 (카페에서 나와 눈 부릅뜨듯 하고 빠른 걸음으로 걷는)

　　　　[잠깐 사이 두었다가]

정일 (뛰어나와 따라붙으며 팔 잡는다)

승주 (모질게 뿌리친다)

정일 (다시 잡으며)야.

승주 (뿌리치려 하지만 정일이 안 놓친다)이럴 거 없어. 됐어. 이거 놔.

정일 (안 놓는다)

승주 (보며) 빨리 놔. 챙피하게 만들지 말구 놔⋯⋯ 노란 말야.(화내지
　　　　말고)

정일 (잡은 채/언성 높이지 말고)느닷없이 이게 뭐야. 너무 일방적이
　　　　잖아.

승주 (기막혀 웃듯 하며)그래애. 일방적이라 소리 잘했어. 나/ 일방적
　　　　으루 나 혼자 해바라기 이제 그만 한단 말야. 결혼할 생각두 없는
　　　　사람이랑 내가 골이 썩었니? 이제 그만 한단 말야 말 귀 못 알아들
　　　　어? 그만해. 끝내자구 응? (악은 쓰지 말고 /지나가는 사람들은 아무
　　　　상관없다)

정일 결혼할 생각없다구 글쎄 누가 그래. 누가 그런 말 해!

승주 보면 그래. 보면 알아. 없어.

정일 야(달래려)

승주 (정일과 상관없이 연결)괜찮아아 솔직해두 돼. 상관없다니까아?

정일 (낚아채듯 승주 팔목 낚아채 끌고 간다)

20

승주 (입 꽉 다물고 끌려가듯)

S# 주변 어느 공용 주차장 한구석

승주 하루 이틀 생각한 거 아니구 하루이틀 느끼구 있었던 거 아냐. 이해할 수 없는 거 참 많아. 그 집에선 도대체 나를 어떻게 알구 있는 거야. 오년 동안 그 집 엄마나 여동생이 적어두 서른 번은 너 찾는 내 전화 받았을 거야. 누구냐구 아들한테 질문두 안해? 아들한테 전화하는 여자 궁금하지두 않아?

정일 너 알아. 아셔. 다 알구 있어.

승주 그럼 질문있어. 그냥 귀찮게 쫓아다니는 약간 또라이 별볼일 없는 애라구 해놨니?

정일 (달래듯) 말 안되는 억지 소리 좀 하지 마.

승주 그럼.

정일 …(보며)

승주 그러엄! (올라서)

정일 군대 가 있었잖아. 군 생활하면서 결혼한다 그래? 제대한지 이제 얼마 됐다구

승주 (오버랩) 결혼할 여자라 소린 했어? 인산 왜 안 시켜. 군 생활하면서 결혼할 여자 집안에 인사시키는 거 군법회의 감이니?

정일 (그저 지그시 승주 보면서 속만 답답하다)

승주 아니면 나 모르게 벌써 장가가 애 낳구 살구 있니?

정일 (보며)….

승주 (답답해서) 말을 해애. 괜찮아. 나 뭐든 받아들일 준비 됐다니까? 오늘 우리 끝내는 거야. 끝내는 참에 못할 말이 어딨구 못 들을 말이 어딨어 응?

정일 ....(그저 보며)

승주 싫증났지....싫증났으면 싫증났다 그래. 나랑 결혼할 생각이 안 들면 안든다 그래.

정일 (땅으로 고개 꺾고)

승주 나정일.

정일 (나정일의 끝에 물리게 고개 들며 오버랩)승주야.

승주 (오버랩)그동안 잘 데리구 놀았다/ 그럼/ 그래 나두 잘놀았다 / 간단하잖아.

정일 그런 돼먹잖은 말이 어딨어!(좀 올라서)

승주 (마주 올라서)돼먹은 말은 뭔데! 언제 결혼하냐 왜 아뭇소리 없냐 결혼을 하기는 할 거냐/우리 집에선 식구마다 압력 주는데 너는 꿀먹은 벙어리구! 그 집에선 내 존재같은 거 없는 거나 마찬가지야. 자존심이 얼마나 아픈지 알아? (울음이 터질 듯)

정일 알아. 알 거 같애.

승주 알아?

정일 알아.

승주 그런데.

정일 (보며)우리 집 느네 집 같지 않아. 너 적응 힘들 거야..

승주 .....(서늘해져서 보다가)고작....그게 핑계야? 그냥 결혼하기 싫다 솔직하게 말해 버려. 괜찮다니까?

정일 승주야.

승주 얘기 그만하자 연락하지 마. 나 핸드폰 바꿀 거구 은행으루두 집 으루두 전화하지 마. 안 받을 테니까 응?

정일 (보는)....

22

승주 알았어?…알았어?

정일 그래 알아 들었어.

승주 ……(보다가 미련 없이 빠른 걸음으로 움직여 멀어진다)

정일 …(보면서)

S# 주차장을 나서 걷는 승주

승주 (줄줄 흐르는 눈물 손끝으로 닦으면서…얼굴은 우그러질 필요 없음)……

S# 버스 정류장(어두워지기 시작하는 시각)

[버스 기다리는 사람들 가운데 묻혀서 이 악물듯 하고 표 안 나게 눈물 훔쳐내고 있다.]

S# 아파트 동네로 들어오고 있는 승주…(길 필요 없음) 밤

S# 아파트 안 승주의 집 현관과 거실

[40평 남짓한 규모.]

진숙 (현관문 열면서/반가운)춥지.얼른 들어와 얼른(잡아들이듯)

승주 (폴짝 뛰어들듯 하면서 반갑게)반갑지 엄마.(하며 진숙의 팔 잡는다)

진숙 (한 팔로 어깨 싸안듯 하며)늦는다더니 웬일야. 지금 막 시작하던 참야. 빨리 옷 갈아 입구 손 씻구 나와 응?

승주 엉 빨리 하께 엄마 그냥 시작해요. (하며 거실 쪽으로 움직이며) 형부 안녕하세요.

상훈 (연주 도와 상에 음식 자리 잡으면서)어 어서와 처제.

승주 (연결하듯)재우야 넌 이모보구 아는 체두 안하기야? 안녕?

재우 안녕하세요.

상훈 임마 니가 먼저 해야지이.(가볍게 쥐어박으며/재우-해해해해)

승주 (제 방으로 움직이며)빨리할 테니까 먼저 시작해요.(제 방으로

아웃)

진숙 (다가와 상 내려다보며)이제 국만 나오면 다 되나? (혼잣소리처럼)

연주 (큰 빈 쟁반 들고 일어나며)내가 하께요 엄마.

진숙 (쟁반 빼내면서)앉아 있어. 주인공이 왜 그래.

연주 (쟁반 도로 뺏으며)주인공은 무슨. 내가 한다니까요오? (주방으로)

상훈 예 앉으세요 앉으세요 장모님.

진숙 (별수 없이 자기 자리에 엉거주춤 앉으며 상 음식 움직이면서)좀 들어가 보지이..

형주 (자기 보고 하는 얘긴 줄 모르고 신문 보며 그대로)

진숙 으응? (과 동시에)

상훈 처나암.

형주 ? (보는)

진숙 좀 들어가 보라구우.

형주 나지면 나오겠죠. 내버려 두세요.

진숙 어이 들어가 봐.

형주 (별수 없이 신문 치우며 동시에 일어나며)잘 거에요 아마.

진숙 자거든 내버려 두구.

형주 (제 방으로 들어간다)

상훈 전혀 효과가 없어요 장모님?

진숙 글쎄에. 어지럽다 소릴 좀 덜하나아 어쩌나. 아직은 그러네에.

상훈 빈혈이 그게 약 먹는다구 금방 낫는 게 아니라구 저 사람 그러는데요?

연주 (큰 스텐 국 냄비와 국그릇들, 국자 챙겨 들고 나오며 오버랩의 기분)국이 아주 제대루 달아서 맛있는데요?

24

진숙 (좋아서)그래? 간이 맞어?

연주 네 딱 고거 /딱 그 간/딱 그맛이에요.

진숙 (국그릇 내리기 시작하면서)살았다/ 연주한테 합격했다아.

상훈 (기웃이 열리는 국 냄비 들여다보고)어 이 세상에서 젤 맛있는 우
리 장모님 육개자앙.

진숙 연주 무서워 조마조마하며 끓였어.

상훈 입맛 까다로운 거 죽이죠오. 아주 심해요오.

연주 덕분에 맛있게 얻어먹구 살잖아.

상훈 그건 그래 허허 그래.

연주 (오버랩)안 나오니?(승주 방에 대고)

S# 승주의 방

승주 (집에서 입는 옷 입고 벗은 옷 침대에 아무렇게나/침대 모서리에 앉
아 있는)

연주 E (연결)국 식어 빨리하구 나와아.

승주 엉 나가아.(하고 일어난다)

S# 거실

[식사가 시작되는 상황.]

승주 상다리 아주 부러지네. 언니 뭐했다구 이렇게 잘 차려주는 거지?
출가외인인데 말야.

연주 출가외인 인간차별하자구?

승주 점점 더 잘 차려주는 거 같아 어째/ 오빠 그런 생각 안들어?

형주 (먹으면서)너두 빨리 시집가 그럼 너두 잘 차려 주실 거야.

수경 (형주의 아내)그게 아니라 작년 가을에 형님 발목 인대 늘어나
고생 많이 하셨잖아요. 살림하면서 직장다니느라 동동거리다 그

렇게 된 거라구 안쓰러서 이번엔 더 잘 차려주자구 작정하셨대요.

승주 생일상 잘 받을려면 그럼 나두 어디 다쳐야겠네?

진숙 에이/(질색하는)그런 소리하는 거 아냐. 그러지 마.

형주 생일엔 미역국 먹는 거 아니에요?

진숙 어 그게

수경 (오버랩)아침 저녁으루 미역국 너무 지겨워서 내가 싫댔어요.(애
교 있게)

진숙 연주가 아침에 미역국은 먹었다 그러구/ 육개장 먹구 싶대서

승주 어으 잘했어 엄마. 새언니 피 만들라구 날마다 미역국/나두 메
스거려.

수경 그걸 죽어두 먹어야하는 나는 어떻겠어요.

연주 피만 만든다 그럼 우리 엄마 아마 바퀴벌레라두 볶아 먹일걸?
(모두 조금씩 웃는데)바퀴벌레 아닌 게 다행이라 생각해.

수경 (느닷없이 눈 감으며 형주 팔에 얼굴 대는/반은 쓰러지듯)아으으
으으

형주 (보며 에이 참. 하는 얼굴)..

수경 (눈 감은 채)아으 아으아으 죽겠네에 진짜..

진숙 (안쓰러워)쯔쯔쯔쯔쯔...괜히 불러냈나?

수경 저녁은 먹어야죠오....얼른 드세요. 신경쓰지 마시구 드세요들

연주 빨리 좀 좋아졌으면 좋겠다 진짜아. 신경 쓰여

진숙 약 먹은 지 얼마나 됐다구.(하는데)

수경 (기기 시작하면서)아으 어머니 저 들어갈께요.

진숙 어 그래(수저 놓고 일어나려 하며)쉬었다 이따 먹어. 좀 나아지
거든 먹어.(하며 수경 부축해 일으켜 세워 움직인다)

상훈 (보고 있다 방문 닫히자) 걱정이 많겠어 처남.

형주 (먹기 시작하며) 속 썩여요.

상훈 결혼 전에두 저랬나?

형주 어쩌다 한번 씩 어지럽다 소린 했지만 저 정돈 아니었어요.

연주 생리를 너무 심하게 하는 게 수상했었어. 일주일을 꼼짝 못하
      구 누워 있잖아. 그렇게 쏟으면 멀쩡한 사람두 빈혈 되는 거 아냐?

상훈 E (그저 먹기만 하는 승주 위에) 한약으루 못잡나?

연주 E 한약두 먹었잖아. 뭐는 안했어 머 그동안.

상훈 E 건강이 최고야. 아픈 데 없이 건강한 거 이상 복 없어.

연주 E 너 정일이 만난다구 했다면서.

승주 …(제 생각에 빠져서)

연주 얘.

승주 ? 응?

연주 뭐해애……정일이 만난댔다면서.

승주 만났어.

연주 데리구 오지 왜.

승주 그집두 오늘 형수 생일이래. 금방 헤졌어.

연주 호 나랑 같은 날이네에?

승주 글쎄 말야.

형주 (안 보는 채) 너/ 정리 언제 할거야.

승주 (잠깐 보고) 오늘/ 했어.

형주 (보는)….

연주 ? 뭘 해?

승주 엉 …끝내 버렸어‥

연주 ?

승주 결혼 안할 거면 그만두자 그랬어.

연주 그런데..

승주 하자 소리 안하드라구..

연주 ?....결혼하자구 안 해?

승주 안 해.

연주 (형주 잠깐 보고)그 자식 웃기네에?....(형주 반응 없자 남편 돌아보며) 여보 당신 말이 맞았나봐..

상훈 내가 사람은 좀 보거든.

진숙 (나오며)누가 웃기는데?

연주 얘 정일이 자식하구 끝냈대요 엄마.

진숙 (선 채)?.....(했다가 서둘러 앉으며)왜애.

승주 오빠가 /결혼 안할 거면 그만 끝내래서.

진숙 ?...(형주 보는).....

형주 그 자식 마음에 안 들어요.

연주 나두 맘에 안들어...

진숙 결혼을 ..안한대?

연주 안할 거면 그만두자 그랬는데두 하자 소릴 안하드래요.

진숙 ....(난감한 위에)

연주 E 결혼 약속없는 연앨 오년 씩이나 하는

연주 니가 맹추라구 했잖아..

승주 (혼자만 계속 먹고 있다)응 나 맹추야..

진숙 안하겠대?(승주에게)

승주 할 생각 없나봐.

진숙 ....(보며)

승주 뭐 됐어요. 나두 싫증나구 있는 참이구 (먹으며 별일 아니라는 투로)정리할 때 됐어.

상훈 그런데 그 자식은 왜 못하겠다는 거야 처제.

승주 뚜렷한 이유두 없어요. 그냥 하기 싫은가봐요.

상훈 ....(잠시 처제 보다가 좀 느닷없이 숟가락 탁 놓으며)그 자식 거 망할 자식이네에? 사귀기 시작한 게 언제부터야. 군대 가 있는 동안 처제 면회 몇 번이나 갔어 셀 수두 없잖아. 처제 뽕을 그렇게 빼 먹구 이제 와 결혼할 생각이 없다는 게 말이 돼?

승주 뽕을 빼 먹긴요 머 그런 거 없어요 형부.

상훈 아 누구 남녀관계 몰라? 그러니까 교제기간 너무 긴 거 안 좋다 니까? (와이프에게 하듯)내가 안 좋다구 했잖아.

연주 우리 다 알구 있으니까 긴 소리할 거 없어.(하며 남편 숟가락 쥐 어준다)

형주 너 괜찮아?

승주 ?...(보고)어 괜찮아.(먹으며)

형주 깨끗이 정리하구 잊어버려.. 좋은 상대 얼마든지 많아.

상훈 똑똑한 검사하나 묶어 줘 처남. 파토 냈다니까 이제 말인데/뭐 야 그 자식. 거 뭐 볼 거 있어.

진숙 (오버랩의 기분)국 다 식었네. (하며 쟁반에 국그릇들 챙기려)

연주 그냥 둬요. 이 기분에 국 데워 다시 먹게 생겼수?

상훈 E (젓가락으로 뭔가 집는 승주 위에)왜 그래 난 먹어야는데.

진숙 E 어 그래.금방 데워다 주께.

연주 E 거의 다 먹었으면서 왜 엄마 귀찮게 해애.

상훈 E 당신이 해애 그러니까.(여전히 먹는 승주 위에)

S# 고급 레스토랑

　[디저트 나와 있고]

복희 (커피에 크림 따르다)?…(아들 보는)

　[정균 부부/나사장/정아 모두 정일에게 시선 집중.]

정일 못 들으셨어요?

복희 그래 못 들었어. 뭐라구?

정일 저요 승주하구

정균 (오버랩)야야야야 좋은 날 좋은 밥 먹구 너는 남의 경사에 초칠
　일 있냐?

정일 (상관없이)승주하구 결혼하게 허락해 주세요.

복희 (크림 따르면서)….

정일 결혼하겠어요‥

복희 (그냥 크림 넣은 커피 젓는다)

나사장 애 뭐라구 하잖어어‥

복희 (그냥 커피 잔 들어 마신다)

모두 (복희 주시)……

정균 ……(엄마 눈치 보다가)짜식 어째 그렇게 쇠심줄이냐아 아직두
　안 끝났냐?

정아 아직두 만나잖아.

정균 만나는 걸 갖구 누가 뭐라냐. 엄마두 만나는 거 까지는 안 말리
　시잖어. 결혼이 안된다는 거지.

혜수 (차분하게 아무도 안 보면서)결혼이 안되는 거면 만나는 거두 말
　려야 하는 거 아니에요?

복희   구태어 말릴 거 뭐 있니. 결혼 전에 논 여자 한 둘 쯤 없는 사내
　　　가 어딨어 요즘 세상에.

혜수   (어이없지만 크게 표 나는 건 아니고/복희 보며)‥‥‥

복희   싫증날 때까지 놀아 글쎄. 결혼한다 소리만 하지 말랬잖아.(아
　　　들 안 보는 채)

정일   저 노는 건 아니에요 엄마.

복희   (지나가는 웨이터에게 오버랩의 기분)여보세요?

웨이터   (얼른 다가와 서며)예 사모님.

복희   스테이크 고기가 질이 좀 떨어지네요. 요즘 고기 좋은 거 안 써요?

웨이터   그럴 리가 있습니까 사모님.

복희   그럼 주방에 문제가 있나아?

웨이터   맛이 없으셨습니까?

복희   맛이 없었으니까 이런 소리 하죠.

웨이터   죄송합니다. 다음에는 특별히 더 신경 쓰겠습니다.

복희   커피 맛 역시 전만 못하구‥

정일   엄마(오버랩)

복희   (상관없이)비싼 돈 내구 맛없으면 얼마나(하는데)

정일   (테이블 한 손으로 탁 치듯이 하며 동시에 벌떡 일어나 획 하니 나가
　　　버린다)

모두   ?(해서 보고)

복희   저 녀석이?

정균   야 정일아. 정일아!!

혜수   조용해요. (못마땅해서) 딴 손님두 있어요.

복희   교양이라구는. 매너 좀 챙겨.(하면서 핸드백 집는다)

나사장　왜 가려구? 일어나려구?

S#　호텔 로비

복희　(화가 있는 대로 나서 식닥거리며 거친 걸음걸이로 나오고 있다/ 비
　　　싼 옷으로 치장은 했으나 비싼 값 못하는 조합에 걸음걸이도 어딘지 모르
　　　게 상스럽다)

　　　[다른 식구들은 마치 복희를 모시듯 바로 뒤에 줄줄이 따라오고….]

S#　현관 밖

　　　[나오는 가족들.]

복희　(나오다 막 택시 타려는 정일 보고)야 이 자식아아아아! (지금까지
　　　의 교양 있는 척 다 날아갔다)

정일　(그냥 타려는데)

복희　(부르르 달려들어 잡아챈다.)어디루 내뺄라구 어디루 내뺄라구우!

정균　(엄마 잡으며)진정해요 진정하세요.

복희　(정일 옷자락 틀어쥔 채)이 불효막심한 눔 이눔. 너 어떻게 그
　　　러구 나가. 어디서 배워먹은 행위 보따리야 에밀 개망신을 시켜두
　　　분수가 있지 이 자식아아아!

정아　(발 구르며)이게 더 개망신야아아아.

복희　?(그 소리에 힐끗 딸 돌아보고 이어서 다른 구경꾼들도 빠르게 훑어
　　　보고)집에 가자.집에 가서 얘기해.(나직이 하고) 차 안 불렀니? (큰아
　　　들에게)

정균　아 차 부를 겨를이 있었어야죠.(하고 도어맨 쪽으로)여보슈.(하
　　　고 자동차 넘버 두 개 가르쳐준다)

복희　(아들은 놓고 숨 고르면서 째지게 아들 노려보는)

정일　……(땅 내려다보며)

복희　(문득 시선으로 찾아보며)

나사장과 혜수　(아주 저만큼 떨어져서 나사장은 딴청 피우고 있고 혜수는 바닥으로 고개 떨구고)

복희　집에 가서 봐 당신.(에서)

S#　고급 주택가 골목/어느 집 앞

　　[두 대의 차가 멈추고 두 대에 나눠 탄 가족들 내린다. 나사장 복희 정일 정아가 지프차에 정균 부부 다른 차에.]

정균　(대문으로 움직이고 있는 엄마와 그 엄마 어깨를 싸안고 들어가는 아버지 쪽 보면서)즈이는 그냥 올라갈게요 엄마.

복희　E 혜수만 보내구 넌 들어와…

정균　들어오라시네.(아내에게)

혜수　(아무 말 없이 차로 오르려는데)

정아　인사두 안하구 가요?

혜수　안녕히 주무세요 아가씨.(차에 오른다)

정균　차 보내.

혜수　(대답 없고)

　　[자동차 뜬다.]

정아　잘난 거 하나두 없이 거만하기는

정균　야 뭐 기분이 좋겠냐. 망신 당하구 들어오는데

정아　아빠랑 새언니는 백미터나 떨어져 있었는데 무슨 망신이야. 어으으 진짜 못 말려 우리 엄마.(하며 들어가고)

정균　….(조금 치켜 보듯 정일 보는)….얌마 너는 왜 엄마 말 안 듣구 평지풍파 만들어어어. 다같이 뱃속 편하게 엄마 말 들어.

정일　….(땅만 내려다보면서)

정균   야 여자 한 이불 속에서 석달 자구 나면 다 똑같아아. 별 거 아니라구.

정일   (대꾸 없이 대문으로 돌아선다)

S# 거실

　　[가정부 두 손 노래할 때 잡듯 잡고 서 있는 위에]

복희   E 당신이 남편이야?

복희   (소파의 쿠션 차례로 남편한테 집어 던지면서)당신이 아버지야? 당신 뭐하는 사람이야. 아들놈이 버릇없이 굴면 내가 뭐라기 전에 애비라는 사람이 혼쭐을 내야지 입 헤에하니 벌리구 앉아서 앞집 불났어? 불구경해? 구경났어어엉?!!!(두 주먹 부르쥐고 노려보며 악쓴다)

나사장   (선 채로 날아오는 쿠션들을 막는 것도 아니고 그저 두 손 머리 위 감싸고 서서 당하고) 웨이터두 있구 며늘애두 있는데 그럼 어떡해애. 먹살잡이라두 해야했다는 거야?

복희   내 자식 내가 야단치는데 누가 뭐래!

나사장   아 나는 당신이 가만 있길래 가만 있어야 되는 건가부다 그랬지이. 당신이 화를 냈으면 내가 뛰어나가 혼냈지 그냥 있었을까.

복희   어이구/어이구어이구(다시 하나 던지고/다른 거 집으며)입 틀어졌다구 말은 안 막히지 말은 안 막혀어.(다시 던지는데)

정일   (앞서 들어온다/곧 이어 정균도)

　　[나사장이 날아오는 쿠션을 피하고/ 들어오던 정일이 쿠션을 손으로 받는다.]

정균   하하하하 엄마 또 쿳션 날리기 하세요? 하하

나사장   얌마 너어! 그게 어디서 배워먹은 버릇야! 집두 아니구 밖에

서 그것두 대한민국에 한다하는 사람들만 오는 최고급 식당에서 엉? 니 엄말 그렇게 망신 줘야겠어?

정균 (작게)야 빨리 빌어.

복희 (소파에 푹 앉으며)하이구 나만 망신인줄 알어. 자기는 뭐 망신 아냐? 내가 데리구 들어온 자식이야?

나사장 맞어 너 늬 엄마하구 내가 그렇게 우스워?

정일 잘못했습니다.

나사장 그러엄 잘 못했지 얘 잘못했대 여보.

복희 이리 와 앉어. 당신두 오구 너두 와.

정균 (나사장은 움직이는데/움직이며)정아는요.

복희 아 됐어 그깐 년은 없어두 돼.

정균 (정일 쿡쿡 찔러서 소파로/나사장은 이미 앉아 있다)

복희 (두 아들 앉는데)미세스 킴은 그만 구경하구 들어가 수정과나 좀 내와.

가정부 네에.(움직이는데)

복희 나 냉수 먼저 주구.(상의 벗으며)

가정부 네.

복희 (벗은 상의 아무렇게나 옆에 놓으면서)걔가 김희선이니 김혜수 니 이승연이니 송윤아니. 도대체가 뭐에 홀려서 그렇게 빠져 나오 질 못하구 헤매닥질을 치는 거야 이 자식아.응?

나사장 이 자식 저 자식 하지말구 내려내려. 핏대 내리구 점잖게 좋 은 말로 해.

복희 (아직도 조금은 식닥거리면서 아들 노려본다)

나사장 눈에 힘두 빼구 응? 당신 눈 지금 무서워요오.

복희 (남편 벌컥 떼밀며)아 좀 떨어져 앉아요. 냄새나··

나사장 마늘두 안 먹었는데 무슨 냄새가 난다 그래애.

복희 당신한테서는 느을 항상 마늘 내가 나요. 하두 마늘을 먹어서 당신 마늘루 태어날테니까 그런 줄 알아.(가정부 냉수 내와 탁자에 놓는데)

복희 (놓자마자 집어서 벌컥벌컥 반 넘게 비우고 내려놓으며/한결 차분하게/따듯하기까지)이 세상에 남자가 반 여자가 반이야 정일아. 안 그루?

나사장 그렇지.

복희 맹꽁이같이 굴지 말구 엄마 말 들어. 인물 좋구 집안 좋구 머리 존 색싯감 널리구 널렸어 이 애물아.

정일 ······(엄마 안 보는 채)

복희 어디 결혼할 상대가 없어 삯바느질하는 홀어머니에 그런 집에서 데려 오겠다는 거야아. 나보구 어떻게 그런 며느릴 들이라는 거냐구우.

나사장 삯바느질이 아니구 한복집이래잖어.

복희 그게 그거에요.

나사장 꼭 그렇지는 않지이. 그럼 내재봉소하구 양장점하구 같게?

복희 (묵살하고)내가 뭐 그렇게 뼉적지근한 재벌 집에서 며느릴 보겠다는 거두 아니구 기본은 돼 있어야할 거 아냐아. 큰애 너 어떻게 생각하니.

정균 안 돼 있는 거보다 돼 있는 게 백번 낫죠오.

복희 없는 집 사위가 얼마나 피곤한지 너 몰라서 그래애. 하네 안하네 해두 없는 처가는 뭘루 부담을 줘두 부담이 되는 거라구우.

정일   (안 보는 채)밥 먹구 살아요.

복희   (발끈)요즘 세상에 밥 못 먹구 사는 집이 어딨어.

정일   내가 부담스럴 정도루 그 정도 아니란 말이에요.

복희   그걸 어떻게 알어.

정일   (어차피 말 안 통하는 엄마다/작은 숨 내쉬듯이 하며 고개 옆으로/
숨소리 들릴 필요 없음.)

복희   E (정일 위에)그걸 지금 니가 어떻게 알어.

정일   (엄마에게 고개 돌리며)그 집 식구들을 보면 알아요. 누구한테
덕볼려구들 사람들이 아니에요.

복희   지금이야 양가죽을 뒤집어 쓰구 있겠지이.

정일   엄마 (진행과 상관없이 가정부 수정과 내놓고 들어간다)

복희   (연결)그게 다 너 잡으려구 공작하는 거야 이 맹물아아. 없는 사
람들 비굴하면서 교활한 거 넌 몰라. 니가 뭐 세상물정 아는 애니?

정일   제가 뭔데 그 집에서 저 잡으려구 양가죽 뒤집어 쓰구 공작해
요. 제가 뭔데요.

복희   니 몫으루 돌아갈 재산이 얼만데.

정일   (정말 싫증나 죽겠다/화가 치밀어서)그 집 식구들 그런 거 몰라
요. 개두 몰라요. 그저 밥먹구 사는 거 보다 조금 난 정도루 밖에 몰
라요.

복희   개 검사 오빠가 뒷조사 안 했을 줄 알어?

정일   (그저 엄마 보는 위에)

정균   E 어어어 그럴 수두 있겠네요 엄마.

복희   느 엄마 귀신이야. 깔보지 마.

정일   (오버랩)그럼 집하구 상관없이 결혼하겠어요.(하고 일어난다)

복희 ???(해서 올려다보는)

나사장/정균 (황당)

정일 자식 하나 없는 셈치세요.(하고 제 방 쪽으로 움직이려 하는데)

정균 (일어나 왁살스럽게 정일 잡으며)얌마 너 돌았어? 돌았니?

정일 생각이 너무 다르니까 더 얘기할 수두 없잖아.(하고 형 손 떼는데)

정균 (끌어 앉히며)앉어 앉어 임마 아무리 니 생각이 어쩌구 그래두
너 부모님 앞에 이러는 건 아니다. 너 후레자식이냐?

정일 ·····

복희 ······(아들 보면서)

나사장 (푸욱 기대어 앉으며 천장으로 고개 조금 들듯 하고 한 손으로 목
언저리 북북 긁는다) ···

정일 ·····(아무도 안 보면서 입 꾸욱 다물고)

S# 승주네 거실

연주 (후후후 한꺼번에 촛불 끄고)

　　[모두 박수치는 /식탁은 밥상은 깨끗하게 치워져 있고 케이크 한 쪽씩
먹을 차례다.]

연주 (케이크 자르면서)배불러서 못 먹을 테니까 일센티 씩만 줄 거야.

수경 저는 많이 주세요 형님.

진숙 그래 수경인 케익 좋아하니까 많이 줘.

형주 내꺼까지 이 사람 줘. 난 필요없어 누나.

진숙 (자기한테 내밀어지는 케이크 접시 형주 앞에 놓으며)그래두 아냐.
생일 케익인데···맛은 봐야지.

연주 이거 뭐야 다 부서지네.

상훈 조금 더 두껍게 잘라. 뭐야 이게 모양 안나게.

연주   뱃속에 들어가면 범벅되기 마찬가진데 머.

진숙   그래두 모양이 좀 그러네.

연주   (조금 두껍게 칼 넣으면서)그러우? 그럼 두껍게 자른다아? 그 대
신 남기지 말구 다 먹어야 해.

상훈   야야야야 건 너무하다 그건 처남댁 줘.

수경   네 저 주세요. 호호. (접시 수경에게 넘어가고)

연주   재우야 그만하구 나와아.

　　　(재우는 승주 방에서 컴퓨터 게임하는 중이다. 대답 없고)

연주   빨리 안 나와?!

재우   E 나 케익 안 먹어요오.

연주   시끄러 빨리 끄구 나와. 엄마가 가래?

재우   E 어이이이 알았어요.

연주   저놈으 게임때매 암튼…앤 아예 때미는 목욕을 하나아.(욕실 쪽
돌아보며)

S# 욕실

승주   (샴푸한 머리 수건으로 터번처럼 싸고 타월 가운 입고 거울 속의 제
얼굴 보면서 칫솔질하고 있는데 눈물이 툭툭툭툭 떨어지고 있다)…

연주   E 아직 멀었니? 케익 안 먹어?

승주   어 먹어어어.

S# 정일 거실

복희   (맥이 좀 떨어져서)…자식하나 없는 셈치란 말이 너 무슨 뜻인데.

정일   ….(안 보는 채)

복희   어엉?

나사장   아 의절하구 나간다는 뜻이지 뭐 어려운 말이라 뜻 물어?

복희 (발끈)누가 뜻 몰라 그래?!

나사장 알면서 그럼 괜히 왜 물어.

복희 어이그으 참 아버지라는 사람이 한심하기는 쯔쯔쯔쯔쯔

나사장 쯔쯔쯔쯔쯔

복희 ?그건 무슨 뜻이야?

나사장 당신이 한심하다는 내가 나두 한심해서 그래요.

복희 (남편 노려보다가 아들에게)너 그러니까/ 끝까지 안된다 그럼 내 자식 안하구라두 개랑 살아 보겠다구?

정일 네

복희 …뭘루….너 돈 있어? 무슨 돈으루 결혼하구 먹구 살 건데.

정일 …

복희 여자 애 월급으루 먹구 살래? 사는 건 처가에 빌붙어 문간방 하나 얻어 살구?

정일 그렇게라두 하겠어요.(엄마 보며)

복희 ….(보다가)그래 그럼 그렇게 해. 니 마음대루 너 하구 싶은대루 해 좋아.

나사장 여보.

복희 (상관없이)나 겁주려구 그러는 모양인데 이눔아. 에미한테 어떻게 이럴 수가 있어 이 망할 자식아. 이게 자식 키운 보람이냐? 눈보라 휘몰아치는 엄동설한

복희 E (아아 또 나온다 하는 나사장 위에)푸욱푹 삶는 오뉴월 복중 일년 삼백육십 다섯날 그저어 느이들 잘 먹이구 잘 입히자구

복희 E (역시 숱해 들은 노래 듣는 것 같은 정균 위에) 무능한 느이 아버지 대신 가뭄에 터진 논바닥 모양 손등이 갈라지면서

40

복희   세에상에 돈 되는 일이라면 할 일 못할 일 죽을둥 살둥 버르작
거려서 여봐란 듯 키워논 공이 그래 그게 겨우 이거냐? 기집애때
매 뭐가 어째? 뭐가 어째 이눔아아아아? (흥분하면서)

정균   (오버랩의 기분)엄마엄마.

복희   (오버랩)너는 형이라는 눔이 뭐하구 자빠졌어 이 자식아. 느이
아부지 자식 아니랄까봐 너두 똑같이 멜렐레냐 이눔아? 저눔 버르
장머리 좀 못 고쳐?

정균   (버럭)야 이눔아 너 어디서 꼴 떨구 있어 이게. 너 정말 한번 혼
나보구 싶어? (정일 먹살 잡아 일으키면서)나와 이 자식아. 너 오늘
내 손에 죽는 줄 알어. 보자보자 하니까 이게 뵈는 게 없어 아주. 어
디 엄마 아부지 앞에 시건방야 이게. (현관으로 끌어내면서)나와. 말
루 안 통하는 눔은 매박에 없어 나와 나와 이 자식아!(여기까지는
제대로 하고 다음은 조용히 소근거리듯)일단 나가자.(하고는) 신 신어
빨리!(도로 고함친다)

　　[형제 나가고]

복희   (숨 크게 끄으응 내쉬고 나서 힐끗 남편 본다)

나사장   (두 손 사타구니께에 마주 잡아 얹고 눈 내리고 묵묵히)‥‥

복희   자?

나사장   자기는…

복희   그럼 뭐 생각하우?

나사장   별 생각 안해…뭐 아들하나 없어지는구나 하구 있어.

복희   ……(보며)

나사장   골 한번 나면 일년두 벙어리 시늉하는 눔이잖어‥(안 보는 채)

복희   (남편 손 왁살스레 잡아 사타구니께서 치우면서)누가 떼갈까봐 건

움켜쥐구 있어? 숭해빠지게·····

나사장 착한 눔이 아니라 독한 눔이라구····착한 건 날 닮구 독한 건 당신 닮은 거야···

복희 ····(입 삐물고 뿌우우우우우)

S# 정원(밤)

정균 엄마하구 싸워서 이기는 사람 봤냐? 왜 미련한 쌈을 하러들어 너. 참 답답하다 진짜 답답해····답답해답답해.

정일 ······

정균 인생 별거 아냐 너. 인생이 별거 아닌데 사랑은 뭐 별 거니? 죽자사자 사랑해서 결혼하구두 깻박 나는 커플 이 세상에 수두룩하구/ 나 모양 별 감정없이 결혼해서두 또 잘사는 사람두 많어./그저 마음 먹기 달린 거구 생각하기 나름이지 야/ 인생문제에 정답이 어딨냐. 정답같은 거 없어 너. 그냥그냥 대충 이거려니이 생각하면서 까다롭 피지 말구 얼렁얼렁 살어가면/ 그게 젤 뱃속 편한 거야. 까다롭 피면 필수룩 인생은 고달픈 거야. 너 이거 진리야.

정일 ····

정균 담배 필래? 담배 주까?

정일 아냐 됐어요.(하며 먼 시내 야경으로····)

정균 (담배 제가 물고 불붙여 내뿜으며)이쁘니?

정일 ····(그대로)

정균 아무리 이뻐두 밥 먹구 똥 싸구 오줌 싸구 트림하구 방귀 뀌구 자구 일어나면 입에서 냄새나구 다 똑같아똑같아. 엄마한테 미운 털 박혀 좋 게 뭐 있니. 좋 거 없어.

정일 형은 그렇게 살어···(바닥으로 고개 내리며)

정균 비웃는 거지.

정일 (대꾸 없이 안으로 움직이는)

정균 (따라붙으며)야야 정일아. 잠깐 서 봐.(하며 잡는다) 너 정말 엄마 해 치울 거니?

정일 …(보는)

정균 진짜야?

정일 (현관 쪽으로 돌아서는데)

S# 승주의 빌라 출입구

[연주네 식구와 형주 진숙 한꺼번에 나오듯 나오는]

연주 엄마 춰 빨리 들어가요. 재우야 뛰어. 여보 우리 뛰자. 엄마 빨리 들어가시게.

진숙 아이구 괜찮아 안 춰. 재우 잘 가라.

재우 할머니 안녕히 계세요.

상훈 이 자식 꼭 어른 인사 먼저 받네 이거어?(모두 조금 웃고)

재우 (냉큼)외삼촌 안녕히 계세요.

형주 어 그래 잘 가라.

상훈 들어가 처남 편히 쉬세요 장모님

진숙 어 잘가.

연주 (문득)아 저기 형주야‥너 승주한테 다른 말 더 할 거 없어. 그냥 내버려 둬 응?

형주 다른 말 할 게 뭐 있어.

연주 괜히 위로랍시구 어쩌구저쩌구 할 거두 없단 말야. 지가 알아서 하게 내버려 둬.

형주 알았어.그렇게.

상훈 그런데 말야 처남 그 자식 그거 그냥 내버려 둬두 되는 거야? (새삼스레)

연주 내버려 두잖음.

상훈 아구통이라두 돌려 놓구 끝내야 되는 거 아니냐구. 너무 분하잖아 이거.

연주 (가볍게 때리면서)애 듣는데서 찟/ 조폭 출신모양. 엄마 들어가. 가자. 뛰어 뛰어.(아들 손잡고 종종걸음으로 뛰듯이 하며)여보 빨리 와.

상훈 어 그래.그럼.(꿉벅)

진숙 어이 가·····(보고 있다가)서둘지 마아. 또 넘어지면 어쩔려구 그래애. 우리 들어갈 테니까 뛰지 마 응?

　　　　[저만큼에서]

연주 (돌아보며)흐흐흐흐 알았어요 엄마아...

　　　　[잠시 더 바라보는···]

　　　　[더 멀어지고 있는 연주네 가족··]

형주 들어가세요··

진숙 으웅···(출입구 쪽으로 돌아서면서)왜 그랬어.

형주 (돌아보는)··

진숙 지가 알아서 하게 내버려 두잖구···

형주 나이두 있는데 아직 결혼 약속두 없이 그러구 있다니까 괘씸하잖어요··

진숙 건 나두 좀 걸리기는 했는데 그래두

형주 (오버랩의 기분)무책임한 눔이에요. 결혼할 거 아니면 빨리 접는 게 나아요.(앞서면서)

진숙 (잠시 아들 보다가 움직이며 혼잣소리처럼)그렇게 실없는 애루는

44

안 봤는데에……

S# 승주 거실

[들어오는 형주와 이어서 진숙.]

수경 (거실의 둥그레 큰 교자상과 바닥 치우고 있는 중이다)춥죠 어머니.

진숙 그마안해. 놔두구 어이 들어가 쉬어. 종일 고단했어 응?

수경 다 했어요.(하고 일어서다가 또 피잉 어지러워 도로 주저앉는다)

진숙 (보며)에이구 차암…(안쓰러워)놔두구 들어가. 내 빨어노께. 데리구 들어 가.

형주 놔두세요.아무래두 꾀병에 속는 거 같어요.

수경 어머머

형주 주무세요.

진숙 (웃으며)어 잘자..(형주 제 방으로 들어가고)

진숙 (주방으로 돌아서며)들어가 어이(하는데)

수경 (벌떡 일어나며)당신 진짜 날 (하다가 아예 픽 하고 옆으로 거의 쓰러지는데)

진숙 (잡으면서)아이구 애…..살살 일어나구 살살 앉으라니까 증말 꽝하구 싶어서 말 안듣구 응?

수경 잊어먹어요 어머니.

진숙 일어나 일어나봐…..괜찮아?

수경 (천천히 일어나며)네.

진숙 (잡은 채)안 잡어줘두 돼?

수경 네 ..어머니 안녕히 주무세요..

진숙 그래. 수경이두 잘자.

S# 주방

진숙　E 일요일이니까 일찍 안 일어나두 돼 푸욱 자.(케이크 나뉘 먹
　　　었던 접시들이랑 과일 그릇/컵들 씻기 마무리 중인 승주 위에)

수경　E 네….[잠시 사이 아들 방문 여닫히는 소리 들리고]

진숙　(들어오며) 어느 새 다 치웠어?

승주　(돌아보며)할 거두 없는데 뭐.

진숙　케익 남은 거

승주　(오버랩)어 집어 넣어. (웃어 보이며/언젠가 한번 지적당한 적 있
　　　다)한번 먹기 좋게 조각 내서 밀폐용기에 깔끔하게.

진숙　(웃으면서/슬그머니 마른행주 빼내려 하며)이리 내구 그만 들어
　　　가 쉬어.

승주　아냐아 다 했는데 뭐.

진숙　……(보는)

승주　엄마 찻물이나 좀 올려줄래? 우롱차 먹구 싶어.

진숙　왜 오줌 잘 안나와?

승주　아냐.. 입 좀 개운하게 할려구..

진숙　(깨끗한 새주전자 집어 들면서)그래 나두 한잔 마시자.

승주　?엄마 또 잠 못자구 눈 (동그랗게 뜬 시늉하며)요러구 밤샐려구?

진숙　(물 받으며)오늘 못자면 내일 자지 뭐.

승주　(멈추고 엄마 보는)……

진숙　….(그저 물 받는)

승주　……(조금 더 보다가 다시 행주질/이 행주는 눈처럼 하얘야 합니다)

S# 주방 식탁

진숙　(앉아 있는 승주 컵에 차 따른다. 물 끓인 주전자가 아니라 다른 도자
　　　기 주전자)….(조금 따르고)됐나 봐.

승주 (컵의 차 농도 보고)응 됐어.

진숙 .....(마저 따르고 자기 컵에도 따르고 마주 앉는다)...

승주 마시자 엄마.(눈 맞추고 웃으며)

진숙 (마주)그래..

　　[모녀 동시에 찻잔 집어 마시기 시작한다....한 모금...두 모금째...]

승주 (입에서 컵 내리며)눈치보지 말구 하구 싶은 말 해.

진숙 ....해두 돼?

승주 ...(잠시 보고 끄덕인다)

진숙 ...결혼할 생각이 없다구 해?

승주 하자 소리 안하는 건 없는 거 아뉴?

진숙 뭐라 그랬는데.

승주 결혼할 거 아니면 그만두자 그랬다니까?

진숙 그러니까 그만 두재?

승주 제대한지 얼마나 됐다구 몰아세우냐는 투였어.

진숙 그건 나두 그런 생각은 들어. 제대한지 얼마되지두 않았는데
너무 서둘러서

승주 (오버랩)건 아냐 엄마. 군대 삼년 제대한지 얼마 안됐구 그게
문제가 아니라 사귀면서부터 지금까지 결혼 얘기 자체가 한번두
없었다는 게 문제야...누가 지금 당장/ 한달 두달 후에 결혼하자는
거 아니잖아. 웃기는 애야. 내가 결혼할 상대기는 한 거냐를/...기
어이 내 입으루 확인하게까지 하는 거/나쁜 자식 아뉴?

진숙 내 생각에는 걔가 아직 취직두 못하구 그런 상황이니까

승주 (오버랩)나 당장 결혼하자 그런 거 아냐. 결혼할 생각이 있냐
없냐만 물었다구. 있다구두 없다구두 아무 말두 못하더라구. 건 없

다는 쪽으루 해석해야 하는 거 아뉴?

진숙 ……(보며)정말…끝낼 거야?

승주 결혼할 생각두 없는 놈이랑 내가 계속 세월 죽쑤구 있었음 좋
겠수?

진숙 내가 한번 보까?‥

승주 ?? 엄마 미쳤수? 나혼자 풀 쑨 오년두 분통터져 죽겠는데 엄마
까지 나서서 뭐 결혼해 달라구 사정 할려구?

진숙 아니니‥사정은 내가 뭐 꿀릴 게 있어 사정해…그냥…왜 그러는
건지 속이나 좀 알면

승주 엄마 걔 속 몰라. 나두 걔 속 모르는데 엄마가 어떻게 알어. 걔
속 안 내놓는 애야. 얘기했잖어 주머니 속에서 돈 세는 인간처럼
답답할 때 많다구.

진숙 그래두 승주한테 잘했잖어.

승주 ‥‥잘했나?‥그게 잘한 건가?‥‥‥하긴 못한 건 아니지‥‥‥애는 착
하니까…(하면서 좀 차오른다)

진숙 ‥‥(보다가)혹시…나때매 아닐까?

승주 ?…말두 안돼. ……아냐‥

진숙 ‥‥‥(그저 보는)

승주 모르는데 뭐‥

진숙 ……(보며)몰라?

승주 아냐.

진숙 (그윽이 보면서)‥‥‥

승주 (찻잔에 차 조금 더 따르면서)나 그만 잘래 엄마.

진숙 응 그렇게 해…(보며 조금 미소)

48

승주　(일어나며)엄마 낼 일할 거 있어?

진숙　(따라 일어나며)아냐 한회장 댁 막내 딸 혼수 맡았어. 바빠.

승주　일요일까지 바치는 일은 하지 말라니까.

진숙　어떻게 그래애. 그 댁 사모님이 얼마나 잘해 주시는데…

승주　어이 싫어 진짜. 언제까지 그럴 거야. 이젠 꾀 좀 펴가면서 일하
　　　라구.

진숙　꾀 많이 펴. 별 걱정을 다하네.

승주　아무 생각 말구 잠이나 푹푹 자요.

진숙　알았어….그럴께.

승주　(나가고)

진숙　….(도로 식탁의자에 앉으면서)……(마음이 무겁디무겁다)……

F.O

S# 고수부지 새벽 풍경

승주　(조깅복으로 서서 강물 바라보고 있다)……… ……(한참 동안 그러고
　　　있는데)

연주　E 박승주우우!

승주　(돌아보면)

　　　[저만큼에서 승주 쪽으로 반은 뛰고 반은 걸으면서 오고 있는 연주.]

승주　?….(부지런히 언니 쪽으로)……(자매 가까워지면서) 웬일야? 무
　　　슨 일 있어?

연주　무슨 일? 너 물루 뛰어드는 거 아닌가니 형부가 가보래서 왔다..

승주　(쓰게 웃으며)오버는 암튼..아직 너무 차서 들어가기 싫어.

연주　엄마두 걱정이시구. 무슨 기분에 뛰러 나와 그냥 있지..

승주　괜찮다는 거 보여주러 나온 건데?

연주 우리 집 너 빼구 다 바보야?

승주 (싱긋)내가 바보지이.

S# 카페

승주 뭐한 거지 모르겠어. 짝사랑 너무 등신 아냐? 그것두 십년에 반이나.

연주 연애한 거 아냐?

승주 글쎄…지금은 뭐가 뭔지 모르겠는 기분야. 연애였던 거 같기두 하구 그냥 친구였던 거 같기두 하구…

연주 ……니네 안 잤니?

승주 (잠깐 보고)··아니.

연주 ?··뭐? (의외다)

승주 없었어.

연주 키스는

승주 건…그건 했지이.(쓰게 웃으며)

연주 그런데 안 잤어?

승주 아니…

연주 너 속초루 면회가 자구 오구 그랬잖어.

승주 그러긴 했지.

연주 그런데……개 혹시 그거 아니니?

승주 ?…건 아냐.

연주 어떻게 알어.

승주 건 알지 왜 몰라.

연주 니가 막었어?

승주 아니··개가 막았어. 흐흐. 내가 막 덤벼들면 개가 막 도망치구

50

화 내구 그랬어.

연주　….(보는)

승주　망가뜨리기 싫다구…책임질 일 안 만들려구 그랬던 걸 난/ 놀라구 감탄하구 존경까지 했지 뭐.

연주　…(보다가 찻잔 들며)아무리 생각해두 이해가 안돼. 진짜 결혼 얘기 한번두 없었어? 깨끗하게 있다가 결혼하구 자자 뭐 그런 얘기두 없었냐구.

승주　내가 그런 적은 있었어. 망가뜨려두 괜찮다. 책임지라 소리 안 한다.

연주　그랬더니.

승주　웃드라구. 60년대냐구.

연주　그게 다야?

승주　응.

연주　너는 왜 안했어 결혼 얘기.

승주　당연히 하는 거였는데 머.

연주　너 혼자.

승주　응.

연주　니가 그래서 우리두 당연한 거였어..... (마시고 내리면서)진짜 끝낼 거야?

승주　엉….뭐 더 기대할 거 있어?….첫사랑은 깨지는 거라며.

연주　선보구 소개팅하구 그럴 거야?

승주　…..(안 보고 있다가 보며)하지 머. 그래야 하는 거 아냐?

연주　애 연락 없어?

승주　아니…연락해두 안 받는다 그랬어.

연주 웃기는 자식이다 진짜. 니네 잤다 그럼 걔네 집으루 쳐들어갈
 작정이었는데 처들어갈 구실두 없구나.

승주 언니 육십년대야?

연주 진짜 그 자식 불구 아닌 거 맞니?

승주 아니라니까.

연주 한참 나이 남자가(하는데)

   E 연주 주머니에서 핸드폰 울린다

연주 네에…어 엄마 지금 커피 마셔요……그럼요 만났지……걱정은……
 어 알았어요··나야 좋지 뭐…응…응·· 끊어요(끊으며) 음식 남았다
 구 집에서 아침 먹으래다.

승주 해마다 그러잖어.

연주 너 건강한 젊은 애가

승주 (오버랩)그만 얘기하구 싶다 언니…(좀 처량해져서 고개 옆으로
 기웃이 하고 보며) 그만하자 응?

연주 ……(보며)

승주 (갑자기 눈물 툭툭툭 떨어뜨리면서 얼굴과 시선 옆으로 조금 돌리면
 서)……그만 하자.(찡그리며 목과 가슴이 아파서)…

연주 ……(보며)

S# 정일의 거실

나사장 (골프채 손질하고 있다/파이프 담배 태우면서)……

정아 (이 층에서 콩콩콩콩 뛰어 내려오며)작은 오빠랑 무슨 일 있었어
 요 아빠?

나사장 일어났디?

정아 짐 싸는데요?

52

나사장   ? (골프채 손질하던 손 멈추며 꽤 놀란다)뭐를 싸?

정아   짐이요 아빠.

나사장   (닦던 골프채 캐디 백에 넣으며)날아간다. 늬 엄마 아들 하나 날아간다. 무슨 짐이냐구 물어봤어?

정아   알 거 없다는데? 무슨 일이에요 아빠.

나사장   넌 한 집 식구 아니냐? 결혼 안 시켜주면 아들 안한단다.

정아   그렇게까지요? 언제요?

나사장   (침실로 움직이다가)아 너 이집 식구 아냐? 어제 밤 난리칠 때 너 뭐했어.

정아   ?그런 일 있었…어 나 샤워하는 동안? (이미 들어가던 나사장 다시 문 열고)

나사장   야 너 정균이 빨리 오라구 전화해. 일 났다구 빨리.

정아   네에..

S# 부부 침실

나사장   (욕실 쪽으로 가서 노크하며)여보. 복희야.

복희   E ….

나사장   복희씨 여보.

복희   E 아 왜애…

S# 욕실

복희   (욕조 거품에 들어가 앉아서)남 명상 시간인 줄 뻔히 알면서 왜 불러요.

나사장   E 지금 명상할 때가 아냐. 정일이 짐 싼대.

복희   ?….뭐 뭐라구?

나사장   E 정일이가 짐 싸구 있다구.(복희/벌써 불끈 일어나고 있는데)

S# 침실 욕실 문

나사장 얼른 튀어나와 해결해애.

복희 E (악쓴다)당신은 뭐하는 사람야!! 산사람야 죽은 사람야!!

나사장 (중얼중얼)귀신 데리구 사니 그럼?(하는데)

복희 (벌컥 튀어나와 남편 떠다박지르듯 하며 튀어 나간다)

S# 거실

복희 (튀어나와 다짜고짜 이 층으로 튀어 올라가는데)

정아 (전화 중이다)아 몰라……지금 어딘데!

복희 E 누구야.(획 돌아보며)

정아 큰오빠.

복희 그런데 왜 말이 많아 빨리 오라 그래!(하고 다시 이 층으로 내닫는다)

정아 들었지? 분위기 장난 아니라니까아? 골프구 뭐구 글쎄(하는데)

나사장 (오버랩)골프가 문제야? 죽구싶냐구 빨리 차 돌려 오라 그래. 나두 못가게 생겼는데 짜식

S# 정일의 방

복희 (확 들어와서 두 주먹 부르쥐고 보는/방문 닫지 마세요)

정일 (거의 이삿짐 수준으로 싸고 있다. 그저 조용히)……

복희 너 너너너너 이게 뭐하는 짓다구니야 어엉?

정일 ……

복희 너 돈 있어? 너 이짐 들구 나가 당장 들어갈 데나 있어? 엉?

정일 ……

복희 그 집에서 시키대? 짐 들구 즈이네루 들어오라구 꼬드기대?

정일 (손 멈추지 않은 채 차분하게)제발 그런 식으루 좀 말하지 마세요.

54

복희 그런 식으루 니가 그렇게 만들구 있잖어 이눔아.

정일 ....

복희 (노려보다가 부르르 달려들어 두 주먹으로 아들 등짝 펑펑 때리면서) 니가 이럴 수 있어 이눔아? 니가 어떻게 이럴 수가 있어. 제엘 공들여 키우구 제엘 기대하는 자식이 어떻게 이렇게 에미한테 배신을 때려두 분수가 있지 이눔아 니가 나한테 어떻게 이런 짓을 할 수가 있어 엉엉 엉엉엉.

나사장 (뛰어들어 아내 뜯어내면서/역시 방문 닫지 마세요)말루 해 여보 말루 해 말루.

복희 나 좋자구 에미가 말려? 이게 다아 니 행복 위해서/니 장래 위해서 너 조라는 짓인데/두 말 없이 보따리 싸? 보따리 싸 나간다구? 기집만 있으면 에미는 죽어나자빠지든 미쳐나가든 상관없냐 이눔아? 너 상관없는 눔야?

정일 ....

복희 저 자식 봐 여보. 아예 깔아 뭉개 여보. 똥개야 짖어라야 여보.

나사장 뭐라구 말을 좀 해 이눔아!! 보따리만 싸면 장땡야 이 자식아?!

정일 (손 멈추고 아무도 안 보는 채)제대 반년 전부터 승주하구 결혼하겠다구 열번두 더 말씀드렸어요.

나사장 글쎄 걔는 여러 가지 면으루 봐서 우리 집안에는

정일 저는 우리 집 싫습니다 아버지. 걔네는 우리 집 하구 달라요. 제 걱정은 오히려 걔네 집안이 우리 집 싫달까봐 쭈욱 걱정했었어요.

복희 어디서 개뼉다귀 뜯어먹는 소리야 얘가. 기껏 삯바느질 과부 딸 끌구 들어온다면서 뭐가 어째 너? 우리 집이 왜/뭐가/어디가 어때서 이 망할 자식아.

정일 돈이 다가 아니에요 엄마. (좀 답답해져서)

복희 누가 돈이 다래 내가? 돈 밖에 모르는 속물을 내가 얼마나 싫어하는데 너 아주 돌았구나 아주 돌아버렸어 엉? 나 돈 좋아하는 속물 증말 싫다아? 증말 싫어. 그래서 온통 다 돈에 돈 이 세상이 진짜 싫어서 죽겠는 사람야 나. 그러므로 해서 개랑 결혼두 못하게 하는 거야 알어? 없으면 없는대루 지 수준에 맞는 상델 잡아야지 언감생심 누구 아들한테 침 발러 놔 말야 내 말은.

정일 …(대꾸 없이 욕실로 움직인다)

복희 너 어디 가.

나사장 아 소변누러 들어가네. 욕실 들어가는 기 안 보여?

복희 …..(식닥거리는데)

　　　E 샤워 물줄기 소리 한꺼번에/

복희 ? (남편 흘기며) 저게 소변 소리야?

나사장 씻을래나부지.

복희 (부르르 달려들어 정일이 싸 놓은 가방 열어 끄집어내기 시작한다/ 마구)

나사장 그런다구 나갈 늄이 안갈 거 같어?

복희 (힐끗 본다)

나사장 당신이 지는 게 졸 거 같구먼. 한다면 할 늄인 거 몰라? (샤워 소리는 계속)

복희 (다시 마구 옷들 끄집어 내는데)

나사장 아 저늄 중학교 때 개장국 집에 개 팔아 넘겼다구 집 나가 부산 중국집에 가 배달하구 있는 눔 찾어는데까지 꼬박 넉달을 고생한 거 까먹었어?

56

복희 (남편 돌아보는)

나사장 그것두 순순히 따러 오기나 했어? 개개 빌어두 안돼서 묶어
오다시피 해서 데려다 놨잖어. 얼마나 속 썩였어 그때.

복희 (숨 푸우 내쉬면서 방바닥에 털퍽 주저앉는다)

혜수 (열려 있는 방문에 나타나며)어머니 저 왔는데요.

복희 니 서방은.

혜수 사업상 피치 못할 약속이라구 골프

복희 (오버랩)골프에 곯아 골프장에서 죽을 눔.

나사장 거 말을 해두 쯔쯔. 골프 약속이라는 게 그런 거야. 알지두 못
하면서

복희 지 에미가 죽어두?

나사장 죽었어? 안 죽었잖아.

S# 승주의 거실

진숙 (마루 걸레질하고 있다.)

형주 (제 방에서 나오며)얘 아직 안 들어왔어요?(책 들고)

진숙 글쎄 아직 안 들어오네..커피 마시구 있다 그러든데…

형주 맹꽁이 같이 어어이…(하며 벽에 붙여 놓은 긴 소파에 책 아무렇게
나 놓고 테라스 쪽으로 가 서는)

진숙 ….(아들 보며)

형주 (문득 돌아보며)너무 마음 쓰실 건 없어요. 견뎌낼 거에요.

진숙 (시선 내려 걸레 뒤집으며)견뎌야 내겠지만 그 속이 오죽하겠어
…우리 막내 마음 아파 큰일났어…

형주 (돌아서 소파로 움직이며)시간이 해결봐줘요. (앉으며 책 든다) 곧
괜찮아질 거에요.

진숙 (한숨 조금 섞듯이)괜찮아질 때까지 힘들어 그렇지..

형주 힘 안들구 사는 사람 있나요 어디…사는 게 그렇죠 뭐.

진숙 그러게…(하며 닦는)…

    E 초인종 소리.

진숙 (일어나며)누구세요.

재우 E 재우 왔어요 할머니.

진숙 어 문 열렸어 어이 들어와.

재우 (뒤이어 들어오며)할머니 안녕히 주무셨어요? 외삼촌 안녕히 주무셨어요? (어른들 적당히 인사 받고)

진숙 아빠는

재우 차 좀 대충 닦구 들어오신대요. 차가 아주 거지 꼴이거든요..

형주 거기서 요길 차 갖구 왔단 말야?

재우 아침 먹구 이모랑 다같이 백화점 간대요. 엄마가 이모 옷 사준다 그러든데요?

진숙 어 그래애?

재우 아빠는 빽 사주신대요.

형주 어어 늬 아빠가 웬일이야. 건 사건이다.

재우 정일이 아저씨랑 사랑이 깨져서 이모 가엾다구 그러나봐요. (형주 옆에 붙임성 있게 풀석 붙어 앉으며)어제 밤에 엄마아빠 소주 마시면서 그러시드라구요.

형주 집에가 소주 마셨니?

재우 네…엄마는 울구 아빠는 찔찔 짜지 말라구 엄마 달래느라구 쪽쪽 뽀뽀해주구 막 그랬어요.

형주 (재우 머리 가볍게 쥐어박고)

진숙   아이구 참 녀석두(기막혀서/욕실 쪽으로/걸레 들고)

수경   E 어머니이(주방에서)

진숙   어 왜.

수경   (내다보면서)갈치 조림 너무 쪼는 거 같은데

진숙   어 불 꺼. 껐다 다시 데우자구.

수경   네. 재우 왔니?

재우   (벌떡 일어나 꿉벅하며)외숙모 안녕히 주무셨어요?

수경   호호 그래. 재우 좋아하는 오리고기좀 구까요 어머니?

진숙   (그 동안 욕실에 걸레 던져 넣고 움직이다가)그럴까?

재우   아니 오리 하지 마세요.

수경   왜애?

재우   어제 먹던 거 그냥 먹음 돼요. 먹을 거 있는데 쓸데없는 낭비예요.

형주   (머리 흐트러트리며)어어 그래 늬 아버지 아들이 확실하다 하하하

재우   이 세상에서 제일 나쁜 거 첫째는 부모한테 불효하는 거구 두
번 째는 낭비다. 그게 공자님 제자 우리 아빠 철학이래요.

형주   철학이 뭔지 알어?

재우   대학가면 배운대요. 인생관 뭐 그런 거 아니에요?

형주   호오 인생관?

수경   깔깔 인생과안?

재우   철학은 모르지만 인생관은 아는데.

형주   그래 말해봐 어디 한번

재우   나는 내 일생을 이런 생각을 가진 인간으로써 살아가겠다.

수경   깔깔 아주 정답이네요 여보.(아웃)

형주   그래 부부교사 아들 자격 있다. 그렇죠 어머니.

진숙 (흐뭇해서)있구말구 흐흐 (하며 부엌으로 돌아서는데)

　　E　전화벨 운다.

형주 (받는다)네에‥네 그렇습니다.(진숙/혹시나 정일인가 싶어 돌아 보는) 계신데요.잠깐만 기다리세요.(하고)어머니.

진숙 (움직이며)누구야?

형주 한회장님 댁이라는데요?

진숙 어어…여보세요…네 사모님 저에요…네…네에…‥네 저기 그런 데 아직 우리 애들하구 의논을 못했네요‥‥글쎄 그렇기는 한데 그 래두 애들한테 얘기는 하구 …네 그러겠습니다 사모님‥‥네…네.알 겠어요‥정말 고맙습니다‥‥네네 그럼 안녕히 계세요…(전화 놓으 며)‥‥

형주 …무슨 일이에요?

진숙 응 저기‥‥

형주 …뭔데요.

진숙 딴 게 아니구 한회장님 사모님이…이제 눈두 점점 더 침침해질 일 밖에 없구 …언제까지 바느질 할 거냐구‥‥‥(아들 보며)회장님네 새루 오픈하는 백화점에 포장 센터 코너 하나 만들어 줄테니까 해 보라구우…

수경 (부엌에서 튀어나오며)그냥 주신대요?

진숙 아니이 임대료 쪼끔은 내야지이 그냥이야 어떻게…

수경 그런데 어머니 안한다 그러셨어요?

진숙 아니이…회장님께 말씀드려서 확답 받았다구 지금 그 전화야.

수경 어머니 그거 제가 하께요(달라붙듯)

형주 어지러워 죽는 사람이 뭘 해.

60

수경 여보 그거 자리 얻기가 얼마나 힘든데요.

형주 어머니 생각은 어떠신데요.

진숙 글쎄…사모님 순수하게 도와주구 싶어 그러시는 거지만 형주
가 예사 사람이 아니라서..괜히 욕심나 덥썩 받았다가 혹시 나중에
법관 생활에 지장이라두 주게 되면 큰 일 날 일이구우…

수경 ?…(그럴 수두? 하는 얼굴로 남편 보고)

형주 ……(안 보며 생각하는)

진숙 사양하는 게 좋겠지?

형주 (끄덕이며)네…하지 마세요.

진숙 그래 나두 그렇게 생각했어.

형주 신셀 입으면 언젠가는 갚아야하잖아요. 그 댁에는 그럴 일 없을
거 같아두 또 누가 알아요 살다보면

진숙 (오버랩의 기분 선선히)알았어 내가 정중하게 사양할게.

　　[승강기 소리 땡 나고]

상훈 E 뭐하러 만원 씩이나 풀 쑤구 세찰 해. 대충 닦아갖구 다니다
날 풀리면 물 세차 해주면 되지.

진숙 (상훈 소리 들리자 이내 일어서며)오나부네들.(수경도 일어나 주방
으로 들어가며)

수경 준비하께요 어머니.

연주 (앞서 들어오며/남편 말에 연결)언제 날 풀리는데.

상훈 (승주가 연주 뒤따라 들어오고 상훈이 그 뒤로 들어오며)아 한달 기
다리면 되겠지.

연주 엄마 밥 배고파.

진숙 E (주방에서)금방 돼. 손들이나 씻어.

연주　당신 손 씻어.(승주는 그냥 제 방으로)

상훈　세수하구 왔는데?

연주　아 걸레 만졌잖아.

상훈　아아 알았어.(욕실로)

연주　(겉옷 벗어 걸면서)너두 씻어.

재우　엄마 난 걸레 안 만졌어요.

연주　걸렌 안 만졌어두 코 팠잖아.

재우　어 안 팠는데.

연주　안팠대. 엄마 들어오면서 봤는데두 안 팠어? 코파기 대장.

재우　어어이.(마지못해 일어나며)안 팠는데에.

연주　봤다니까아?(발 구르듯)

재우　알았어요.씻어요.(욕실로)

연주　너 그렇게 코파다가 이제 코에 동전 들어가는 빵코 아저씨 될
　　　거야……우우우 춥다.(웅크리며 주방으로 가는데)

형주　뭐래요.

연주　(멈추고 돌아본다)…

형주　얘기 좀 했을 거 아냐.

연주　(소리 죽여서)아직 처녀랜다. 시비 걸 건덕지두 없어.

형주　불행중 다행이네‥

연주　불행중 다행인지 다행중 불행인지 모르겠다. 달기똥 같은 눈
　　　물이 툭툭툭툭툭이야.

형주　울어?

연주　울지 안 우니 그럼?(하며 승주 방으로 고개 돌아가는데)

S#　복희의 거실

[정일/정아/나사장/혜수/복희 한 자리에……]

복희 (아무도 안 보는 채 눈 부릅뜨다시피 하고 두 주먹 무릎 위에 올리고)……

나사장 항복하구 말어어…자식 이기는 부모 봤어?

복희 왜 못 봐.

나사장 그럼 이기구 자식 하나 쳐내구 말던지이.

복희 ……

정아 뭘 속 썩여 엄마아. 그냥 시켜줘어. 오빠 와이프지 엄마 와이프 아니잖어요오.

복희 (벌컥)수준이 맞어야지 수준이이. 안 그러니 새아가?

혜수 수준두 여러 가지가 있는데요오……

복희 ? 그런데?

혜수 데련님이 좋아하는 사람이면 우선 제일 중요한 수준이 데련님 하구 맞는 거에요.

복희 그게 뭔데.

혜수 말리지 마세요…하루를 살다 죽어두 …좋은 사람하구 살다 죽 겠다는데…그걸 말릴 명분은 없는 거에요.

복희 시에미 가르쳐라. 하루 살다 죽을 거면 내가 왜 말려 몇십 년 살 거니까 말리지.

혜수 처가 덕 뵐려구 작정하구 계신 거 아니면

복희 (오버랩)너 말하는 거 얄궂다아? 너 결혼할 대 내가 은제 늬 집 덕 보자구 하대? 내가 언제 너더러 차 사와라 아파트 사와라 그랬니?

혜수 ….(위에)

복희 E 나 입두 뻥끗 안했는데 니 집에서 해 보낸 거지 내가 언제 그

런 눈치나 뵀니?

복희 나 그것두 아주 부담스러웠던 사람야. 내가 제일 경멸하는 게 아들 장가 보내면서 대목볼려구 하는 사람들인데 너 어떻게 말을 그렇게 묘오하게 하니?

혜수 그러니까 그냥 허락하세요.(안 보는 채)

복희 니가 어른이니? 니가 허락하라면 허락해야 하는 거야?

나사장 아 왜 미친 년 설사 갈기듯 이래. 당신이 새애기 의견 물었어.. 물어서 지금 지 의견 얘기할 뿐야. 정신 차려!!(처음 큰소리치는)

복희 아 왜 고함은 쳐. 나 귀 안 먹었어……(하고 한참 혼자 갈등하다가) 알았다 그래. 도대체 어떤 화상을 하구 있는 물거인지 일단 한번 만 나는 보자.

정일 ….(처음으로 시선 들어 엄마 보는)

복희 전화 해. 지금 오라구 해. 한 시간 안에 오라구 해.

나사장 (시계 보면서 오버랩)저기 나는 지금 출발해야 하는 시간인데 에에

복희 (고개 홱 틀어 짝 째리는)

나사장 아 약속이

복희 (눈에 힘 더 들어가고)

나사장 못가는 거야?

복희 얼른 전화하라니까 뭐해?

정일 ….그렇게 오라구 할 수는 없어요.

복희 ?…

정일 그럴 수는 없어요.

복희 …(노려보는)

정일   상처만 줄 거 같으면/…… 제가 그냥 나가겠어요.

복희   …(노려보다가 부르르 탁자 위로 기어올라 아들 후려갈기기 시작한 다)이눔으 자식. 협박이냐 이눔아? 늙은 에미 협박해 이 자식아? (뜯어말려 헛손질하면서도)나쁜 놈 이놈.

나사장   진정해진정해 여보. 여보여보

복희   (오버랩 울음 터뜨리며)아이구 나는 헛살았다아아아아··응응·· 믿는 도끼에 발등을 찍혀두 유분수지이이이이 (거의 꺼이꺼이)빈라덴보다 더 나쁜 놈 저누음 응응응응 (아예 탁자 위에 올라앉은 형국이다)

제2회

S# 은행 앞 거리

S# 우수고객실

승주 (전화 받고 있다)네 사모님.(컴퓨터 두드리면서/송금 계좌 부르는
대로 찍는)네··네에?··지 영숙 씨 맞습니까?··네 사모님 월요일 출근
해서 지영숙씨 앞으로 백 오십만원 송금해 드리겠습니다. 네 염려
마십시오 틀림없이 처리하겠습니다···네··네 그럼 네 안녕히 계십
시오.(전화 끊는데)

행원1 월요일 송금할 걸 월요일에 전화하면 되잖아.

승주 내일 여행 가신대. (책상 위 치우면서)

행원 으응(그래서였어?)

  [행원 대답하는데 동시에 울리는 승주 전화벨]

승주 (한 손은 움직이면서 받는다)네에. **은행 박승주···어 ·····퇴근할
참야···

S# 연주의 학교 교무실

연주 (테이블 위 치우면서)곧장 들어오니?··다른 스케줄 없어? ·····아

니이 다른 스케줄없이 곧장 집으루 퇴근이냐구….영화래두 보지
왜. 요새 볼 거 많다는데‥ 영화 같이 볼 친구두 하나 없어?……그래
애 너 무능한 거 누가 몰라. 답답해 하는 소리야. (소리 죽여)그 자식
아뭇소리 없어?……생각할수룩 괘씸하다 야. 뭐 그런 게 다 있어.

S# 은행 안

승주 (좀 짜증스레)뭘 기대하는데….기대하는 거 없음 그럴 거두 없
잖아. …(듣다가)아 놔둬. 왜 자꾸 말시켜 말시키지 말구 냅둬 좀‥(그
동안 행원들은 탈의실로 다 빠지고 혼자다) 싫어 그냥 들어가 잘 거야
….잠잔다구…아 싫다니까?

S# 연주 학교 교무실

연주 그럼 철판구이 사주까? 나 그거 아주 맛있게 하는 집 아는데…
……(듣다가)야 엄마 신경 써. 멀쩡한 거처럼 굴어두 엄마 니 눈치 보느
라 바쁜데 나랑 저녁 먹구 적당한 시간에 들어가자. 지금 시간에 들
어가 퍼져 자면 엄마 속상해. 효도는 못할 망정 응?….진짜 이 자식
전화 한통두 없니? 진짜루?

S# 은행

승주 진짜라니까 내가 거짓말할 일이 어딨어. 연락하지 말라구 핸드
폰두 바꾼다 그랬는데 나 혼자 잘난 뺑한 거지 뭐. 얼굴 뜨거워 죽겠
어. ‥아냐 싫어…싫어어 그냥 들어간다니까아?‥언니 나 생리야 귀
찮아 고만 좀 해….응‥응…철판구이 저축해 두께….엉 미안해 언니
그리구 고마워…응 끊어.(끊으며)……

S# 은행 앞

승주 (퇴근/ 은행에서 나와 걷기 시작한다)……(땅 보면서)……
       [그런 승주 앞을 막아서는 남자.]

승주　(땅 보면서 무심히 피하려고 하는데)

정일　(승주 팔 잡는다)

승주　?(놀라서 보면)……

정일　……(희미한 미소)

승주　…(그저 보며)

정일　전화 안 받는대서…

승주　……(보며 입이 조금 벌어지듯 하면서/크게는 아니고 다물었던 입술
이 떨어지는 정도)

정일　(가만히 승주를 안는데 포그은하게 시작해서 꽈악 안는)

승주　(안겨서 눈물이 핑그르르 돌아 나오다가 눈 감는다)

S# 근처 카페

　　[카페 전체 풍경에서 구석 자리에 마주 앉아 있는 두 사람으로. 찻잔은
　　와 있고.]

정일　(지그시 보면서)그 동안 너한테 결혼 얘기를 안했던 건……너 실
망시킬 게 겁나서였어.

승주　……(보며)

정일　(시선 피하듯 하며 찻잔 집어 들며)그게 겁나서 (찻잔 내려다보며)
차라리 결혼 같은 거 안 할 수 있으면 안 했으면…그렇기두 했구.

승주　…(보며)

정일　(한 모금 마시고 내려놓는다)…(내려놓고 가만히)…(탁자 내려다
보며)

승주　어디 애 낳아놨어?

정일　그런 얘기 아냐.

승주　그럼 뭐야. 무슨 얘긴지 나 몰라. 내가 뭘 실망하는데.

68

정일 (보며)우리 집 느네 집 하구는 분위기가 사뭇 달라.

승주 …(보다가)어떻게 다른데.

정일 ……(보며)

승주 어떻게 다른데….그 집은 밥을 수저루 안 먹구 삽으루 먹어? 유령하구 같이 살어? 뭐 아담스 패밀리야?

정일 그렇게 격이 있는 집 아니야.

승주 허/(기막혀서)우리 집은 무슨 격이 그렇게 있는데.

정일 느네는 그런 게 있어.

승주 무슨 말인지

정일 (오버랩의 기분)너 말구 딴 여자 생각해 본 일 없어. 너하구 살면서 늙구싶어.

승주 분명하게 얘기해 줘. 이거 청혼이야 아니면 땡치자는 건데 안됐으니까 아름다운 전주 한 소절 붙이는 거야.

정일 니가 많이 참아야 할거야. 그래줄 수… 있지?

승주 뭘 참아야 하는 건데.

정일 ….(보며)

승주 응?…..답답해.뭘 참아야 하는 건데··제발 주머니 속에서 돈 세는 인간처럼 그러지 좀 말구 확확 말해 버려. 내가 뭘 참아야 하는 건지 알아야 나두 준비하구 각오하구 그럴 거 아냐.

정일 엄마가 널 반대하셨어.

승주 …..(보다가)왜냐구 꼭 물어야 해? 왜.

정일 어머니… 혼자시라구.

승주 …..(보면서)

정일 사실은 제대하기 훨씬 전에 말씀드렸는데 우리 엄마 욕심이 많은 양반이거든.

승주 알았어.(탁자로 시선 내리면서)한 쪽 부모 없는 며느리감 시비 걸자면 시비꺼리 된다는 거 쯤은 나두 알어.

정일 미안하다.

승주 내가 미안한 거지 뭐. (보며)그렇지만 어떡하니. 울 아버진 벌써 백골이 진토 됐을텐데…(조금 차오르는)

정일 미안해.

승주 상관없어. 홀어머니 시비 걸었던 게 틀렸다는 거 깨닫게 해드림 돼. 나 그거 할 수 있어.

정일 그래 너 할 수 있을 거야··

승주 그래서.

정일 …결혼하자. 하라셔.

승주 일주일 동안…. 싸운 거야?

정일 (쓴웃음)설득한 거지.

승주 (끄덕이며)나 미우시겠다. 아들이 말 안 들어서.

정일 그래 그러니까 니가 참아 줘.

승주 (끄덕이며) 우리 언니 그러는데 나 미련 곰탱이래. 너랑 같이만 살 수 있다면 미련 곰탱이루 참으께. 어떤 일두 참으께. (웃음이 피어나며)

정일 ….(보며 쓴웃음)

승주 너 나한테 청혼한 거야아?

정일 그래. 하자 결혼.

승주 (보며 웃음기 없이 오히려 눈물이 날 듯한)그 소리 너무나 기다렸어.

S# 근처 주차장

[두 사람 서로 꼭 안듯이 하고 주차장으로 들어온다. 둘 다 아무 말 없이 땅만 보면서/그러나 승주는 결혼할 수 있다는 단순한 흥분/정일은 복잡하기는 하지만 그래도 역시 다소 상기된 기분/한 번쯤 동시에 서로를 보고 조금 마주 웃고 같은 걸음 템포로 정일의 지프차 세워진 곳까지 와서]

정일 (문득 승주 마주 세워 잡고 눈 들여다보면서)어머니한테는 우리 엄마 반대하셨다는 거 /말씀드리지 말자.

승주 (끄덕인다/당연하지이)

정일 언짢은 일은 우리끼리만 아는 거야.

승주 알아.

정일 부탁해.

승주 응. 알아서 할게.

정일 ····(잠시 보다가 볼 가볍게 꼬집어주고 자동차 키 열고 승주 탈 자리 문 열어 타는 것 도와주고 운전대로)

S# 차 안

정일 (운전대로 오르면서)뭐 하구 지냈니.

승주 출근하구 퇴근하구 밥 먹구 자구.

정일 (키 꽂으면서)그거 말구.

승주 끄르륵 울 언니가 너 불능이라 결혼못하는 거 아냐더라.

정일 (시동 걸며 돌아본다)뭐어?

승주 아직 안 잤다니까 글루 몰아 부치더라구.

정일 그럼 잘 걸 그랬구나.

승주 아냐 잤으면 울언니 몽둥이 들구 니네 집 쳐들어 가 휘둘렀을 거야.

정일   (조금 소리 내어 웃는다)

승주   (돌아보며)근데 왜 전화두 못하니.

정일   안 받는댔잖어.

승주   그렇다구 안 해?

정일   전화했다 마음만 상할 거 같아서. 해결봐서 만나자 했지.

승주   오오, 니 마음만 안 상하면 다구나 그러니까. 나야 죽든살든.

정일   사실은 (승주 돌아보며 좀 웃으며)나두 너한테 디게 삐졌었어.

승주   ? 왜애?

정일   그날 너 /날 아주 형편없는 눔으루 만들었었잖아. 그렇게 오래
       봤는데 어떻게 근본적인 신뢰주차 없는 건가 맥 빠지더라.

승주   니가 그렇게 만든 거야. 무슨 생각을 하구 있는 건지 도무지 알
       수가 없는데 어떡해. 제발 이제부터는 호주머니 속에서 혼자 우물
       우물 돈 세지 말구 꺼내서 나 보는데서 세라 응? 집에다 결혼 얘기
       꺼내놓구 있는 줄 알았으면 내가 괜히 히스테리 부리니?

정일   허락 안 떨어지구 있다는 거 미리 알아 좋을 거 뭐 있어‥나 혼
       자 해결볼 일이지.

승주   ‥‥(보다가 가볍게 정일 입에다 제 입술 도장 찍듯이 하고)그래 좋
       아 속 깊은 남자라 그거지?

정일   벨트 해.

승주   (벨트 빼면서)니네 어머니 /어머니 자신을 위해 대충 하시구 넘
       어가시면 좋겠다. (벨트 끼며 돌아보며)안 그럼 나중에 힘 없어지셨
       을 때 내가 너 모르게 막 구박할 거야.

정일   (쓰게 잠깐 웃고 출발한다)

승주   (냉큼 정일의 한 팔 끼고 머리 어깨에 올리면서)보구 싶어 죽는 줄

72

알었어.

정일　야하게 굴지 말구 떨어져. 남 보기 흉해‥

승주　(입 빗쭉하고 떨어지면서)도덕선생님.

S#　진숙의 한복집 안

[요란스럽지 않고 아주 조촐한 한복집‥ 패션 따라가는 한복이 아니라 정통 한복집입니다.]

연주　(명주 솜저고리 손누비 중인 것 손으로 보드랍게 쓸면서)진짜 근사하다아‥‥기계 누비하구 영 느낌이 다르네에?

진숙　그러엄 다르지.

바느질 아줌마　다르기만? 우리 솜씨루는 만지지두 못해. 선생님이나 다루시는 거지‥

연주　근데 엄마 이거 골 빠지구 눈 아퍼어. 이런 거 주문 받지 말어요.

진숙　글쎄 안 그래두 힘 들어서 그만 했으면 하는데 자꾸 들어오니 누구는 해주구 누구는 안해주구 그럴 수가 있어야지이.

아줌마　괜히 방배동 사모님 한 분 자진해서 해 드렸다 소문나서 겨우내 한 열 벌은 만드셨죠?

진숙　넘을 걸?

연주　어이구 참 엄마 왜 자진해서 신세를 볶우. 뭐하러 시작을 해 그런 걸.

진숙　아니 내가 좋아하는 사모님이라/인품이 너무 좋으시거든 그 사모님이‥‥고맙게두 해 주시구/뭐 갚아 드릴 게 있어야지 그래서 (하는데)

승주　E　(문소리와 함께)엄마.

[세 여자 동시에 보면서]

진숙 (벌써 일어나며)아이구 우리 막내 왔네에? 집으루 들어간다 그
    랬다면서.

승주 (올라서면서)아주머니 안녕하세요?(여인 인사받고)언니 여기
    와 있어?

연주 그래. 너한테 거절 당하구 엄마랑 저녁 먹을려구.(그랬다 왜)

승주 (펄썩 앉으며)왜 그래애 주부가? 형분 어떡하구 재우는 어떡하구
    땡땡이야?

진숙 (승주 아래로 방석 밀어 넣어주려 하면서)이 서방 모임있대.

승주 오오 재우는 올케언니한테 떠다밀구?

진숙 잘 됐네…언니가 맛있는 거 산다는데 막내 머을 복 있이 좋다.
    그렇지?(연주에게)

승주 뭐 사줄 건데에?(연주에게)

연주 (좀 전부터 승주 주시하고 있다가)너 너무 오바다..

승주 응?

연주 그렇게까지 오바할 필요 없어. 배우 연기두 오바하면 보는 사람
    거북하잖어. 그냥 편안하게 적당히 해.

승주 그래?

연주 그래.

승주 나 결혼해.

진숙/연주 ?

아줌마 아이구 결혼해?

승주 흐훗 네 아줌마.

연주 (오버랩의 기분)정일이 연락 왔디?

승주 어 주차시키는 중야.

진숙   (앉은 자세가 조금 더 낮아지는/푸욱 마음이 놓이는/작게)아이구 우우우‥(가슴으로 한 손이)

승주   웬 아이구우우우?

진숙   모르겠네 왜 이렇게 맥이 쭈욱 다 빠지는지.

승주   (옆으로 /무릎으로 다가들어 엄마 안으며)으흐흐흐흐 우리 엄마.

연주   결혼하재?‥

승주   어 허락 받았대.

진숙   (한 손 올려 승주 머리 만져주면서 웃는 얼굴이지만 눈물이 날듯 하다)……

승주   엄마 좋아?

진숙   좋기만? 신명 있는 사람 같으면 나가서 춤추겠어.

승주   으흐흐흐흐흐

아줌마   얼마나 걱정을 하셨는데 아 못 나가시면 입으루라두 추세요오. (만지고 있던 저고리 들고 춤추는 시늉하며)덩더쿵덩더쿵

모두   (아줌마 돌아보며 웃는데)

정일   (들어오며/큰 과일바구니 들고)저 왔어요. 안녕하셨어요 어머니. 안녕하세요 아주머니.(아주머니 대답에)

진숙   (함께 대답하며 얼른 일어나려 하는데)어엉 어서와 어서(하는데)

연주   (엄마 잡아 앉히면서)애 오는데 왜 어른이 일어나우. 하지 마요.

정일   (올라서며)네 일어나지 마세요. 꼭 그러시드라구요. 무안하게. 누나 오랜만이네요.

연주   그래 (흘기면서)이 똥 싸 뭉개는 자식아.

진숙   아이구(질색하는)

연주   (상관없이 가볍게 쥐어박으며)사내녀석이 왜 그렇게 천근만근

야 너. 그렇게 무거워서 승주 속터져 죽는 거 아닌가 걱정돼 야.

정일 잘못했어요 누나. 봐 주세요.

연주 (싸악 흘겨주고)

정일 제가 잘 할께요 누나.

연주 그래 어디 두고 보자.

정일 네 알았어요. 알았습니다.(하고 엄마 앞에 무릎 꿇고)걱정끼쳐 죄송합니다. 승주/저 주십시오…데려가게 허락해 주세요 어머니.

연주 어이구 속 썩일 거 다 썩이구 격식은 또 차리네에?

승주 그러게에?

진숙 (딸들과 상관없이 아주 좋은 눈으로 정일 보면서 가만히 정일에게 한 손 내민다)

정일 ?‥(했다가 손 내밀면)

진숙 (두 손으로 잡고 눈 맞추고)고마워.

연주 승주 (동시에)엄마아.

연주 무슨 폐품 처리유 고맙게에?(에서)

S# 시내 유명 피자 가게 앞

복희 (두어 걸음 먼저 나와 서 있다가 남편이 나오자마자 남편 팔 거칠게 잡아끌어 가게 앞에 잠깐 세워둔 자동차 뒷자리로 밀어 넣으며 문 열고 선 기사에게)잠깐 비켜 있어.(하고 남편 탄 문으로 밀고 들어간다)

S# 차 안

나사장 (아내에게 밀려 자리 내주며)왜 이래 아 왜 이래. 아 왜 이래 갑자기 또.

복희 (자동차 문은 정기사에 의해 닫히고)누구때맨데 누구 때맨데에! 누구때매 솜털두 안 벗어진 나이부터 밥장사 차리구 손 마를 날 없

이 뼈꼴 빠지게 돈 벌었는데에 뭐가 어쩌구 어째? 밥장사나 샀바
느질이나? 내가 지금두 밥장사 하냐? 지금두 밥장사야? (핸드백으
로 갈기는데)

나사장 (백 확 잡으며)아 애 봐(기사)천지 분간을 못해 이 여자가. 집
인줄 알어?

복희 어이그 어이그으으으

나사장 그리구 지금은 뭐 밥장사 안해? 저건 (밖의 가게)밥장사 아니
구 뭐야.

복희 그게 어디 밥이야.

나사장 피자 햄버거는 밥 아니야? 뭐가 됐든 사람 끼니 때우는 거면
그게 밥이지 딴 게 밥이야?

복희 그게 왜 내 장사야. 당신 재미 삼아 몇 개 하는 거지··

나사장 어찌됐거나 간에 과거에 당신두 변두리서 식탁 세 개 놓구
백반 집으루 시작한 사람이잖아. 지금 좀 살만하다구 개구리 올챙
이 쩍 생각 못하구 너무 나대지 말란 말야 내 뜻은. 당신은 처음부
터 개구리였던 거처럼 그러더라. 하늘이 내려다 보구 있는데 그러
지 말어···직업에 귀천없다가 당신 노래였던 사람이 왜 이렇게 변했
어 엉?

복희 내가 언제 귀천 있대? 경제 수준이 안 맞잖어. 과거지사가 무
슨 상관야. 오늘날 이만큼 사는데 /이만큼 살면 이만큼에 걸맞는
며느리감 원하는 게 당연한 거지 /아니 개구리가 왜 올챙이 수준 며
느릴 봐야 하냐구. 피땀흘려 여기까지 만들어 놓구 그 욕심두 못부
려?

나사장 장인 어른 일산 논밭으루 횡재한 게 얼마야. 더 욕심 부리지

말어. 그러다 죄 받어. 아 나 당신 죄받을까 겁나 진짜아.

복희 죄는 개코같이, 아 나 삯바느질 집 과부하구 사둔하기 정말 징
그럽구 싫어어어어! 싫어어어이 잉잉잉잉잉.

나사장 (얼른 자동차의 휴지 뽑아 준다)

복희 싫어이이이이이잉. 패앵.(없는 코 풀고)나두 자존심이 있지 친구
들한테 뭐라 그래이이이. 챙피해서 어떡해이이이이이.

나사장 (아내 안고 토닥이면서)적당히 둘러대 적당히. 교육자 집안이
라거나 그럼 되지 뭘.

복희 (남편 밀어내며 다시 시작하는)글쎄 거짓말까지 하면서 며느릴
봐야 하냐구.

나사장 아 거짓말 도통 모르는 사람처럼 왜 이래애.

복희 (눈에 쌍심지)뭐야?

나사장 (두 손으로 얼굴 가리면서)아냐아냐. 헛소리야 헛소리.

복희 평생에 도움 안되는 사람.

나사장 (시동 걸려 있던 차 문 열고 저만큼에 있는 기사 쪽으로)야 가자.
(기사 움직이고)한참 밀리는 시간인데 이거 늦겠어. 아 좀 서두르자
니까.

복희 아 무슨 대단한 인물이라구 일 볼 거 봐 두구 서둘러!(빽)

나사장 야 그래두 미리 들어가 옷 갈아입구 있다가 느긋하니 점잖게
맞아주는 게 우아하구 좋잖아. 어른답구 말야.

복희 (괜히 흘긋하고 그래도 기사에게)머리 써서 잘 가봐.

나사장 그래 허허 정 기사 미꾸라지 아니냐. 허허허허허 (하며 괜히
아내 손등에 한 손 터억 덮는다)

복희 (흘기며 탁 털어내고)

S# 가게 앞을 떠나는 자동차

S# 자동차 안

복희 (핸드폰 들고)어디가 아픈데 또오...어디가 얼마나 아픈지 어디 바꿔봐 빨리.......이눔으 자식을 그냥 (전화 픽 끊으며)어이구 썩어. 썩어 못살아 내가.

나사장 새 애기 아프대 또?

복희 아프긴 어디가 아퍼. 지 서방 때매 꼬장 부리는 거지 또.

나사장 정균이가 뭐.

복희 아 또 사흘 째 새벽 세시래. 약 먹구 싸구 누웠대.

나사장 그 자식은 그 정신 못 차리구 쯔쯔쯔쯔. 그놈 그 밤 도깨비 버르장머리를 어떡하면 고치나 그래.

복희 아버지가 무슨 권위가 있어야 자식 버릇을 고치지…

나사장 (뻐언히 아내 보며)……

S# 집 정원(이미 밤)

　　[집으로 올라가는 부부. 올라가다가]

복희 (느닷없이 멈추며)그놈으 골프는 왜 배워라배워라 해서는 애를 망쳐 놔 그러게.

나사장 (멈추고)아 건강 위해 운동하란 게 애 망친 거야?

복희 골프 친구들이 다 망종들이니까 그렇지. 골프 반나절에 술타령이 일박이일이니 어이구 쯔쯔쯔. 그거 좋달 칠푼이 여편네가 어딨어. 딱 누구 닮어서 그냥 어허허허허 무량태수에 사내 자식이 결심두 없구 목표두 없구 잘하는 거라구는 술푸는 거 뿐이니(올라가며)어이구 남편 복 없는 년/ 자식 복 바랬을까마는 내 속을 누가 하늘이나 알지 누가 알어. 끄으응 누가 알어.

나사장 (따르며)신경 쓸 거 없어 다 젊어 한 때야. 힘 빠지면 술두 못
먹어.

복희 (다시 멈추고 돌아보며)술을 너머 먹어서 애두 못 만든대. 알지
두 못하구선.

나사장 ?⋯⋯그 그 정도란 말야?

복희 (흘기고 걷는)

나사장 (따르며)아 그래서 애가 없는 거야?

복희 한달에 한번 하늘 보기두 힘든대.

나사장 저런 저런 나쁜 눔. 그럼 쓰나아. 남의 귀한 딸 데려다 놓구
그럼 안되지이.

S# 거실

복희 (들어오며)저녁 준비는

여자 네 다 됐어요 사모님. (복희 침실 쪽으로 움직이는데)저기 그런
데 사모님 작은 사장 댁은 못 오실 거 같다네요. 아까 전화 왔는데

복희 알아. 아프다네.

여자 네에.

나사장 (들어오자 마자 전화통으로 가 다이얼 찍고 기다리다가)너 이눔아
전활 왜 이렇게 안 받아⋯⋯자냐?⋯⋯너너너너너 어디서 자구 있는 거
야 지금. 집? 오늘 사무실 안나갔단 말야?⋯⋯이눔으 자식 할 일이
있건 없건 사무실이라구 뻐쳐놨으면 임마 명색이 사장이란 눔이,
아니아니 그게 본론이 아니구 너 몇시에 들어왔냐⋯⋯한시는 무슨
눔으 한시야 세시라는데! ⋯이 자식아 왜 그러구 살어 왜애. 새벽 세
네시까지 무슨 헷짓으루 기운 빼구 다니면서(에서)

S# 정원

80

정일 (승주 데리고 들어온다/승주 꽃 한 아름 안고 들어오면서 벌써 어리
     둥절하다)계단 조심해.

승주 엉..

     [몇 걸음 더 올라가면서 두리번거리다가]

승주 (멈추고 정일 잡으며)진짜 니네 집 맞어?

정일 (돌아보며)엉 왜.

승주 …(보며)

정일 왜애.

승주 얘기 안했잖어.

정일 뭘.

승주 집 이렇게 크다는 거.

정일 그런 얘길 뭐하러 해.

승주 …..(보며)

정일 왜 그래애 들어가자.(잡아끌며)

승주 (팔 빼며)나 그거 있지. 너 그 옛날 영화 안 봤니? 러브 스토리.

정일 아니 몰라.

승주 거기 쬐그만 빵가게 집 딸이 하버드 대학에 건물까지 기증한
     어마어마한 부잣집 아들하구 사랑해서 처음 그 남자 집에 인사가
     는 장면 있거든? 나 지금 그 빵가게 딸 같아.

정일 (오버랩의 기분) 집만 쓸데없이 그래. 어마어마할 거 아무 거도
     없고 알고 보면 별 거두 아냐. 여기 집 짓구 온지 얼마 안돼.. 쭉 불
     광동 옛날 동네 살었었어..

승주 어쨌든 좀 사기 당한 거 같다.

정일 뭐어?

승주　이건 사기야.

정일　(조금 소리 내어 웃으며 승주 어깨 안고 움직인다)

승주　기 죽네. 죽지 말어야지.

정일　ㅎㅎㅎㅎㅎ

S# 거실

나사장　(아내는 없고 아직 전화 중)아뭏든 너 이 자식 꼼짝말구 있어. 꼼짝만 했다 봐라. 국물두 없을테니 알았어?(하는데)

정일　(앞서 들어오며)즈이들 왔습니다 아버지.

나사장　어어 그래그래(해놓고) 알었어? 그래 그럼 됐어.(끊으며)하하하하 니 엄마하구 나두 지금 한 오분됐나?늦는 줄 알구 아주 혼났다.하하. 올라와 올라오라구.

정일　올라와.

승주　(올라오고)

정일　(승주 양 어깨 가볍게 잡아 앞으로 내놓듯이 하며)승주에요. 인사 드려.

승주　(목례하며)안녕하십니까.

나사장　어 니가 김희선 아니아니 승주냐? 허허허허(괜한 너털웃음) 가만 니 엄마 나오래야지 (괜히 변명하듯)지금 옷 갈아 입구 있을 거다. 내 데리구 나오께.(움직이다가)그그 그건 뭐하러 돈 쓰구 사갖구 오니. 아줌마 줘라. 아줌마.

여인　(주방에서 나오며)네에.

나사장　저 것 좀 받어요. 받으라구.

여인　네.

　　[꽃은 여인에게 넘어가고 아버지는 안방으로 서둘러]

S# 침실

나사장 (들어오며)여보 왔는데?

복희 (한껏 모양낸 홈웨어 입고 화장대 앞에서 머리 손질하면서) 돌아가신 당신 어머니 살아오셨어? 뭐가 그렇게 반가워.

나사장 당신 알지?

복희 뭘.

나사장 정일이 눔 비위 뒤집지 말라 소리 몰라서 물어?

복희 ....

나사장 어차피 받기루 했으면 기분 좋게 받어 기분 좋게

복희 어떻게 생겼어.

나사장 이뻐이뻐. 김희선은 아니지만 김희선 못지 않아.

복희 (화장대에서 거만하게 일어나며)젊은 애 치마만 둘렀으면 다 이쁜 개눈한테 내가 뭘 물어.

나사장 말을 해두 꼭 쯧

복희 (거만하게 앞서며)나와. 어디 한번 봅시다 어떤 물건인지.

S# 거실

　　[나오는 부부.]

복희 (소파 쪽으로 움직이며)이리 와 앉어라. 애를 왜 장승처럼 세워놓니. 앉히지 않구.

정일 이리 와.(승주 데리고 움직이는)

복희 (먼저 앉고)

나사장 (이어서 앉으면서)오너라. 와. 와.

승주 (와서 공손하게)인사드리겠습니다. 승주예요. 안녕하세요.

복희 ·······(보는)

정일　⋯.(좀 조마스러워 엄마 보고)

나사장　여보(조심스레)

복희　(오버랩의 기분으로)그래⋯얼굴은 초면이지만 전화루는 몇 번 통했지?

승주　네.(조금 웃어 보이며)

복희　(부드럽게)우리 애 찾는 전화 몇 번 받은 걸로는 니가 어떤 앤지 알 수가 없구/어쨌든 니가 우리 집 작은 며느리로 들어올 모양인데 그러니까 뭐냐 이건 시험 보는 건 아니니까 그런 줄 알구 응?

승주　네에.

복희　아버지 언제 돌아가셨니.

승주　제가‥여덟 살 때⋯⋯

복희　쯔쯔쯔쯔 오래 되셨구나.

승주　‥네‥

복희　돌아가시기 전에는 뭐하셨는데에?

승주　작은 사업을 하셨대요.

복희　무슨 사업?

승주　네 저

나사장　그거까지 알 거 있나.

복희　가만 계세요.

승주　건축 자재 사업이었다구 들었어요.

정일　어어 건재상?

승주　아니 저 건재상은 아니구 생산 공장.

복희　(오버랩)그럼 아버지 돌아가시구 어머니가 곧장 바느질 하셨니?

승주　⋯네‥

복희 다른 건 안하시구 쭈욱 바느질만?

승주 네..외할머니께서 바느질을 하셨었어요. 그래서

복희 간판 걸구?

승주 할머니는 간판 안 걸구 하셨었구 가게 내구 시작한 건 즈이 엄마가 하셨어요.

복희 잘 하시니?

승주 ?(잠깐 무슨 뜻인가 했다가)아 네…그러신가봐요.

복희 뭐 패션 쇼 같은 거두 하더라만 한복두

승주 아니에요 즈이 엄마는 그런 건 안하세요. 그냥 점잖은 집안 단골분들이 많이 계셔서

복희 어디서 하니.

승주 반포에 승주 한복이라구..

복희 니 이름 땄냐?

승주 네.

복희 점잖은 집안 어떤 집안들인데.

승주 ?(잠깐 보고)저 그건

정일 애가 그거까지 어떻게 알어요 엄마.

나사장 그리구 건 당신이 알어서 뭐해.

복희 형제는

승주 맨 위로 언니가 하나 있구 가운데 오빠구 저에요.

복희 결혼들은 했구?

승주 네…

복희 언니는 뭐하구 형부는 뭐하는데?

정일 엄마.

승주   (상관없이)언니는 고등학교 영어 선생이구 형부는 수학 가르
　　　쳐요.

복희   니 오빠가 검사라 그러는 거 같던데

승주   네‥

복희   고시 패스는 단 번에 했니?

나사장   하 참 별 걸 다 묻네 별 걸 다 물어.

승주   네 재학 /졸업반 때 했어요.

나사장   호오오 재학 중에?

복희   결혼은

승주   재작년에 했어요.

복희   잘 들어 왔니?

승주   네‥착한 언니에요.

복희   뭐하는 집 딸인데?

승주   ?…그냥 평범한‥ 학원 선생 하다가 몸이 약해서 지금 쉬구 있
　　　어요.

복희   ‥‥(학원 선생?)

나사장   다했지? 다했으면 밥 먹자 배고파 밥 먹자구.(에서)

S# **주방 식당**

　　　[식사가 시작된 네 사람.]

　　　[한동안 누구도 말이 없다.]

복희   ‥‥‥

승주   ‥‥‥

정일   ‥‥‥

나사장   (쩝쩝거리며 좀 시끄럽게 먹는)

복희 (문득 남편이 내는 소리가 거슬려서 옆 눈으로 보며)소리 좀 내지 말아요.

나사장 ?(의식 못하고 있다가)허허 그랬어? 소리 냈어?

복희 우리끼리만 있는 거두 아닌데 흉잡히겠어요 점잖지 못하게.

나사장 알았어 조심하게. 흐흐흐흐 미안하다. 미안한데?

승주 아니에요 괜찮습니다.

정일 이제 식구니까 편해두 돼요 아버지. 별로 거슬리지 않아요.

복희 일찍 과부돼 삼남매 키워내구 공부시키느라 어머니가 고생이 많으셨겠다.

승주 ?..네에..

복희 그래두 용케 대학공부까지 시키셨네…뭐 다른 부업을 했던지 아니면 아버지가 남겨 논 게 좀 있었던지 그렇겠지?

승주 아니에요. 남겨 노신 거 오히려 빚 밖에 없었대요. 아버지 돌아가시구 집두 팔구 방 두 개 짜리 셋집으루 갔었어요.

복희 ?…지금두 셋집이니?

승주 아뇨.. 지금은 아니에요.

복희 단독이니 아파트니.

승주 아파트에요.

복희 몇 평짜리?

나사장 핫 참 거 별 걸 다 묻는다 엉?

승주 삼십 팔 평이에요.

복희 ….

나사장 왜 은행에 잡힌 건 없나 그건 안 궁금해?

복희 잡힌 건 없니?

승주 ?(했다가 웃으면서)저는 없는 줄 아는데요…(에서)

S# 거실

[가정부 차와 과일 내는데 승주 거들고 있다…가정부 아웃되고 자리 잡고 앉는데 정아 들어오면서]

정아 다녀왔습니다아. 어 벌써 저녁 끝났구나. 에에이 혼자 먹어야겠네 아줌마 나 저녁 먹어야 해요!

여자 E 네에..

정아 (소파 쪽으로 오며)시간 맞출려구 했는데 너어무 막혔어 엄마 인사 안 시켜 오빠?

정일 니가 먼저 해.

정아 (엉거주춤 일어나 있는 승주 보고)어어 생각보다 괜찮네에? 정아에요. 오빠 바로 아래.

승주 안녕하세요.

정아 엄마가 지기는 했지만 글쎄에?

복희 쓸데없이 나불거리지 말구 니 볼일 봐.

정아 깨르륵, 경락 좀 받지 왜애. 엄마 얼굴 (두 손으로 제 얼굴 양 뺨 아래로 쭉 늘리면서)이래. 영 말 아냐.

복희 (눈 부릅 떠 보이고)

정아 (갤갤거리며 이 층으로)

나사장 (기웃이 아래서 위로 아내 얼굴 살피는)

복희 (탁 남편 돌아보면)

나사장 (얼른 자세 바꾸며)신경 쓰지마 이뻐이뻐.

복희 결혼 준비에는 특별히 신경 안 써두 될 정도는 돼 있니?

승주 (보는)…

복희 느이 오빠가 재작년에 혼인했다니까 여력이 어떨까 느이 집 걱정 돼 하는 말이니까 오해할 건 없구.

승주 아마….엄마가 제 몫으루 따루 좀 만들어 두신 걸루 알아요…저두 보태구 그럼 호화롭게는 못해두 상식선은 지킬 수 있을 걸루 생각합니다.

복희 그래 상식선이라는 게 있지. 나두 그렇게 허황한 사람은 아니다. 그런데 그 상식이라는 거두 집안마다 경제력 따라 다 틀리니까 말이다.

정일 (부드럽게)엄마 그건 우리 둘이 의논해서 알아서 할테니까 신경 쓰지 마세요.

복희 집은 어떡할래?

정일 (조금 웃으며)그걸 왜 승주한테 물러요. 집은 제가 할 일인데.

나사장 아 왜 그래 재 몫으루 잡아둔 아파트 있잖어. 거기루 들여보내면 되지 웬 집 걱정이야.

복희 곧 유학갈 놈한테 그 거 내줘요?

정일 말씀드렸잖아요 유학 안가요.

복희 유학 안가구 뭐해 그럼.

정일 친구들하구 프로그램 개발 사업한다 그랬잖어요.

복희 유학 가 박사 따 갖구 와 교수하란 말야 이 녀석아.

정일 박사 실업자가 얼마나 많은데 엄마 물정 좀 아세요.

복희 너야말루 물정 좀 알구 살어. 왜 실업자야 교수 만드는 건 내가 할 테니까 넌 박사만 돼 갖구 와.

정일 엄마 (어디까지나 부드럽게)저 박사 절대루 안해요. 욕심 버리세요.

복희   나 위해서 박사 하라니?

정일   저는 싫다는데 자꾸 하라면 그건 엄마 위해서지 저 위해서가
아니에요..

복희   (쏘아보는)

나사장   아 싫대잖아아아

복희   시끄러워요!(빽) 당신 누구 편야아!!

승주   ?(승주는 느닷없는 고함에 놀라고/옆의 정일은 낭패스럽고 부끄럽
고/에서)

S# 승주의 아파트 출입구 앞으로 들어와 멎는 정일의 지프

S# 차 안

　　[둘 다 그냥 앞 보면서……]

정일   느이 집하구 다르다는 거 이제 알겠지?

승주   (돌아보며)….

정일   부끄러워.

승주   뭐가……뭐 그럴 정도까지야…그럴 거 없어….조금씩은 다 다
르잖아.

정일   (시선 내리며)…(뿌우우우)

승주   아버지가 좋으시더라 뭐. (웃으며)엄마는 쎄시구.

정일   ….

승주   근데….혼수 말야….우리 집 형편 너는 알잖아.

정일   (돌아보며)할 수 있는 만큼만 해…크게 무리할 건 없구..

승주   적게 무리는 하구?

정일   아무래두 어느 정도는 초과가 되지 않겠니?

승주   나는 그것두 안하구 싶거든. 다 우리 엄마 짐이란 말야..

정일   (끄덕이며)알어.(하는데)

    E 빵빵 클랙슨 소리/뒤에서 빠져달라는 다른 차 경적

    [두 사람 동시에 돌아보고]

승주   (벨트 풀면서)가 나 들어갈게.

정일   응

승주   (내리려는데)

정일   (잡으면서)승주야.

승주   (돌아본다)

정일   나 너 진짜 좋아해.

승주   응 좋아해 줘서 고마워. 나두 좋아해. 가 응?

정일   그래.

S# 차 밖

승주   (내리고/손 흔들어주고)

    [빠지는 자동차⋯.]

승주   ⋯.(착잡하게 보고 섰다가 조금 무거운 발길로 돌아선다)

S# 승강기 안

승주   (조금 기대듯 서서 숫자판 보면서)⋯⋯

S# 승주네 거실

진숙   (들어오는 승주 맞으면서)시간은 맞췄어? 잘 하구 왔어?

승주   잘하구 못하구가 어딨어 머.

수경   (같이 나와 섰다가 오버랩의 기분)어떠세요? 아가씨 맘에 들어하세요?

승주   그럼요. 나 맘에 안들어 하는 어른 없어요.(좀 어리광부리듯)

수경   에이 아가씨는

진숙　(수경과 동시에)그럼 요새 우리 승주만큼 참한 색시가 어딨는데.(손잡아 중앙으로 움직이며)

승주　오빠는?

수경　모임있대요 늦는대요.(하며 먼저 풀썩 앉다가 어지러워)으으으으으

진숙　에이그으.(승주가 벗어내는 상의 받다가 돌아보고)

승주　근데 엄마…(하며 스타킹 벗는)⋯⋯

진숙　⋯(선 채 기다리다) 뭔데⋯왜 시작하다 말어.

승주　(스타킹 벗으며)나 상대 잘못 골랐어.

진숙　건 또 무슨 소리야.

승주　(벗은 스타킹 아무렇게나 든 채 푹 앉으며 뿌우우)걔네 집 너무 잘 사는 거 있지.

수경　부자에요?

승주　(엄마 보며)집이 엄청 좋드라.(뿌우)기 좀 죽었어.

진숙　저런 즈쯔..얼마나 좋은데 기까지 죽었어 그래.

수경　시집이 부자면 좋지 뭘 그래요 아가씨.

승주　엄마 나 혼수 예산 얼마나 돼?

진숙　혼수 어떡할 거냐 그러셔?

승주　아니 이 그런 얘긴 없었는데 그냥 나 혼자 걱정이 돼서.

진숙　걱정 마. 오빠 때 별루 안 써서 괜찮아. 하자구 들면 한두 끝두 없는 게 혼수라지만 암튼 빠지는 거 없이 할 거 다 할 거야. 마지막인데 젖먹은 기운까지 다 끄내서 내 한 껏 해보내 줄테니까 (웃으며)

승주　얼마갖구 쓸 건데?

진숙　글쎄 내가 해. 알 거 없어..그래 시부모 되실 분들은 어떠시대…

92

너 좋아라 하셔? 따듯하셔?

승주 그러엄…좋아하시더라구. 따듯하셨어.

진숙 그럼 됐어. ..따듯한 집안으루 시집가는 게 제일 큰 복이야.

승주 근데 얼마 만들어 났수?

진숙 꼭 얘기해야 해?

수경 저때매 그러세요 어머니? 저 상관없으니까 말씀하세요오. 깔
깔 어머니 감출려구 하시니까 더 궁금하네. 얼마에요 어머니?

진숙 승주 적금 타 맡긴 거까지 육천 쯤 돼.

수경 히이익/ 그렇게나요?(승주도 좀 놀라고)그거면 뒤집어 쓰구두
남겠다. 아가씨 안심 푸욱 해두 되네요 네?

승주 웬 돈이 그렇게 많어?

진숙 그 정도는 있어.

승주 살았다…그거면 별루 후지지 않게 어지간히는 될 거야 그치 엄마?

수경 후지다니요오 아파트가 한 챈데에…

승주 진짜 작은 아파트 한 채네에? 엄마 능력있어어어?(하며 엄마
껴안는다)

진숙 ….(마주 안고 토닥이면서)그렇지두 않어. 승주가 보탠 게 이천
이나 되잖아…으흐흐흐흐흐..(에서)

F.O

S# 어느 호텔 전경

S# 호텔 중식당

[큰 원탁에 가족들 다 같이 선 채 인사가 진행 중이다.]

정일 형님하구 형수님이세요.

정균 안녕하십니까. 처음 뵙겠습니다 하하.(혜수는 그저 미소로 목례만)

승주 가족   (다 같이 목례하고)

승주   언니하구 형부세요.

상훈 연주   안녕하십니까 안녕하세요.(한마디씩)

정일 가족   (인사 받고)

정일   그 다음에 여동생입니다.아직 학생이에요.

정아   안녕하세요.

승주 가족   (적당히 답례하고)

승주   오빠 내외에요.

형주   박형주라구 합니다. 안녕하십니까(수경은 같이 인사)

복희   (가족과 함께 답례하고 나서)검사시라구요.

형주   흠흠 네에.

나사장   자 이제 다 끝났으니 앉지 여보 앉으시지요. 앉읍시다 앉아요.

복희   (앉으면서)우리 장남 결혼 때는 아주 아름답고 훌륭한 약혼식을 했었는데 애들이 생략하재서 생략은 합니다만 뭔지 모르게 서우운하군요.

진숙   네에 그러시죠··

나사장   약혼식보다 결혼식이 급한 모양입니다 허허허허

상훈   약혼식 그거 두 사람 경우에는 (연주 제 남편이 무슨 소리 하려나 해서 보고)중매두 아니구 오년이나 연앨한 사이에 약혼 경비 따로 또 써가면서 낭비죠. 저는 그렇게 생각합니다.

연주   (작게)꼭 그렇게만 생각할 건 아니에요. 일생에 한번인데 약혼식두 의미 있지 뭐.

복희   그렇구 말구요. 할 수 있으면 하는 게 빼먹는 거 보다야 좋죠. 우리 착한 정일이가 재가 속이 깊은 애랍니다. 약혼식으루 처가될

집안에

형주 ?(해서 보는 위에)

복희 E 부담주지 말자구 해서 제가 양보를 했지요.

연주 (복희 쪽 보는 위에)

복희 E 장가두 가기 전부터 처가 생각을 끔찍히 하네요..

진숙 네에..고맙네 나서방..

나사장 어찌됐거나 간에 인연이 있어서 이렇게 양가가 혼인을 맺게 됐는데 고이 기른 따님 보내주셔서 감사합니다.

진숙 학교 졸업하구 곧장 직장 생활루 뛰어들어 할 줄 아는 거두 별 반 없구 부족한 거 투성입니다. 모쪼록 너그러이 이쁘게 봐 주시기 부탁 드립니다.

복희 하긴 요새 애들 신부수업 따루 받은 집 딸 아니면 뭐 아는 게 있 나요. 천방지축이지요.

연주 신부수업 따루 안 받았어두 예의범절이나 그런 건 별로 빠지 지 않을 거에요. 워낙 모범생이거든요. 집안 일이야 금방 다 하게 되구요.

진숙 그래두 어른 눈에 안 차는 구석 많을 거야..잘 가르쳐 주세요. 부끄럽습니다만 저는 제대루 가르칠 짬이 없었습니다.

복희 네에 이해하죠오. 여자 혼자 몸으루 삼남매 최고학부까지 시 키느라면 돈 고생 마음 고생이 얼마나 막심하셨겠어요.

진숙 그렇지는 않습니다. 모두 다 착하구 어질어서…그리구 공부들 두 다 각각 장학금두 받구 아르바이트두 하구 큰 힘은 안들게 했 어요.

나사장 호오 머리가 좋은 집안이구먼요.

웨이터 (와서 정중하게 복희에게)사모님 주문…

복희 (거만하게)아 우리 먹는 코스 있죠 왜.

웨이터 네.

복희 E (복희 보는 형주 부부 위에)그걸루 해요.

웨이터 E 알겠습니다. 술은 어떤 걸루

복희 E (복희 보는 연주 부부 위에)저번에 이 양반 먹다 남긴 거 있죠?
  그거 내 오구 같은 걸루 한병 더 내요.

복희 술자리는 아니니까 건배만 하면 돼요. 알았죠?

웨이터 네 그렇게 하겠습니다.

복희 (좀 오버해서)아가. 새애기는 와인 마실래?

혜수 (느닷없어서 편듯)아아니에요 어머니 생각없어요.

복희 생각 없다네. 주문 끝났어요 미스터 김?

웨이터 네 사모님.

복희 잠깐.

웨이터 네

복희 그런데 여기 공기가 왜 이리 탁해요. 혹시 기계 고장 아니에요?

웨이터 그럴 리가 없는데요 사모님.

복희 E (조마조마한 정일 위에) 그런 소리 말구 한번 알아봐요. 아우
  답답해.

복희 (제 가슴 치면서)왜 이리 답답하지?

나사장 당신 너무 꽉끼는 옷 입어 그런 거 아냐?

복희 (힐난의 눈으로)내 몸에 끼는 옷이 어딨어요.

정아 엄마 그 옷 너무 꽉 맞아요. 쫌 늘구든지.

복희 늘굴 정도는 아냐.(에서)

S# 호텔 앞(밤)

[다 같이 나오는 양가 가족들.]

[이내 대어지는 복희네 자동차 두 대.]

나사장 아따 그녀석들 빠르기는··

정균 저기 차편이 어떻게 되시죠?

상훈 아 걱정 마세요. 우리두 차 있습니다. 갖구 왔어요.

정균 아아 네 아니면 제 차 쓰셔두

형주 (오버랩)아닙니다. 먼저 뜨시죠. (하고 엄마에게)어머니 먼저 가
시도록 하세요.

진숙 어 그러엄. 먼저 가세요.

나사장 아니 차 부르세요. 즈이 먼저 어떻게.같이 출발하도록

복희 교통 방해니까 우리 먼저 움직여요. 자 그럼··

진숙 네 안녕히 가세요.

복희 (냉큼 자동차로 오르며)얼른 타요. 느이두 얼른 타(큰아들 내외)

나사장 (자동차로 타려 하면서)얘 느이들은

정일 저 승주 데려다 주구 들어갈게 들어가세요 아버지.

나사장 어 그래 그래라. 자 그럼 먼저 갑니다.(목례하며)

가족들 (답례하고)

[떠나는 두 대의 자동차···]

상훈 잠깐 계세요 장모님 제가 차 갖구 오께요

정일 아니 키 주세요 제가 갖구 올께요(하는데)

진숙 (오버랩)아냐아냐···우리가 같이 가지(형주에게 웃어 보이며)나
두 답답하네 바람 좀 쐬구 싶어.우리가 가서 타자구.

형주 아 그럼 그러죠·· 가세요.(엄마 팔 잡고 움직이며)우린 우리대루

움직인다.

승주　(개운치 않은 얼굴로 가족들 보며)어 그래 오빠…

정일　(가족들 주차장으로 움직이는 것 보다가)……커피 마실까?

승주　(가족들 뒷모습 보며)아니…

S# 승주의 거실

진숙　(녹차 따르고 있다)…(따르는 동안 모두 침묵)

연주　(문득)엄마 기분 별루지.

진숙　…왜애‥

연주　내 기분이 별루니까…

진숙　나는 뭐….괜찮은데?

연주　거짓말…형주야 너 어때.

형주　재미없어.

연주　그렇지?

수경　좀‥웃겨요. 그쵸 어머니.

진숙　뭐 소탈하구 좋기만 하던데.

연주　…. 유치하기두 하구 상스럽기두 하구……

진숙　연주 마음에 드는 사람이 어딨어.

상훈　저두 마음이 안 드는데요 장모님.

진숙　그러지들 마. 승주 신경 써. (하는데 승주 들어온다)

진숙　어 금방 들어오네?

승주　……(대꾸 없이 차 마시는 자리로)

수경　(얼른 일어나 찻잔 가지러 움직이고)

상훈　곧장 따라 왔어?

승주　네….미안해…모두 다한테‥

상훈 ? 왜 뭐가?

승주 모두 다 기분 그렇잖아요.

상훈 아냐아 우리 그런 거 없어. 어머니두 사람들 소탈하구 좋다 그 러시는데?

승주 처음부터 정일이가 걱정했었어. 우리 집하구는 분위기가 다르 다구.

수경 (승주 찻잔 쟁반에 들고 나와 낸다)

진숙 (차 따라주고)

상훈 (승주에 연결)집집마다 다 다르지 처제 신경쓸 기 없어 그게 뭐 어떻다구 그래.

연주 모두 바보만 모였수? 그래 니 시어머니 될 양반 좀 밥맛이더 라. 뭐 그렇게 잘난 척이니. 잘난 거 하나두 없겠드구만.

승주 정일이두 마음에 안 들어 해.

진숙 원래 혼사에는 아들 가진 엄마가 으스대게 돼 있어. 별 일두 아 닌 거 갖구 괜히 이러니 저러니 뒷말할 거 없어. 시어머니 재목은 좀 으스대구 시아버지 될 양반하구 시숙감은 편안하구 좋던데 뭘.

연주 난 유치한 사람은 못 참거든.

상훈 사람 다 유치한 데 있어 당신은 없는 줄 알어?

승주 오빠는 왜 암말 안해?

형주 들어가 살아야 하니?

승주 아니 아닐 걸? 형두 따루 사는데 뭐.

형주 그럼 됐어··(하고 일어서며)뭐 볼게 좀 있어요 먼저 일어날께요 매형.

상훈 어 그래 들어가.

형주　누나 잘가요.

연주　엉.(형주 아웃되고)킥킥 쟤가 영 김 새나부네. 시커먼 외제차 두
　　　대 날씬하게 와서 대지는데 나두 김 팍 새더라.

상훈　이런 속물하구는.

상훈　E (조용히 차 마시는 승주 위에)유치한 거 싫다는 사람이 이 유치
　　　한 거 좀 보라지.

연주　E 유치한 게 아니라 솔직한 거야.

상훈　E 나는 돈 냄새 쿠려서 코를 못 들겠더라. 수출하는 국산 차 늘
　　　비하게 두구 외제 차는 왜 타.

F.O

S# 복희 집 전경(낮)

S# 거실

승주　(우두커니 서서 기다리고 있다)····

여자　(차 쟁반 들고 나오면서)아유 왜 앉지 그러구 있어요. 사모님 나
　　　오실려면 좀 걸릴 텐데 다리 아프게. 앉아요 에?

승주　괜찮습니다.

여자　(찻잔 내놓으며)참 요새 젊은 사람 같지 않네에. (하는데)

복희　(나오면서 오버랩)아줌마 웬 말이 그렇게 많어. 아는 척 하지 말
　　　구 어른 들어가.

여자　·····(아웃되고)

복희　(인사하는 승주에게)그래 앉어라. (승주 움직이는데 먼저 앉으면
　　　서)직장생활하는 애라 시간이 자유스럽질 않아서 꽤 불편하구나.
　　　정일이는 즈 아버지 모시러 골프장 갔다. 내가 오늘 차 쓸 일이 있
　　　어서 차 안 갖구 가셨거든.

승주　네..

복희　알구 있니?

승주　..네..

복희　예식 날짜 이제 불과 한달 밖에 안 남았는데 어떻게 준비는 잘
　　　돼 가니?

승주　안 그래두 부르셨다구 하니까 엄마가… 저기 어머님 아버님 한
　　　복/한번 가게루 나와 주십사구 말씀드리

복희　(오버랩)아 한복/우리는 우리 단골 집에서 맞출테니까 따로 신
　　　경쓸 거 없다.

승주　?

복희　니 엄마 솜씨 못미더워서가 아니라 내가 옷에 좀 까다로와서
　　　아무 집에서나 안 입거든.그러니까 오해없도록 잘 얘기하고 우리
　　　껀 우리 맞춤 집에서 맞춰다우..

승주　…네에.

복희　내가 알어서 하구 청구서 보낼테니까 입금만시키면 돼.느이 껀
　　　알어서 하구…

승주　알겠습니다.

복희　그리구 마고자하구 조끼 단추 촌스럽게 누우런 금단추로 하는
　　　거 아닌 거 알지?

승주　?…(보는)

복희　산호는 무거우니까 정일이는 금파루 하구 느이 시아버지 껀
　　　큰애가 비취루 해 왔으니까 너는 밀화정도루 하렴. 요즘 값이 많
　　　이 내렸다드라. 물건두 물건 나름이니까 너무 시원찮은 걸루는 하
　　　지 말구 알두 보기 좋을만한 사이즈는 돼야 해. 한복 만지는 느이

엄마두 알 거야‥

승주   …네‥

복희   그런데 얘 내가 고민이 많다.

승주   ?

복희   느 엄마 삯바느질루 삼남매 대학 졸업까지 시킨 느이 집에 무
슨 여력이 그리 있겠냐만 그건 느이 사정이구 실은 우리 큰 애, 그
러니까 니 윗동서가 말이다/ 혼수를 정말 잘 해 왔거든. 워낙 있는
집이라 제대루 해 보냈어.

승주   …‥(보며)

복희   형제끼리 너무 기울어두 그게 좋을 게 없구 또 니 혼수가 너무
부실하면 시집 와서 너두 큰애한테 깔 보이지 않겠니?

승주   (시선 내리며)…‥

복희   어 거 와이셔츠 카프스 보턴 말이다 큰애는 요일별루 일곱 세
트 해 왔더라.

승주   ?

복희   그것두 다 이름 붙은 보석 알루.

승주   즈이 집은 그렇게는 못해요 어머니.

복희   그렇게 해 오라는 게 아니구 그렇다는 거 알어 두라 소리야.

승주   네.

복희   예물 시계는 니꺼랑 정일이 꺼 내가 봐둔 게 있다. 그리구 내 코
트랑 쇼올, 핸드백 (옆의 전화 옆에 두었던 종이 집어 펴보면서)내가
상품 남버랑 상점 이름 다 챙겨놨으니까 준비하구 /어 그리구 아파
트에 들일 가구 살 가구점 전화번호두 적어놨으니까 가서 우리 집
에 들어갈 혼수품이라구 하면 제대루 추천해 줄 거야. 나온 김에 한

102

바퀴 돌아서 예산하구 맞추도록 하렴. 냉장고니 세탁기니 그런 자질구레한 전자 제품은 따로 뽑아 줄테니까 그건 나중에 하구. 에따.(종이 내민다)

승주 (받으면서)저기 아파트는…몇 평 짜리

복희 아 그게 마흔 다섯평이지 아마?

승주 ?

복희 유학 보낼 생각으루 주욱 세놨었는데 마침 지난달에 비어서 지금 수리하는 중이야. 한 이 주일이면 수리 끝나니까 니가 운이 좋다.

승주 너무 큰데요 어머니. 한 스무 평만 돼두

복희 아이구 얘 그러지 마라. 그거 정일이 몫으루 사 둔 거야. 없으면이야 모르지만 두구 웬 궁상야 스무 평이라니.

승주 처음부터 너무 큰 집 보다는

복희 (오버랩)지가 벌어 자수성가할 놈 아니구 어차피 부모 덕에 호강하는 놈야. 너는 남자하나 잘 잡아 운수대통이다.

승주 ……(시선 내리면서)

S# 어느 백화점으로 들어오고 있는 승주(갤러리아)

S# 백화점 안

승주 (들어와 두리번거리면서 상점 찾아 들어간다)

S# 카르티에

승주 (들어오자)

점원 어서 오세요.

승주 저기‥(주머니에서 종이 꺼내 손가락으로 가리키며)이 시계가 얼마나 하죠?

점원 (기웃이 보고)아 천 이백인데요.

승주 ?……네에?(에서)

S# 같은 백화점 밍크 가게

점원 사천 칠백 오십이에요.(움직이려하며)정말 좋은 밍크에요 보여 드릴께요.

승주 (얼이 반은 빠졌다)아니아니 아니에요. 됐어요 됐습니다(하고 황망히 나간다)

S# 에스컬레이터로 내려오고 있는 승주

승주 (너무 기가 막혀 허 콧방귀가 소리 나게 나오고 앞의 사람 힐끗 돌아보는데도 의식 없이 또 한 번)허!··허허!

S# 외제 가구점

승주 (침대 보고)얼마죠?

사장 (육십대 멋쟁이 여사장) 그거 천 삼백이죠 아마. 얘 맞지?

여점원 네에(저쪽에서 이쪽 보고 있다가)

승주 네에 저거는요.(옷장)

사장 안목이 참 좋으시다아. 천 백까지는 주셔야 해요.

승주 싸네요.

사장 뭐 볼줄 아셔.싸지요. 이건 대 물리는 가군데 국산 가구에 어디 대나요. 정말 좋은 물건이에요 신부님.

승주 저 거 장식장인가요? 저건 얼마에요?

사장 팔백 오십인데요.

승주 싸네에에

사장 나회장님 댁이시라 특별히 싸게 드리는 거에요.

승주 네에에에

사장 며칠 전에 사모님께서 대충 찍어 놓구 가시면서 오시면 보여
드리라구 하셨는데 침대는 지금 보신 저거구 나머지는 이층에 있
어요. 올라가 보시죠. 이리 오세요.

승주 (그냥 선 채)찍어 놓구 가신 게 얼마치나 되는데요?

사장 얘 얼마 나왔니.

점원 (아무렇지도 않게)일억 칠백인데 칠백은 털기루 했어요.

승주 (기막혀서 입 조금 벌어지며 멍하니 사장 보는)····

사장 신부가 참 이쁘네에···아니 친정 어머니랑 같이 나오지 왜 혼자
나오셨수우?(에서)

S# 근처 커피숍

승주 (혼자 커피 잔 들고 멍하니)·······(멍하니 있다 한 모금 마시고) (커피
잔 내리며 또 멍하니)······

　　E 핸드폰 벨····(핸드백 안에서 울리는데 제 생각에 빠져서 마냥 벨이
울려도 모른다)

　　[벨 소리샘으로 넘어가기 한두 번 전에]

종업원 (와서)저기 전화 왔는데요.

승주 ?····아아.(하고 전화기 꺼내서 연다)네에··

정일 F 뭐 바쁜 중이니? 샤워하는 줄 알었어. 뭐해?

승주 뭐 그냥. 너는?

S# 골프장 주차장

정일 (자동차 유리 걸레로 닦으면서)아버지 기다려. 근데 좀 늦을 거
같다. 운동 끝나시구 신갈 친구 분 댁에 가셔서 식사하신대···그럼
늦어지시거든.

승주 F 그래 알었어.

정일 열시 넘으면 전화 안한다. 너 자야잖어.

S# 카페

승주 엉 하지 마.

정일 F 내일 보자.

승주 엉.(전화 끊으면서 생각하다가 벌떡 일어난다)

S# 복희의 거실

여자 (앞서 나오면서)지압 끝나구 한참 달게 주무시는 거 깨워서 기분이 안 좋으실 거에요.

승주 죄송합니다……(여자 아웃 되고 꽤 기다리는 시간)

복희 (잠옷 위에 가운 걸치며 나온다 약간 짜증나서)왜 무슨 할 얘기가 있어서 자는 사람 일어나 나오게 만드니이?(앉으며 하품)아으아으 으으으으, 되다. 와 앉으렴.(하고 아줌마아 매실차 좀 만들어 와.)

여자 E 네에.

승주 (그 동안 앉고)

복희 그래 할 얘기가 뭔데 응?

승주 저….어머님이 적어주신 거 들구 가구점까지 한 바퀴 돌았어요.

복희 그래? 동작이 빠르구나 너.

승주 저 /혼수 그렇게는 못합니다. 즈이 집 능력 밖이에요.

복희 …..(보며)

승주 꼭 그렇게 해 오라는 말씀이신가요?

복희 ….(보며)

승주 그러세요?

복희 너 나한테 뭐 따지러 왔니?

승주 그런 게 아니라

복희 아주 돼먹지 못했구나 이제보니. 내가 언제 꼭 그렇게 해갖구 오랬니. 혼수안해갖구 시집 올 수는 없을 거구 어차피 하게 돼 있는 혼수/이것저것 쓰레기나 다름없는 물건에 아까운 돈 쓰지 말구/하나를 해두 똘똘한 거 하라구 /적어두 우리 집 기준은 니가 알어야 할 거 같어서 일껀 신경 써 일러준 건데 /지금 시어미 한테 고개 빳빳이 들구 너 이게 무슨 개수작야!

승주 ?....(너무 놀라서 말문이 막히고)

복희 능력이 없으면 겸손하기나 하든지 능력없는 게 무슨 자랑할 일야? 능력없다는 건 무능하다는 건데 무능한 건 수치지 자랑 꺼리가 아니에요.

승주 제 태도가 거슬리셨다면 죄송합니다. 잘못했습니다.

복희 그러엄 잘못했지.

승주 죄송합니다.

복희 어이구우우 무서워. 정일이 한테 행여 헛소리 마라.니가 우리 모자지간 갈라놀까 겁난다 으응?

승주 그럼 어머니 꼭 그렇게 안해두 된다는 말씀이시죠?

복희 도대체 니 집에선 예산을 얼마 잡구 있다든.

승주 육천만원 정도라구 하셨습니다.

복희 (갈잖다) 아니 고걸 갖구 딸 시집보낼 심산이라니? 니 엄마두 보통 배짱이 아니구나.

승주 ......(그저 보는)

복희 하기야(여자가 내온 매실 컵 획 잡으면서)왜 이렇게 굼떠 명 짧은 사람 숨넘어가겠어.(벌컥벌컥 마시고 탁 놓으며)하기야 천만원 갖구두 보낼려면 보내지. 냉수 한 사발 떠 놓구 하면 한푼 안 들구 어두 되구.

승주 어머님 밍크 코트하구 숄 못해 드려요.

복희 허/육천으루 코트 하구 숄값이나 자랄른지 모르겠다.

승주 예물 시계는 백만원 이내루 하겠습니다. 가구는 실용적인 국산 가구로 들이구 전자제품두 국산 하겠어요.

복희 얘 니 동서 친정에서는 예단비를 큰 거 한 장 보냈다. 큰 거 한 장이 얼만지는 알지? 억이야 억.

승주 ....(보며)

복희 육천 너 너무하지 않니? 우리 죽으면 물려받을 재산이 얼만데 그런 자리에 시집을 보내면 나같으면 집을 잽혀서라두 할만큼 해보내겠다.

승주 (시선 내리는)……

복희 아 너 은행에서 융자두 될 거 아냐. 니 언니 오빠두 좀 거들구 그럼 적어두 한 장 반은 만들겠다.

승주 그렇게까지는 하고 싶지 않아요‥

복희 야 육천짜리 혼수를 챙피스럽게 어따 뼈쳐놓니!

승주 (보는)‥‥

복희 나 아는 집 아들은 장가들자 마자 장인이 삼십억 짜리 땅 등기 이전 해 줬다더라 원 그런 집두 있는데 뭐 백만원 이하 예물 시계에 뭐가 어째?

승주 (안 보며)맞춰드리지 못해 죄송합니다. 그럼 저 이만(하고 일어서는데) 가 보겠어요.

복희 혼사치르면서 무리 안하는 집이 어딨어. 오죽하면 기둥뿌리 뽑는다구 할까. (일어나며 반은 혼잣소리처럼)자격이 없으면 널름거

리지나 말든지.(하며 침실 쪽으로)

승주 (멍하니 보며)

복희 (문득 돌아보며)정일이한테 쏘삭질 하지 마 괜히. 그럼 평생 웬 술줄 알어.내가 너 받구 싶어 받는 줄 아니?어디서 통통하게 하네 못하네야.(하고 핑 들어가버린다)

승주 (어금니 깍 물고 참는데 눈물 툭툭툭툭)········

S# 복희네 집 커다란 대문을 초라한 심정으로 나오고 있는 승주

S# 동네 길을 타박타박 걸어 내려오고 있는 승주·······

S# 아래 큰길 버스 정류장에 서서 버스 기다리고 있는 멍청한 승주···

S# 버스 안의 승주···

S# 아파트 근처 카페

승주 (골똘하게 앉아 있다/찻잔은 손도 안 댄 채)

정일 E 그 동안 너한테 결혼 얘기를 안했던 건······너 실망시킬 게 겁 나서였어. 그게 겁나서 차라리 결혼 같은 거 안 할 수 있으면 안 했 으면···그렇기두 했구.

승주 ···(그대로)

정일 E 우리 집 느네 집 하구는 분위기가 사뭇 달라. 니가 많이 참아 야 할거야. 그래줄 수··· 있지? ··

승주 E 우리 언니 그러는데 나 미련 곰탱이래. 너랑 같이만 살 수 있 다면 미련 곰탱이루 참으께. 어떤 일두 참으께.

승주 (고개 옆으로 좀 들면서 어금니 지그시 무는 듯한)

S# 승주네 현관 거실

진숙 (멸치 다듬고 있는데)

E 현관 키 돌리는 소리

진숙 (돌아보는데)

승주 (들어온다)

진숙 꽤 걸렸네…여태 나서방네 있었어?

승주 (아무 일 없는듯)아니 가구점이랑 좀 돌아다녔어. 뭐해?

진숙 멸치 좀 다듬어 놀려구. 언니랑 같이 다니지 왜.

승주 우선 내가 좀 봐놓구. 언니두 피곤한 사람이잖어. 옷갈어 입구
      나올께.(움직이며)

진숙 응 그래.

승주 (제 방으로 움직이다)왜 이렇게 조용해? 낮잠들 자?

진숙 같이 수퍼 갔어.

승주 으응··(하고 제 방문에 손댔다가 도로 엄마 쪽으로 오며/마루로 시
      선)엄마 있지/

진숙 ?…

승주 (엄마 앞으로 와서 앉으며)한복 맞추는 거 있잖어?

진숙 어 참 언제 나와 주시겠대?

승주 있잖아 그쪽 껀 주욱 맞춰 입으시는 데서 할테니까 (좀 어정쩡
      하니 웃으며)우리는 돈만 내주면 된대.

진숙 ·····(보며)

승주 엄마 옷이 좋은데 취미가 별룬 거 같애.

진숙 내가 못미더우신가보지 뭐··

승주 그치만 너무하는 거 아뉴? 나 많이 화났어.

진숙 (웃으며)화날 일두 많다.

승주 엄마가 하는 거보다 돈두 많이 들 거 아냐.

진숙 나 바느질하는 사람 아니라구 치면 되지 뭐.

110

승주 예산 초과잖어.

진숙 예산은 으레 초과하게 돼 있어 걱정 마.(딸 머리 만져주면서)

승주 ····거기다 (걱정스레) 정일이 마고자랑 조끼 단추/ 산호루 하래.

진숙 (아주 잠깐 포즈 두었다가 아무 일 아닌듯)그래 시아버님 꺼는

승주 뭐··금파라나··

진숙 (끄덕인다)

승주 그렇게 하는 거야?

진숙 (웃으며)잘하는 집은··

승주 또 초과잖어.

진숙 괜찮어. 걱정 마. 안 그래두 상견례 하구 나서 좀 다르게 생각
해야겠구나 작정했어.

승주 ?···

진숙 옷 갈어입구 어이 씻어 내가 알어서 해.

승주 엄마 돈 더 만들려구?

진숙 그래.

승주 무슨 수루?

진숙 걱정마 글쎄. 언니두 융자 얻는다는구 번쩍거리는 거 말려놨어··

승주 하지 마 엄마. 언니두 엄마두 절대루 할 필요 없어. 그냥 예산
안에서 해. 쓰다 모자라면 몇가지 빼면 돼.

진숙 난 그러구 싶지 않은 걸?

승주 엄마가 무슨 돈 있어. 뻔한데. 빚지구 그러는 거 나 싫단 말야.
빚지면 갚어야잖어. 엄마 빚쟁이 만들어 놓구 시집가는 거 싫어 나
그거 안해.

진숙 빚 안져두 돼 글쎄 승주가 걱정할 일 아니라니까?

승주　빚 안지구 어떻게. 엄마 쌈짓돈 따루 또 있수?

진숙　쌈짓돈이 어딨어

승주　그러엄.

진숙　월세 받는 할머니 아파트 칠천은 받겠드라.

승주　?…엄마 미쳤어? 하지 마 절대루 하지 마. 엄마 그거 하면 나 시집 안가. 내가 돌았어? 할머니 아파트까지 팔아서 시집가게?

진숙　팔 게 있으니 다행이지 뭐‥

승주　엄마 노후자금이잖아.

진숙　그게 뭐 필요해 오빠가 있는데에

승주　(오버랩 울음 터뜨리면서)우리가 속 썩인 게 얼만데 엄마 빈털털이 만들면서까지 시집 가. 그딴 짓 절대루 안해 글쎄. 꿈두 꾸지 마. 나 진짜 시집 안가구 말 거야 공갈 아냐 이거 응?

진숙　혼수라는게 시집 수준에 어지간히는 맞춰야

승주　(거의 악쓰듯)글쎄 그럴 필요없다니까? 우리 물구나무서기 백 번 해두 그 집 못 맞춰. 황당한 짓 하지 마 제발 엄마!!!(하고 제 방으로 후닥닥 들어가버린다)

진숙　?…(반응이 지나친 것이 걸린다)

S#　승주의 방

승주　(들어와 핸드백 침대에 패대기를 치고 두 손으로 얼굴 싸쥐면서 침대 옆구리에 앉는다)‥‥‥

S#　거실

진숙　………(혼자 앉아서)………

　　　E 전화벨

진숙　(받는다)‥네에‥

연주　F 승주 아직두유?

진숙　어 들어왔어.

연주　F 뭐라 그러드래요?…

진숙　글쎄에…심상치가 않네에…(에서)

S#　같은 거실

　　[형주 내외/연주 내외/진숙/승주‥]

모두　…(승주 주시하고 있다)

승주　……

형주　말해 봐 빨리…

승주　‥‥

상훈　우리들 가족이야 처제…장모님이 심상치가 않다 그러시면 심
　　상찮은 거야…

승주　‥‥

연주　애

승주　(오버랩)내가 알아서 할테니까 신경쓰지 말구 잊어버려 모두.

형주　잊어버리란다구 잊어버릴 수가 없는 문제잖아 이 자식아. 신
　　경쓰게 하기 싫으면 왜 울구불구 해. 말해 어서. 무슨 문제야.

승주　문제될 거 없어.

연주　승주야.

승주　(오버랩)우리 예산 6천이구 그 이상은 안된다구 다 얘기했구
　　양해됐어. 그럼 된 거 잖어.

연주　그런데 왜 울어.

승주　엄마가 할머니 아파트 팔아 집어 넣는대잖어. 그렇게까지 할
　　필요 없는데 그게 속상해서 그랬어. 울지두 못해?

형주 그러셨어요?

연주 엄마.(놀라서) 그걸 왜 건 건드리지 마요.

상훈 장모님은 왜 아파트 처분까지 생각하셨는데요.

연주 저쪽 집 폼이 워낙 요란하니까 좀 모자라겠다 그랬었어.

상훈 뭐 외제 차에 기 죽어서?

형주 기 죽을 일두 없구 맞출려구 애쓰실 거두 없어요 어머니..

진숙 그래두 하는 데까지는 해서

승주 (오버랩)엄마 진짜 답답해. 아무리 기써두 맞출 수 없다니까아?

연주 (올라서)도대체 뭘 얼마나 해 오라는데 그러는 거야 너. 제대루 털어 놔. 하든 못하든 좀 알기나 하자구.

승주 ……

연주 으응? (답답해서)

승주 (작심/오버랩)정일이 시계 천 이백만원/가구 일억원어치/시어머니 밍크 코트에 쇼올이 칠천/시어머니 핸드 백 칠백칠십칠만원/예단비 일억 됐어?

모두 (벌어진 입을 다물지 못하고 형주만 승주 쏘아보듯/)……

상훈 아니/….아니 처제더러 그걸 해오라는 거야?

승주 ……

수경 세에상에 미친 할머닌가봐아.

연주 가격까지 다 얘기하디?

승주 리스트 주길래 들구 나가 내가 알아봤어.

연주 (세상에)리스트?

승주 한 바퀴 돌면서 가격 조사하구 도로 가서 나한테 꼭 그렇게 해 오라는 뜻이냐구 확인했어. 아니래. 그냥 자기 집 기준을 알아서

114

하나를 해두 똘똘한 거 하라구 생각해서 일러 준 건데 내가 사람 잡는다더라.

연주　뭐 그 따위가 있니. 그게 해 오라는 소리지 무슨 소리야.

승주　(오버랩의 기분)그렇게 못한다구했어. 밍크 코트 못하구 정일이 시계는 백만원 이내루 살 거구 가구구 전자제품이구 다 국산으루 할 거라구.우리 예산 안에서 할 거라구.

형주　(오버랩)너 이 결혼 꼭 해야 해?

진숙　?…(형주 보며)무슨 그런 말이 있어.

연주　그래 너 엎어.(단정적으로)

진숙　연주야(야단치는)

연주　뻔할 뻔이에요. 이 결혼 엎어요. 그런 집에 애 보내는 거 아니에요.

상훈　아니 저기 양해했다잖어.

연주　그 천박하구 쌍스런 욕심이 뭘 어떻게 양핼해요.

수경　(오버랩) 우리 집이 무슨 재벌인지 아나 정일 씨는 뭐하구요. 아가씨.

승주　걔 없었어요.

수경　아아 아들 없을 때 그랬구나 그러니까. 그렇겠지이.

형주　없었던 걸루 해.

진숙　어떻게 그래애애애.

형주　전 그런 집안으루 애 보내기 싫어요 어머니. 머리에 똥만 든 사람들이에요. 어머닌 그런 집안하구 인연맺구 싶으세요?

진숙　(달랜다)그래 무슨 소린지는 알어. 그래두 그만두란 말은 하지 마. 그동안 사권 정이 얼만데 그만두래. 당사자들 생각두 해 줘야지. 그렇게까지는 못해두 힘든대루 우리가 더 애쓰구

형주　(오버랩)최소한 사.오.억은 있어야할 거 같은데 아무리 미친 인
간들 많은 미친 세상이래두 건강한 사람들이 훨씬 많아요.. 이건
망쪼에요. 있어두 해서는 안되는 짓이에요. 절대 애쓰지 마세요.
이일 접어요 어머니. 내가 내일 정일이 불러 얘기할 테니까 너 끝
내. 알았어?

승주　아냐 오빠. 나 그냥 할 거야.

형주　?....너 그런 집안에 시집가구 싶어?

승주　정일이두 자기 집 부끄러워 해. 우리 집 하구 달라서 실망 많이
할거라구 미리 얘기했단 말야. 그리구....나 무슨 일이 있어두 참는
다구 약속했어. 뭐라 그러든 말든 내가 참구 살면 돼.

연주　하루 이틀두 아니구 일년 이년두 아니구 혼수 못해가 당하는
거 장난 아니라 그러든데 그걸 어떻게 참는단 거야 너.

승주　참을 거야.

형주　참을 가치가 있는 일에 참아 이 맹추야.

승주　정일이가 나한텐 그 가치 이상이야 오빠. 나 걔.....아닌 다른 사
람...상상할 수두 없어..(울음 터뜨리며)

진숙　(옆으로 딸 안아준다)

모두　.....(보며)

연주　(옆으로 고개 돌리며)기막혀...남의 집 일 아니었네.

상훈　(중얼거리듯)내가 그랬잖어… 하찔이라구..

승주　(엄마에게서 몸 떼면서/결심 새롭게/아무도 안 보면서)걱정하지
두 말구 엄마는 무리할 생각 꿈에두 하지 마. 나 처음 예산대루 해
갖구 당당하게 들어가 당당하게 살 거야.

수경　하지만 아가씨. 혼수 때매 시어머니 고약하게 구는 거 진짜 형

116

님 말처럼 장난 아니라는데…내 친구는 삼년을 꼬챙이처럼 마르더
니 결국 헤어지구 나서 살찌던데…

승주 (울음 정리하며)귀머거리 되면 돼요. 그리구 설마 나보다 더 오
래 사시지는 않을 거 아니에요.

연주 스트레스때매 니가 먼저 죽을 수두 있어 야. 욕심 많은 사람 더
오래 사는 거 몰라?

승주 암튼/하지 말라 소린 마. ……정말 미안한데……그 소린 말아 줘
모두……(하고 일어나 들어간다)

모두 ……(그대로 앉아서)

제3회

S# 진숙의 한복집 안

진숙 (전화 중이다)아직 임자 안 나타났어요? …그런데요 아저씨 우리가 좀 급하거든요? …몇 백 좀 덜 받더라두 …그렇죠? 그 생각은 저두 했어요 아저씨….네에…아뭏든 팔기는 팔아야하니까 특별히 신경 좀 써 주세요.아저씨한테두 섭섭잖게 해드릴께요….네 그럼 좋은 소식 기다릴 께요··네 안녕히 계세요.(전화 끊는데)

여인 그거까지 팔어 집어넣구 어쩔려구 그러세요 선생님.

진숙 뭘 어쩨··

여인 아 밤낮 걱정이시잖아요. 나중에 치매라두 걸리면 자식들 애 안먹이구 시설 들어가신다구 하셨잖아요.

진숙 ….(바느질감 만지면서)작자가 있어두 한달 안에 완불할 사람 쉽지 않을 거라네.

여인 돈 들구 앉어서 집사는 사람 만나잖는 담에야 그렇죠오….서민 아파트 사는 사람이 어디 그런 돈 있나요. 다 자기 살던 집 빼서 움직이지 어디 쉬워요?

진숙　계약만되면 민망스럽기는 하지만 한회장님 사모님께 한번 말

　　씀드려 볼까 싶은데

연주　(오버랩으로/문 밀고 들어 온다)엄마.

진숙　?..이 시간에 웬일야?

연주　잠깐 나왔어. (서둘러 올라오며) 금방 들어가야 해. 있잖우 엄마.

　　(핸드백에서 봉투 하나 꺼내면서)융자 나왔어. 엄마 아파트 팔까봐 우

　　리 후배 정신 못 차리게 닥달했더니 금방 해주네? 이천 받구 천 보

　　태서 삼천이야..

진숙　연주야.

연주　(상관없이)천만원 적금 두 달 있으면 타구 곧바루 또 적금 들면

　　금방 갚아. 엄마 아파트 건드리지 마아?

여인　아 방금두 부동산하구 전화했는데 뭐

연주　?엄마 진짜 그거 하지 말라니까아.(화내는)(전화기 집어 앞에 놓

　　아주며)지금 전화해 안 판다 그래요 빨리.

진숙　끼구 있음 뭐해 이럴 때 요긴하게 쓰지 뭐하러 빚지구 그래애.

　　빚이 얼마나 무서운 건데에.

연주　우리 삼남매가 무슨 어미 파먹는 거미 형제들이유? 평생 엄마

　　등골 파먹구두 모자라 마지막 할머니 유산까지 거덜내게?

진숙　(웃으며)유산은/남 들으면 엄청난 건 줄 알겠네..

연주　엄청나거나 말거나 엄마 맘대루 일 저질렀다간 진짜 오빠한테

　　혼난다아? 우리 아무두 엄마 그런 짓 하는 거 용서 못해.. 그건 절대

　　루 안돼 엄마. 절대루. 얼른 빨리 전화 해. 내 앞에서 하라구 응? (하

　　는데)

　　E 출입문 소리

연주 (진숙과 함께 돌아보고)어 너 무슨 일야.

형주 누난 웬일이유.

연주 마침 잘 왔네. 엄마 아파트 팔려구 쪼꼼 전에두 부동산하구 전화했단다.

형주 (올라서다 잠깐 멈췄다 다시 움직이는데)

연주 엄마 너밖에 무서워하는 사람 없으니까 니가 포기시켜.

형주 (앉으면서)엄마 저 무서우세요?

진숙 무섭지 그럼.

형주 자식이 왜 무서우세요.

진숙 (웃으며)보통 자식이래야지.

형주 그런데 왜 말 안 들으세요.

진숙 (보며)승주가 너무 가엾잖어.

형주 승주보다 어머니가 더 가여우세요. 아세요? 아직두 여기서 허리 무릎 아프게 바느질하시면서 아직두 더 못해 안달하시는 어머니가요.

진숙 나는

형주 (오버랩)제 얘기 들으세요 어머니. 어머니한테 입은 은혜 우리 죽는 날까지 다 못 갚아요. 즈이들 얼마나 더 힘들게 하구 싶으세요.

진숙 (쓸쓸하게 보는)

형주 그러지 마세요. 더 이상 즈이들 나쁜 자식 만들지 마세요. 이건 경우가 아니에요.

진숙 아직두 나...어머니가 아니야?

형주 ? 무슨 말씀이세요.

진숙 자식 나쁜 사람 만드는 어머니가 세상에 어디 있어.

120

형주 어머니.

연주 (동시에)엄마.

진숙 (오버랩의 기분)나는….다가 없어…늘 부족하지…다가 없어‥

형주 어머니.

진숙 더 이상은 싫다….금 그어놓구…쓸쓸하잖어.

형주 …‥(보다가)그런 뜻이 아니에요.

연주 (같이)그런 말 아냐 엄마.

형주 (오버랩의 기분)어머니 그거마저 없애는 거 마음이 너무 안 좋
아 그래요.

진숙 ……(보며)

형주 우리 마음두 마음이에요. 어머니 마음만 마음이 아니라구요.

진숙 알었어‥알어 들어.

형주 그건 남겨요. 약속해요.

진숙 그래…하라는대루 할게.

형주 약속해요.

진숙 약속해.

형주 (양복 안주머니에서)친구한테 이자없는 돈 빌렸어요. 이천이에요.

진숙 (내밀어지는 봉투 보면서)어쩌면 좋아. 모두 빚쟁이를 만들잖어.

형주 형제에요. 이쯤은 처음부터 생각하구 있었어요.

진숙 …‥(안쓰럽게 보면서)

형주 저는 정말 이런 결혼 안 시키구 싶지만…승주가 하겠다 그러구
또 어머니가 말리시니까 눈감구 모르는 척 해요.

진숙 그래‥보내야지 어떡해.

형주 그리구……(해놓고 사이 두었다가 어머니 무릎에 한 손 올리며)어

머니.

진숙 ....(보며)

형주 제 말 서운하게 생각하지 마세요. 저요....이 세상 어머니를 전부 다 준대두 우리 어머니 안 바꿔요.

진숙 .....(보며)

연주 (안 보는 채)건 좀 웃긴다. 자기 어머니 바꾼다구 내 놓는 자식이 어딨니.

형주 알아주세요 네?

진숙 ....(아들 손 두 손으로 잡으며 손 내려다보며)........우리....(간신히) 훌륭한 사람이..내가 복두 많지...(여인 돌아보며)

여인 (눈 아래 찍어내며)어이 부동산에 취소한다는 전화나 하세요.

연주 내가 하께 엄마(에서)

S# **어느 호텔 헬스 휴게실**

복희 (음료 마시면서)혼수가 무슨 소용있니 혼수가아. 사람이 잘 들어와야지 혼수 능느러지게 해 갖구 와봤자 인간 안된 며느리면 그거 뭐에 쓰니. 아무 짝에두 못써 그거.

친구1 안여사는 그런 소리 못하지이 큰며느리 볼 때 얼마나 뻑적지근하게 챙겼는데 그런 소릴 해.

친구2 그러게 말이다. 시어머니 자동차에 보석에 밍크에 예단비 큰 거 한 장에 그렇게까지 받은 사람 여기 아무두 없네..

복희 그거야 어거지루 갖다 앵기는 걸 어떡해애.. 추하다추하다 며느리 보면서 한 밑천 잡을려구 드는 거 보다 더 추한 게 어딨어.. 나는 정말 그런 욕심은 없는 사람이야아.

친구1, 2 깔깔깔깔.

122

친구1 욕심없네 그래. 욕심없어. 이건 증말 안할 소리지만 안여사 며느리 볼 때 사둔네가 학을 뗐다는 소문 돌았었어. 신랑네 요구가 너무 허벅져서.

복희 이게 무슨 까마귀 트림하는 소리야아? 어우 기막혀. 어우 심장이야. 아니 김여사 그 소리 어디서 들었어 누가 그래. 누가 그래 내가 그냥 아가리를 찢어놓구 말 거야 대 대. 누구야 그게 누구냐구.

친구1 듣긴 들었는데. 늙어서 까먹었어요.(약 올리듯)

복희 김여사!!!

친구1 아이구 귀 따가워. 배잖은 애 떨어지겠다. 아니면 그만이지 뭐 그렇게 열불을 내구 그래애?

복희 내내내내내내내내가/····우리 우리

친구2 왜 이렇게 더듬어 진정해 안여사.

복희 우리 정일이 장가가는데 어떻게 하는지 알어들? 여자 애가 한복집 하는 과부 딸이래·· 겨우 밥먹구 사는 집 딸이라 내가 아무 것두 필요없다. 신경쓰지 말구 우리 내외 한복 한벌 씩만 해다우. 마흔 다섯 평 짜리 아파트 싸악 수리해 들여보내면서 내가 그런 사람이야. 그저 늬들 잘 살면 되는 거지 우리가 물질에 노예는 되지 말자. 모자란 건 내가 채워준다 걱정두 하지 마라. 내가 그런 사람이야아 왜 이래 왜!!

친구2 챙피해 소리 좀 지르지 마아.

복희 내가 돈 안 꿔췄다구 이러지 지금 돈 안 꿔췄다구 앙심먹구 지금 부러 사람 복장 지르는 거지··

친구1 나 원 살다살다 별 치사한 소리 다 듣겠네. 그 집 돈 아니라두 돈 많어. 우리 아들이 막었어 걱정 마.

복희　부도가 오늘낼오늘낼이라더라. 긴어시 같으면 그런 집에 돈 내 놓겠어?

친구1　무식한 건 못말린다더니 정말‥ 길게 상종 못하겠군. (하며 일어난다)

복희　뭐야?‥뭐뭐뭐라구?

친구2　안여사가 심했어.(역시 일어나 아웃된다)

복희　……(입 벌리고)

S# 호텔 로비

복희　(특징 있는 걸음으로 있는 대로 올라서 로비 가로질러 현관으로)

S# 현관 앞

종업원　(제 일 보다가 복희 나오자)벌써 가십니까 사모님?

복희　아 차나 빨리 불러요!

종업원　네 사모님.(그런 일에 익숙하다)

S# 호텔 빠져나가는 복희의 자동차 안

복희　(핸드폰 찍고 있다)

　　F 벨 가는 소리.

정일　F 네 엄마.

복희　너 지금 개랑 같이 있니?

정일　F 네.

복희　(가로채듯)바꿔.

정일　F 왜 그러시는데요.

복희　바꾸라면 바꿔 빨리.

S# 가구점

정일　(전화 들고 돌아보는)

124

승주 (저쪽에서 가구점 사람 상대로)예산이 안 맞어서 그래요 사장님.
십퍼센트만 더 해주시면 평생 은인으루 알께요 네?

사장 더 이상은 안됩니다 정말. 해 드릴 수 있는 거 같으면(하는데)

정일 (오버랩)저기 죄송한데요(두 사람 쪽으로 움직이며)잠깐만/승
주야 전화 먼저 받어야겠는데?

승주 ?나?

정일 바꾸라셔.

승주 (불안한 채 정일 쪽으로 움직이며)왜애?

정일 몰라.(전화 건네어지고)

승주 네에 승주에요 어머니.

복희 F 느이들 지금 어디 있는 거니.

승주 가구점인데요.

복희 F 가구점두 나름이야. 무슨 가구점에 있나 말야.

승주 여기 (잠깐 침대 쪽에 있는 사장과 정일 쪽 돌아보며)

S# 차 안

복희 ..(듣다가)기어이 니 맘대루 한단 말이지 그러니까……아 장두
안 사구 붙박이 쓰면 되는데 무슨 돈이 그렇게 엄청 든다구 그래.
하나를 사두 똘똘한 거 사란 말야 내 말은.

S# 가구점

복희 F 물건 같지두 않은 거 끌어들여 사람 열통 터지게 하지 말구
청담동으루 가.

승주 ….

복희 F 왜 대답이 없어. …애.

승주 그럼 침대 하나만 사면 끝이에요 어머니.

복희 F 그거만 사구 말어 그럼.

정일 (어느새 앞에 와서)왜 그래.

승주 ····(전화 막고)아냐.

복희 F 그거만 사구 말라구.

승주 네 알겠습니다.

복희 F 너 행여 내가 혼수 많이 해 오랬단 소리 지껄이지 말어. 나 그런 적 없으니까.(하고 툭 끊는)

승주 (전화 접는다)

정일 뭐라시는 거야.

승주 우리··(오버랩/조금 웃으며)침대 하나만 달랑 들여놓구 딴 거 아무 것 두 없이 그러구 살어두 될까?

정일 (보다가)·····엄마 외제 가구 사라시니?(찡그리며)

승주 하나를 사두 똘똘한 거 사라구··

정일 (싫어서 오버랩)필요없어. 그냥 우리 마음대루 해. 여기 꺼 값두 좋구 맘에 들어. 계약하자.(하고 승주 잡아 주인 쪽으로 끌려 하는데)

승주 (끌려가며)침대 없이 방바닥에서 자면 어떨까. 우리 엄마 이부자리 잘 만들어 주실텐데.

정일 그것두 좋아 그래. 우리가 언제부터 침대냐 침대 우리 문화 아냐. 침대두 사지 말자 그래.(웃으며)

S# 할인 백화점 가전제품 코너

정일 두 식구에 이렇게 클 필요 어딨어 냉장고 커봤자 전기료만 많이 나오구 야 김치는 따루 김치 냉장고 쓴다면서 작은 걸루 해 이거 너무 커.(오백짜리 용량 앞에서)

승주 아냐 엄마가 냉장고는 이 정도루 하랬어. 요즘 다 절전용이라

126

전기료두 얼마 안 나오구 쓰다 보면 적은 게 냉장고래.

점원 네 맞습니다. 요즘 투 도어두 안 찾구 전부다 캐비넷 찾는 추셉니다. 실례지만 몇평 짜리에 들어갈 물건이지요?

승주 네 마흔 다섯

점원 아이구 그럼 캐비넷 식 하세요. 집에 맞추십쇼 마흔 다섯 평이면

승주 아니에요 이 정도면 훌륭해요. 그런데 소음은 어떤가요.

점원 아이 요즘 냉장고 소음 걱정하실 거 없습니다. 아주 조요옹해요.

승주 이걸루 결정하죠.

점원 예 그러세요 그럼.

정일 (오버랩)야 이제 디브이디 보자 디브이디.

점원 아 이리 오십시오.

정일 (움직이며)디브이디랑 티비는 내가 사께.

승주 ? 왜애?

정일 너 말 안 들으면 좋은 영화 너 안 보여주구 나 혼자 볼려구.

승주 좋은 영화가 뭔데?

정일 (귀에 대고 속삭이는)

승주 (정일 때리며 웃는다)

S# 근처 커피숍

승주 (커피 잔 들고)쇼핑 따라다니기 지겹지.

정일 남자의 숙명 아니겠니?

승주 깔깔 무슨 숙명 씩이나.

정일 이제 뭐가 남았지? 가구랑 전자제품이면 다 된 거 아냐?

승주 가만 우리 빼논 거 없지.(리스트 주머니에서 꺼내 보는데 볼펜으

로 그은 목록이 줄느런히 입으로만 달싹거리며 점검하고 나서)빼 논 거 없어. 침대 이불두 엄마가 만들어 났구 이제 자질구레한 거 목욕용품이랑 칼 도마 그릇 뭐 그런 거만 사면 돼. (하다가)어머 빼 먹었다.

정일 뭔데.

승주 전기 포트. 언니가 그건 꼭 사래. 커피 먹구 라면 먹을 때마다 물 끓이는 거 번거롭다구 그거 있으면 아차 실수해서 국이 소태처럼 짜다? 그럴 때 끓는 물 한 컵 부면 간단히 해결 돼서 아주 좋다나?

정일 근데 왜 빼놨어.

승주 집에서 막 나오는데 전화왔었거든. 적는다 그러구 까먹었어. (볼 펜 꺼내 적으면서)

정일 그럼 마트 다시 가야해?

승주 관둬. 내일 점심시간에 잠깐 나혼자 사게.

정일 월차 아주 알뜰하게 쓴다. 오늘 일 많이 했다 우리.

승주 어 너 가봉두 하구 시계두 사구 웨딩드레스두 고르구 많이 했어. 근데 시계 존 거 못해줘 미안해.

정일 야 시간만 맞으면 됐지 시곈 좋아서 뭐하니. 난 남자 뭐다 하는 시계 차구 있는 거 멍청이같더라. 우리 형 말야. 보석 시계 차구 다니잖아. 무슨 야꾸자냐 조폭이냐·· 그걸 조옹다구 차구 다니더라아? 취미두 각각야 참.

승주 예물 받은 거야?

정일 (잠깐 보고)그럴 걸?

승주 안 부러워?

정일 그게 뭐가 부러워. 그렇게 결혼했으면 뭐해.

승주　왜애?

정일　중매였거든. ··몰라···서루 잘 안맞는 거 같아···형 혼자 허허거리지 형수는 늘 딴 생각하는 사람 같더라. 안 그래 보이디?

승주　글쎄··몰라.

정일　아 잠깐.(하고 주머니에서 봉투 꺼내 내놓는다)이거 (웃으며)십만원 남겨놓구 다 털었어. 세뱃돈부터 모은 건데두 얼마 안되더라. 중간중간 컴퓨터 바꾸구 카메라 사구 오디오 사구 생각해 보니까 쓸데없는 돈두 많이 썼더라구. 미안하다···마음은 많이많이 주구 싶은데 용서해 주라.

승주　(보며)

정일　집어 너.

승주　(봉투 집어 아구리 열어보며)얼만데?

정일　구백 칠십

승주　천만원이네?

정일　삼십 모자라.

승주　십만원 남겨 놓구 어떡할려구?

정일　니가 책임져야지 뭐. 일년 정도는 나 월급두 없을 거야. 개발하는 동안은 황이거든. 나 밥은 먹여 줄 거지?

승주　깔깔 그러니까 이거 밥값 선불이구나.

정일　그런 셈이지 후후

승주　좋아. 먹여주께.

정일　은행 그만두구 싶으면 그만둬. 생활비 주실 거야.

승주　······(보다가)싫은데?

정일　싫어?

승주 우리 몇 살야. 내가 버께. 우리가 해결하자.

정일 미안해서 그러지.

승주 그 대신 조금씩 도와주시는 건 사양 안해. 좋지 뭐어. 흐흐훗.(코 위로 말아 올리며)

정일 야 그게 무슨 얼굴야 하하하하(에서)

S# 복희의 집 전경(저녁 때)

　　[들어서고 있는 정일과 승주.]

정일 아버지 승주 왔어요.

나사장 (퍼팅 연습하다 그만두며)어 그래 어서 와라.

승주 (목례 공손하게)

나사장 하하 그래. 오랜 만이다. 잘 지냈냐?

승주 네 아버님.

나사장 (아들에게 속살거리는/안방 턱짓하며)니 엄마 기분이 별루야. 뭣때매 심사가 뒤틀어졌는지 다 죽인다 다 죽여.(하는데)

복희 (픽 문 열며 나온다)사장이라는 작자가 물색 없으면 관리소장이 제대루든지 임대료 하나 정확하게 못받어 내면서 뭐하는 인간들야 전부 다.

정균 (따라 나오면서)두 달 연체쯤은 다 보통이에요 엄마. 석달 밀린 집 두군데 밖에 없는데 토탈 사십 일곱 집 중에 두달 연체가 열집이구 석달이 두 집이면 성적 좋은 건데

복희 (오버랩)사장이라는 작자가 그렇게 두달은 보통이다 그러구 있으니까 관리소장두 우리 집을 물렁 팥죽으루 보구 게름피는 거란 말야.

정균 세입자한테 너어무 야박하게 굴어서 욕먹으면요 엄마 재수가

130

없어요오.

복희   잔말 말구 관리소장 짤라.

정균   ? 건 안돼요. 빌딩 관리 그만한 사람 없어요.

복희   너 도대체 골프를 일주일에 (삿대질하며 아들에게 돌아서는데)

나사장   (오버랩/아내 팔 잡으며)그만하세요 회장님. 승주 왔어요 그만 하세요.

복희   …(식닥거리며 보다가)내 맘에 드는 사람 하나두 없어 하나두.

나사장   회장님 마음에 드실 사람이 어딨겠습니까. 그저 우리 다 못 난이들인 줄 알구 사니까 앉으세요.앉으시지요.

복희   (홱 뿌리치며)왜 이기죽거려요. 불난 데 부채질 해요?

나사장   이제 그만 좀 해. 원 사람이 체면이 있어야지 이건 어떻게 된 게 노대기야 노대기.

복희   (앉다가)뭐야?

정균   알았어요 엄마 이제부터 정신 바싹 차리구 골프두 안 나가구 스물네시간 챙길테니까 걱정 마세요.

복희   (째려보고)

정균   (모르는 척)앉어라. 앉으세요, 별일 아니에요 앉으세요(하는데)

복희   앉긴 어딜 앉어. 저녁 준비 중인데. 부엌에 들어가 봐.

승주   네.

정일   승주가 들어가서 지금 뭐해요.

복희   할 일 없으면 서 있기라두 하는 거야. 손위 동서 일하구 있잖아. 시집은 그런 거야(에서)

S#   복희네 주방

　　[저녁 먹는 중.]

정일 우리나라 전자제품이 얼마나 좋은데요. 다 우리 껄루 했어요.

정아 나는 국산 안해 엄마.

복희 누가 너 그렇게 보낸대?‥쓸데없는 못은 박아 왜.

정아 어우 엄마 무서워 죽겠어 왜 그래애.

복희 너 시에미 말을 뻘루 듣는 애구나.

승주 (보며)…

복희 내가 무슨 외제병 든 사람으루 보여?

정일 엄마.

복희 너 그 가구 말이다 그건 대를 물려두 되는 거야. 살 때 부담돼두
     사 노면 물건이 물건 같구 멋있구 품위있구

정일 쓰는데 편하면 되지 뭐하러 부담까지 느껴가면서 그래요.

복희 격이 다르단 말야 이눔아.

정일 물건이 사람 격을 결정하는 거 아니에요. 물건은 물건일 뿐이
     에요. 우리 다 좋아요 불만 하나두 없어요.

복희 내 친구들 혼수 본다구 있는대루 몰려 올 텐데(남아 있다)

정일 (오버랩)그만하세요.

나사장 밥 먹어 밥. 늬 엄마 친구들한테 광내구 자랑 하구 싶은데 그
     거 못해서 이런다. 큰 애 때 광냈으면 됐어. 됐어어.

복희 말을 해두 꼭. 그러니까 혼인은 비슷한 집안끼리 해야 하는

정일 (오버랩)엄마.(나직하지만 단호하게)

복희 ? 이 자식아 왜 말허릴 잘라. 말두 못해?

정일 더 이상 하지 마세요.

나사장 더 이상 하지 마.

정균 넘어가세요. 잘 해 오면야 물론 좋지만 형편이라는 게 있으니

까 어쩔 수 없죠 뭐.

복희 어쩔 수 없는 것두 글쎄 어지간해야지이.

정일 승주가 맨 몸으루 와요? 할 거 다 해요. 빠진 거 없이 다 해요.

복희 빠진 거 없이?(같잖다) 내 밍크코트두 못한다는데 빠진 거 없이?

정일 엄마 있잖아요.

정아 검정으루?

복희 그래.

정아 으응, 엄마 검정이 옛날 거라 좀 후지거든.

정일 (불끈 일어나며 승주 잡아 일으킨다)

승주 ?(왜애하는 얼굴)

정일 나와 나가자. 일어나. 일어나 빨리.(일으켜 세우며)

정균 정일아 야.

정일 엄마 이러지 않기루 약속하지 않으셨어요?

복희 (안 보는 채)그래서 그냥 받아 그래.

나사장 앉어 앉어라. 니 엄마 관상 보니까 다 했어. 앉으라구. 밥 먹자.

정아 오빠 너무 편든다. 엄마 열나지이이이.

정일 ……(그냥 엄마 보며)

혜수 앉으세요.

정일 (휙 승주 손 잡아끌고 나간다)

  E 현관문 여닫히는 소리.

나사장 거 참 사람이….쯔쯔쯔쯔 어차피 시키기루 한 거 기분 좋게

복희 기분이 좋아야 말이지. 거지 새끼 데려오면서 어떻게 기분이 좋아.

정균 어이 엄마 건 너무 심해요오.

S# 정원

정일 (두 손으로 얼굴 싸쥐고 서 있고)

승주 (가만히 보며)……뭐해. 울어?

정일 ……

승주 응?

정일 ……

승주 (팔 잡아 내리면서)뭐하는 거냐니까아?

정일 (팔 끌어 내려지면서 안으며)…미안해.

승주 괜찮아. 나 각오 돼 있어.

정일 내 엄마 아니라구 할 수두 없구…니 앞에 얼굴을 못들겠다 정
    말.. 나 어떡하지?

승주 그럼 안되지이…나 니 얼굴 보는 거 좋아하는데 가마만 보구 살
    라구?

    [잠시 그대로 두었다가…]

S# 승주의 방

승주 (옷 갈아입으며 명랑하게)가구 결정 다했구우? 전자제품 하나
    만 빼구 다 찍어서 계약금 걸었구우? 정일이 시계 샀구? 웨딩드레
    스 결정 봤구우? 정일이 양복 가봉 했구우? 또 뭐했더라 으으응..

진숙 하나는 뭐 뺏어(승주가 벗어 내는 옷장에 걸며)

승주 어 전기 포트.언니가 그거 꼭 사라구 전화했더라. 깜박하구 빼
    먹었어. 내꺼 사는 김에 집에 꺼두 하나 사께.

진숙 집에 껀 뭐 필요없어.

수경 E 어머니 차 다 됐는데요오.

진숙 그래 나갈께에. 그래서 사부인은

134

승주 ?..뭐어?

진숙 뭐라구 안하셔?

승주 마땅치야 않으시겠지만 처음부터 확실히 해 놨는데 머/별 내색은 안하시던데?

진숙 다행이다…

승주 걱정했수?

진숙 마음 다칠까봐.

승주 아니 그런 거 없었어. 나갑시다.(앞서며)

진숙 (가볍게 잡으며)저기 잠깐··

승주 ? 왜애?

진숙 오늘 언니랑 오빠가 …가게 왔었는데…. 나 아파트 못 팔게 할려구 돈들 만들어갖구 들렀더라구.

승주 (보며)…

진숙 적은 액수가 아냐. 합쳐서 오천인데

승주 (입이 뻐끔 벌어진다)

진숙 밍크 코트를 하는 게 날까 아니면 예단비루 넣는 게 날까.

승주 엄마 돌았수? 우리까지 돌자구? 우린 정신 제대루 붙잡구 살자구. 월급쟁이들이 어떡할려구 몇천 씩 빚져 놓는대? 기막혀 죽겠네. 당장 도루 갚으라구 해. 나 그거 안써 엄마.

진숙 그렇지만

승주 (오버랩)그렇게까지 하면서 안 해 글쎄. 오기가 나서두 안해. 그거 하면 우리두 다같이 형편없는 속물 되는 거야. 언니 오빠두 진짜 웃기네에? 말만 멋있게 하구 내막은 똑같은 속물 아냐?

진숙 속물이라 그런 게 아니라 우리 승주 시집살이

승주   아 글쎄 내 시집살이 걱정 말라니까? 싹 무시해 버리면 돼 싹
　　　무시하구 정일이하구만 알콩달콩 살면 돼. 우리는 뜻이 기가 막히
　　　게 잘 맞거든 해해해(엄마 팔 끼고 움직이며)

S# 마루

승주   (나오면서)오빠가 늦네요?

수경   골치 아픈 사건 맡아서 정신 없대요.

승주   약발 받나부다 언니 얼굴 좀 나지지 않았수?

진숙   어지럽다 소리두 좀 덜하는 거 같애.

승주   됐네. 약 열심히 먹구 빨리 조카 애기 낳아야지이. 내가 먼저 나
　　　면 섭하지 않겠수?

수경   어머니께 죄송하지 섭할 건 없죠오.(차 따르며)

진숙   죄송할 거두 없어. 생기는대루 낳는 거지 바란다구 되는 일야?

　　　E 전화벨.

진숙   내 받을께….네에…

복희   F 승주 들어왔나요?

진숙   아이구 네 안녕하십니까 사부인. 편안하시구요.

승주 수경   ?(돌아보는데)

복희   F 좀 바꾸세요.

진숙   (잠깐 언짢으면서)네 잠깐만 기다리세요.바꿔 드리겠습니다.

승주   (전화 받는다)네에 저에요 어머님.

복희   F 우리 집 한복 값이 합계가 팔백이란다. 내일 정일이 편에 보
　　　내라.

승주   네 알겠습니다.

복희   F 그리구 다른 거 하나두 안하는 대신 정일이 차나 바꿔 줘.

136

승주　?(무슨 말인가 하려는데)

　　F　툭 끊기는 전화

승주　……(끊긴 전화 들고)……

두 여자　(눈치 살피는)

승주　(전화기 놓으며)한복값이…팔백이라네··

수경　히익,무슨 옷값이 그렇게 비싸요?

승주　내일 정일이 편에 보내라구.

진숙　그러지 뭐.

승주　(전화기 놓으며)엄마 나 변소 좀.(하고 일어나 들어간다)

두 여자　(승주 보고)

S#　승주의 방

승주　(들어와 다이얼 돌려놓고)

　　F　벨 가는 소리

승주　(방바닥에 앉는다)····

S#　복희의 침실

복희　(눕다가)누구야 교양없이 이 시간에…(받는다)네에…

승주　F　저에요 어머니

복희　그래 왜.

S#　승주의 방

승주　(밖에서 들을까 소리 죽여)저 정일이 차 바꿔줄 예산 없는데요 어
　　머니.

복희　F　얘가 아주 빤빤스런 게 보통이 아니구나.

S#　복희의 방

복희　(아예 일어나 앉으며)이것두 못한다 저것두 못한다 아예 날루

먹을래? 날루 먹을 거야? 정일이가 얼마짜린데 공짜루 집어 먹겠다는 거야 너.

S# 승주의 방

승주 전 정일이가 돈으루 얼마짜린지 계산해 본 적 없어요. 아무튼 자동차 바꿔줄 예산 없습니다. 죄송합니다..

복희 F 너 벽창호니?

승주 죄송합니다.

복희 F 어유 참 기가 차서(하고 픽 끊어지는 전화)

승주 (전화기 놓으며 한숨 섞어)저는 더 찰 기두 없습니다 아주머니.(하고 일어나 나가려 보면)

진숙 (보고 있다)

승주 ?…(화내는)엄마 왜 안하던 짓 해애.

진숙 …(시선 내리는)

승주 들었어?

진숙 못들었어…(하고 나간다)

승주 (속상하고 김새서 고개 옆 위로 틀면서)……

F.O

S# 은행 안

승주 (만 원짜리 지전 기계에 넣어 세면서)네‥거의 다 됐어요.

고객 나한테두 청첩장 보내요.(남자)

승주 (다발 묶어 옆에 놓고 다른 다발 기계에 넣으면서 그냥 웃는다)

고객 웃지 말구 꼭 보내라구. 나는 못가지만 우리 집 사람이라두 인사 차리라구 할테니까.

승주 네에 말씀만으루두 감사합니다.

S# 시내 어느 찻집

정일   ?..차…자동차 말씀이세요?

진숙   그래..

정일   차를 왜요.

진숙   아무 거두 제대루 못해 줘서 그냥 차 한 대루 때울려구 그래.

정일   무슨 말씀이세요 어머니. 저 차 있어요. 차 필요없어요. 승주가
          뭐라 그래요? 쬪차가 불편하대요?

진숙   아니 그게 아니라

정일   (오버랩)잠깐요 어머니.. 우리 엄마한테서 나온 소리 아니에요?

진숙   아냐아냐 그건 아니구 그냥 내가 생각해 보니까 이거저거 다…
          눈에 안 차시게 해보내는 게 하는 게 미안스러워서

정일   (오버랩)승주 통해서 들으셨어요?

진숙   ….(그저 보며)

정일   승주 저한테 아뭇소리 안해요. 승주가 그래요?

진숙   아니야

정일   그럼요.

진숙   그냥 내가 생각해보니까

정일   그럼 직접 요구하셨어요?

진숙   ….(보며)

정일   네?

진숙   (시선 내리면서)승주한테 …전화를 하셨더라구.

정일   (고개 푸욱 꺾으며 오버랩의 기분)죄송합니다. 뵐 낯이 없습니다.

진숙   ….(그냥 보며)

정일   자식으로 할 소리는 아니지만 즈이 엄마…어머님하구는 다르

세요. (고개 숙인 채)제가 대신 사죄드리겠습니다. 못 들으신 걸로
하고 잊어버려 주세요.

진숙   (씁쓸하게)들었는데 못들은 게··· 어떻게 그래···그거조차 못들
은 척 하는 거 예의두 아니구 또··우리 애가 얼마나 힘이 들겠어. 그
러니까 자동차는

정일   (보며)그럴 필요 없어요 어머니. 우리 엄마 욕심은 뭘루두 못 채
워요. 제가 왜 결혼하자 소리를 못하구 미적거렸는데요. 이런 일 벌
어질 거 너무 뻔해서···한 동안은 승주를 포기할까두 했었는데··· 포
기가 안됐어요. 걱정끼쳐 죄송해요 어머니·· 승주 힘들게 하실 거 뻔
한 일이에요. 그건 제가 막습니다. 막다 안 막아지면 십하구 의절을
하구라두 제가 보호할 테니까 너무 염려 마세요.

진숙   그런 일이 있어서야 되나아.(보며)

정일   승주가 의외루 씩씩해요. 고마워 죽겠어요 어머니.

진숙   (끄덕이며)그래 지금이야 아직 멋모르구 씩씩할 거야···(쓴웃
음)그렇게 녹녹하지가 않을텐데 ··내가 밤잠을 못자··

정일   죄송합니다···

진숙   (끄덕이면서)외제 차는 비싸지?

정일   제가 그거 받을 거 같아요 어머니?

진숙   ····(보며)

정일   저 그렇게 보세요?

진숙   ····(보며)

S# **은행 뒤편 주차장**

승주   (나온다)

정일   (저 편에서 담배 태우며 기다리고 있고)··

E 핸드폰 벨

정일 (전화 열고 발신자 번호 보고 이내)저 지금 엄마랑 얘기하고 싶지 않아요.(하고 끊고 이내 전원 꺼버린다)

S# 어느 고급 한복집 앞에 대어져 있는 자동차 안

복희 (전화기 들고)이 녀석이? (리다이얼 돌리면)

녹음 전화기가 꺼져 있어

복희 F (에서 전화 꽉 닫으면서 독이 오른다)....(곰곰이 생각하는)...(전화기 다시 열고 버튼 누른다 114입니다. 터치 틀리지 않도록)네 반포에 있는(에서)

S# 은행 주차장

승주 (다가가서 옆에서)아직 안 끊었니?

정일 (모르고 있다가 돌아보고 자동차 문 열고 재떨이에 끄면서)끊고 있는 중이야..

승주 미팅가야 한다면서 뭐가 되기는 되구 있는 거니?

정일 우리 엄마가 내 자동차 사내라구 전화 했다면서.

승주 ?..어떻게 알았어?

정일 그게 언제야.

승주 으응.. 지난 주 금요일 나 월차받은 날./딱 일주일이네? 어머님한테 들었어? 그런데 시침 뚝 떼구 있어서 약 오르구 있는 중야? (팔 건드리며)

정일 농담할 기분 아냐. 그런 말 왜 안해.

승주 해서 뭐해. 또 엄마랑 쌈이나 붙게?

정일 니 엄마 만나자 그러시더니 자동차 보자 그러시는데 /나 어땠을 거 같니..

승주 우리 엄마? 우리 엄마두 도나부다. 웬 지동차?

정일 정말…(안 보는 채) 죽구싶더라.

승주 ……(보다가)그래서 샀어? 뭘루 샀어?(장난)

정일 (화나서)너 지금 뭐하는 거야. 펄펄 뛰겠는데!(정말 화낸다)

승주 ?……(해서 보다가)소리는 왜 질르니/너만 펄펄 뛰겠는 줄 알어? 울엄마 일주일 동안 고민하다가 나두 모르게 너 불러내 자동차 사 자 그랬다는데/ 나 속 안 상해? 도대체 늬집은 왜 그 모양이니. 누구 한테 말두 못해. 내가 꾸며낸 얘기라 그럴까봐.

정일 그래 우리 집 그렇다 그랬잖아.

승주 그게 무슨 자랑이냐구 왜 성질은 펴..

정일 왜 성질 피는지 뻔히 알면서 너 마주 악쓰는 거야?

승주 니가 악 쓰니까 그렇지.

정일 미안하다는 말 하러 온 건데 그것두 못 받어 줘?

승주 그래 나두 미안해. 우리 집 가난해서 미안해. 가난한 주제에 너 같은 왕자님하구 결혼한다 그래서 미안해. (울컥해지며) 내 맘이 지금 맘인줄 아니? 웃구 떠드니까 아무렇지두 않은 줄 알어? 나 아 메반 줄 알어? 멀쩡한 식구들 등신 만들어가면서 내가 이게 뭐하 는 짓인가 나두 미칠 거 같단 말야!

정일 (그냥 안아버린다)

승주 (밀어내며)아저씨들 봐아.(경비와 주차 요원)

정일 (밀려나며)이건 완전히 자전거루 받구 덤프 트럭으루 받혔다..

승주 왜 건드려 그러니까. (눈물 닦으면서)누가 건드리래?

정일 (주머니에서 손수건 꺼내 주면서)……

승주 (받아서 눈물 닦으며) 가. 나 들어가 코 풀어야 해.

정일 거기다 풀어.

승주 싫어.(하고 돌아선다)

정일 (은행으로 들어가는 승주 보며)…

　　[승주 모습 사라지고]

정일 (맥 떨어져 자동차 문 열고 오른다)

S# 한복 가게 안

진숙 (초밥 도시락 먹고 난 뒤처리 하는 연주 보면서 뜨거운 김 나는 컵 들고)연주 덕분에 호강했네. 잘 먹었어. 고마워.

연주 엄마 잘 먹어서 나두 고마워. 이집 초밥이 괜찮더라구 글쎄. 언제 우리 집 남자들두 한번 데리구 나와 멕여줘야지.

진숙 승주 보내 놓구 그집이랑 우리 집 식구 한번 가서 먹자구. 내가 사께.

여인 이리 줘 내 치우께.

연주 니에요 제가 해요.

여인 아이구 선생님은 그냥 앉어 있어. 내가 하께.

연주 (일어나며)차 드세요.저 화장실 볼일두 있구 커피두 마시구 싶구 제가 하께요. 커피 생각 안나우?

진숙 나는 됐는데?(올려다보며)

연주 (움직이며)나 또 변비야아. 죽겠어 진짜.

진숙 쯔쯔쯔. 승주 때매 신경 써 그렇지 뭐.

연주 고질인데 승주 탓은?(하며 아웃되는데)

　　E 전화벨.

여인 제가 받으께요?(받는다)네 여보세요?‥예 그런데요…네에‥지금 어디 계신데요…아이구 그럼 다 오셨네요.(진숙은 무심하게 여인

보고)거기서 (하는데 툭 끊어지는 전화)?여보세요?…(전화기 놓으면
서)핸드폰 이래서 질색이더라. 새 손님 오시나본데요?

진숙 급한 일이면 못하는데‥

여인 성질보니까 급하겠어요. 승주 꺼에 밀린 일에 급한 일은 못해
요. 괜히 맘 약해서 덜커덕 맡지 마세요. 골 빠져요.

진숙 (물 마시면서)골이 빠져두 지금은 해내질 못해. 누울 자리가 있
어야 다릴 뻗지.(하는데)

  E 출입문 소리.

진숙 (여인과 함께 돌아보고)?‥

여인 진숙과 상관없이)어서 오세요.금방 오셨네요?

진숙 (일어서며)아이구 이게‥아니 사부인께서 여기까지 웬일루

복희 (오버랩)좀 긴히 나눌 얘기가 있어서 왔어요. 찾기는 쉽네요.

진숙 네에 어서 올라오세요. 아유 어떡하나 방금 점심을 먹어서 음
식 냄새가 날텐데‥어디 밖으루 나가실까요?

복희 아닌게 아니라 좀 그렇긴 하네요.

진숙 네 나가시죠 나가서

복희 (오버랩/올라서면서)아니 그냥 여기서 하죠…

진숙 ……(어정쩡하니 보며)네 ‥그럼….

복희 (핸드백 먼저 내려놓고 방석 내는 여인에게) 둘이서만 할 얘기니
까 좀 피해 줘요.

여인 ?(두 여인 번갈아 보는)

진숙 그렇게 해요.

여인 그러지요 그럼‥

진숙 가게 문 좀 잠거 주구요.

144

여인   ?…(했다가)네‥(하고 자기 가방에서 열쇠 꺼내 들고 나간다)‥‥

진숙   앉으세요.

복희   (앉는다)

진숙   (가게 문 쪽 보면서 앉는다)‥‥

복희   …(바닥 보며)

진숙   ‥‥(차분히 보다가)‥말씀하시지요‥

복희   (탁 고개 들어 보면서)방금 / 한 이십분 전에 내가 놀라자빠질 얘기를 들었어요.

진숙   ‥‥무슨…얘길…(하다가 알 것도 같다)

복희   후취라면서요.

진숙   ‥‥네 그렇습니다.

복희   본처 간병인으루 들어갔다가 본처 죽구 들어 앉았다는 게 맞어요?

진숙   간병인 겸 애들 가정교사루… 삼년 있었어요.

복희   학교는 어디까지 다녔수.(깔보는)

진숙   …(잠깐 상했다가)간호대학 졸업했죠.

복희   대학까지 나와 왜 병원근무 안하구

진숙   (오버랩의 기분)결혼에 실패하구 쉬구 있을 때였어요.

복희   사람들은 부인 명 재촉한 게 댁이라구 하던데‥‥

진숙   ‥‥(똑바로 보다가)그런 일 없습니다. 장례 모시구 이내 나와서 만 이년을 소식없이 지내다가

연주   (나오면서)그럴 거 없어요 엄마. 엄마 무슨 죄진 거 있다구 일일이 대답해요.

복희   (입 뻐끔 벌리고 보고)

연주   저 승주 언니니까 상관 말구 하구 싶은 말씀 하세요. 그러니까
　　　　알구 싶으신 게 뭐죠 사둔어른?

복희   계몬 줄은 전혀 까맣게 모르구 있었기 때문에

연주   정일이는 아는 사실인데요.

복희   그 녀석은 내논 놈이구 /아니 이렇게 중대한 문제를 어떻게 감
　　　　추구 넘어갈 생각을

연주   (오버랩)잠깐요. 우리 감출려구 해서 감춘 거 아니에요. 우리 다
　　　　엄마가 우리 난 엄마 아니라는 걸 잊어먹구 살아서 그랬어요. 어 말
　　　　씀하시니까 참 그러네요. 엄마 우리 안 낳았어요. 우리 낳은 엄마
　　　　는 이십 년 전에 돌아가셨어요.

진숙   연주야.

연주   (상관없다)새엄마 들어오신 거 저 대학 일학년 때였어요. 승주
　　　　열살 때였구요. 우리 삼남매 엄마 속 무지 썩여드렸어요. 재혼하신
　　　　지 칠년 째 되던 해 엄마 마흔네살 때 아버지두 돌아가셨어요. 남아
　　　　있는 거 빚 밖에 없었어요. 아버지 돌아가셨으니까 우리 내버리구
　　　　갈 거라구 우리 악질 삼남매 더 악질루 굴었어요.더 알구 싶으신 게
　　　　뭐에요.

진숙   가만 있어‥

연주   그래두 우리 엄마/ 큰 소리 한번 안치구 속상하면 구석에 숨
　　　　어서 혼자 우시면서 그렇게 우리 사람 만들었어요. 우리 엄마한테
　　　　허튼 소리 하지 마세요. 그럴 자격 없어요.

진숙   연주야.

복희   뭐뭐 자격?

연주   그래서 우리 엄마가 후처라 뭐가 어떤데요.

복희 자기가 배 아파 난 자식이 아니니까 혼수에 그렇게 인색하지.

연주 (입 딱 벌어진다)……뭐라구요?

복희 요새 세상에 육천이 그게 돈이라구

연주 (오버랩)당신 사는 세상은 어떤 세상이길래 육천이 돈이 아니에요.

진숙 (등짝 때리면서)왜 이래.

복희 당신?

연주 나 이거 울엄마한테 첨 맞아 보는 거에요. 내가 승주 결혼 망칠까봐 울엄마 기절 직전이에요. 괜찮아 엄마 하나두 안 아퍼.

복희 깨구두 남지 그럼. 홀어머니가 /그것두 생모두 아니구 계몬라는 걸 숨겼는데 더구나 아픈 전처 명재촉해 죽이구 들어 앉았다는데 (남아 있다)

연주 깨. 깨구 맙시다 엄마.(노려보며)

진숙 (옆으로 껴안고 흔들면서)왜 이래애 이러지 마아 승주를 생각해애.

연주 천박한 머리는 천박한 생각 밖에 할 줄 모르는 거야 원래가. 이건 생트집이구 혼수 때매 이러는 거 누가 몰라요? 혼수만 바리바리 욕심내는대루 들구 가면 딴 건 아무 상관없을 사람이잖아.

복희 어따 반 말 찌꺼리야. 니가 교사야? 니가 선생야?

연주 네. 나 선생 맞아요. 열심히 가르쳐요. 돈은 너무 없으면 사는게 고달프니까 착실하게 공부해서 확실한 직업 챙겨 너무 힘들게 사는 일은 없도록 해라. 돈의 가치는 그 이상두 이하두 아니라구 가르쳐요. 열심히 가르쳐요.

복희 무슨 말이 통해야 얘길 하지. (픽 일어서며) 이게 눈 뒤집구 넘어

갈 일이지 / 뭐 대단하다구 되레 난리야 난리가.(서둘러 나가면서)
재수가 없을래면 뭐가 어쩐다구/ 퉤/퉤퉤

연주 (불끈 일어나려 하며)아니 (진숙은 죽자고 잡아당기고)저 여자가?

복희 (문 부서져라 하고 아웃)

S# 가게 밖 거리

복희 (식닥거리면서 나오다가 발목을 접질려 픽 주저앉는다)아악/....
(지나가는 사람들 쳐다보고 그중에 한 고등학교 남학생 옆에 와서 잡아
준다)

복희 (일어나려다가)아악 아악....

S# 가게 안

연주 (등 뒤에서 엄마 안고 있고)

진숙 (가슴 찢어지게 울고 있다…한 손은 가슴에 대고)......

여인 (저만큼에서 울상으로 보고 있고)....

진숙 ......

연주 ....

S# 아파트 촌(밤)

[연주 부부/형주 부부/승주…]

형주 부부 ......

연주 부부 .....

승주 .....(간신히)미안해.....미안해요 형부.

상훈 돼먹잖은 인간이 너무 많아.(아무도 안 보면서)…망가질대루 망
가져서는.....어떻게 될려구 이러는지 몰라. 에이.....그래두 당신이
참지..(나직이/분위기상)

연주 현장에 있었으면 당신두 못참았어.(나직히/중얼중얼 느낌의 변

148

명)….오죽했으면 내가 엄마랑 우리 역사 주욱 엮었겠어. 그런데두 막무가낸데 어떻게 참어. (형주 쪽 보며)

형주 부부   …(형주는 묵묵히/수경은 남편에게 고개)

연주   (승주 보며)너 참을 수 있어? 엄마를 우리 엄말 죽이구 들어왔다는 거야…우리 아무리 똘똘 뭉쳐 엄마 골탕먹일 때두 그렇게는 생각 안했었잖어. 우리 엄마 빈자리에 딴 사람 들어온 게 분하구 아버지 미워서 그런 거지 딴 상상은 안했었잖어.

승주   (눈물 뚝뚝 떨어트리며)참을 수 없어. 안 참기 잘했어. (하고 일어나 안방으로)

S# 안방

승주   (들어와 보면)

진숙   (재우 어깨 싸안고 고개 숙이고 하염없이 눈물 흘리고 있는 중인데)

재우   (울상으로 휴지 뽑아서 할머니한테 주는 중이다/ 방바닥에는 뭉쳐진 휴지가 예닐곱 개나 있고)

승주   (입 꽉 다물고 엄마한테 가 퍽 앉으며 옆으로 안으며)미안해 엄마아…엄마아아 잉잉잉..(울음이 터진다)

진숙   (한 손으로 머리 쓸면서)아니야 …아냐 내가 미안해….부자 엄마 아니라 우리 승주 마음 아프게 만들어 내가 ….너무 많이 미안해..

승주   (소리 내어 우는)

S# 달리는 택시 안

승주   (뒷좌석에서 거의 차창에 옆머리 대고 거의 대성통곡의 수준으로 울고 있다)

기사   (운전하면서 자꾸만 신경이 쓰이는)….

S# 정일의 집 골목을 오고 있는 택시

S# 정일의 집 대문 앞

[택시 와서 멈춘다. 한의사가 타고 온 소형 승용차가 한 대 서 있고.]

정일 (기다리고 있다가 택시 앞으로/문 연다)

승주 …..(거의 수습이 된 상태 내리면서)아저씨 부탁드려요.

기사 예..그럽시다.(하고 자동차 조금 떨어진 위치로 갖고 간다)

정일 (어리둥절한 채 택시 보고 승주 보고)..무슨 일이야.

승주 (안 보며 입 꾹 다물었다 풀며 안 보는 채/침착하려 애쓰지만 속은 떨리고 있는)우리 결혼 못하겠다 정일아.(하며 본다)

정일 …..무슨 일인데…왜 그러는 건데..

승주 (보며)니네 엄마가 낮에 엄마 가게에 왔었대..미안해 오셨있내 그래야 맞는 거지만 나 그러구 싶지 않어.

정일 뭣때매.

승주 물론 혼수때매.

정일 (정말 미치겠다)

승주 그런데..그건 그거구/우리 엄마 후처라는 거 속였다구 몰아세우면서 ..있지 엄마를 환자 눕혀놓구 우리 아버지 꼬신 사람으루 매도하면서?…..왜 혼수가 그 모양인가 했더니 계모라 그랬다구

정일 그만해.

승주 엉 그만하께. 너두 괴로울 거야. 알어….그런데..우리 엄마한테 그러면 안되는 거거든? 우리 삼남매 돌아. 어떤 누구두 우리엄마 그런 취급하는 거 용서 안해…

정일 승주야.

승주 (오버랩)너는 암말 말구 그냥 나만 말하게 해 줘…나..너두 가여워…안됐구 딱해. 얼마나 싫겠니 니 상황이….그래두 결혼 안할래.

150

우리 엄마 무시하는 니 엄마 며느리 안될래..

정일　(무슨 말인가 하려구 하는데)

승주　(연결)무슨 일이 있어두 참는다구 약속했는데 이런 일은 무슨

일에 안 들어 있었어...미안해 이해해. (하고 택시 쪽으로 움직이려)

정일　(잡으려)승주야.

승주　(손 올려 잡지 말라는 시늉하고)들어가....(택시 쪽으로 따박따박

걸어가는).......

정일　.......

　[택시가 후진으로 승주의 걸음을 줄여준다.]

S#　정일 시각으로(승주 타고 택시 떠나가는)

정일　.......(보면서).......(돌아서 들어간다)

S#　대문 안

정일　(들어와 뒤로 대문 닫고 서서).....(한참 동안 그대로 있다가 걸음 옮

기기 시작)....(느리지도 빠르지도 않은 속도. 마당 중간쯤에서)

S#　거실

복희　(긴 소파에 누워 발목을 중심으로 꽂아 놓은 침들 한의사에 의해 빼

지고 있는 중이다)아으/(뺄 때마다) 아으ㅇㅇㅇㅇㅇ

정아　뺄 때두 아퍼?

나사장　엄살이지 뺄 때 왜 아퍼 누구 침 안 맞어 봤나아.

복희　ㅇㅇㅇㅇㅇ 저눔으 밉쌀맞은 영감탱이..

나사장　훨씬 낫지 않어? 발목 접질른데는 침이 직빵인데. 엉?

복희　아 아는 척 하지 마. 냄새 나.

나사장　허허허허허허

한의사　뜨거운 수건으루 찜질 좀 해드리구 당분간 무리하지 마시구

쉬세요. (챙기면서) 내일 이 시간에 제가 또 오죠.(찜질 얘기 떨어지
자 아줌마는 주방으로 아웃)

나사장 여러가지루 폐가 많으네요 허허허

한의사 저 갑니다.

복희 어떻게 한방에 안 낫구 내일 또 와요?

한의사 좀 걸리겠습니다아…하하‥(하고 나서는)

나사장 (따르면서 현관께에 들어서 있는 정일에게)배웅해 드려. 멀리
안 나갑니다.

한의사 예에 괜찮아요.

정일 형수님이 좀 나가세요.

혜수 ?(잠깐 보고 대꾸 없이 한의사 따라 나간다)

정균 (뭔가 딴짓하고 있다가)야 니가 나가지 왜 니 형수야.

복희 (일어나면서)아줌마 뭐해. 아줌마가 나가면 되잖아.

나사장 어허 그건 인사가 아니지이.

복희 아이고 /아이고 죽겠다…아줌마아/

여인 E 예에 찜질 수건 만들어요오오.

복희 아 좀 나와 봐아.

여인 (뛰어나온다)

복희 북어국 좀 끓여. 침맞으면 북어국 먹구 땀내더라.

여인 네 사모님.(아웃되고)

복희 (다리 내려다보며)재수가 없을려니까 어으 신경질 나.

정아 좀 뵀다 엄마.

복희 걔는 왜.(정일 보며)왔으면 들어오지 왜 불러내 건방지게.

정일 저 결혼 못합니다 아버지.

나사장 ?…에에?

정균 뭐?

나사장 이게 무슨 소리야. 왜애.

정일 승주가 엄마 며느리 안되구 싶대요.

복희 ?..(아들 보다가)얘 잘됐다 나두 걔 며느리 취미없다.

정균 아니 왜애.

정일 우리 집 너무 형편없어서요.

정균 ?…이게 무슨 개떡같은 소리야. 우리 집이 뭐가/

정일 개떡은 우리 집이에요.(나직이)개떡두 썩어서 코를 못드는 개
떡요.

나사장 얌마 이 자식아!

정일 (오버랩의 기분)저는 부끄러워서요 얼굴 들구 하늘을 못 보겠
어요…돈은 눈이 멀었어요…개떡인 우리 집에두 돈이 굴러들어오
는 걸 보면요.(눈물 그렁해지면서)

복희 그래 해. 어디 해볼 만큼 해봐 이 자식아.(탁자에 있는 아무거나
집어던지면서)

나사장 (아내 말리면서) 니엄마 아퍼 이 자식아. 너 술 먹었니? 술 취했
으면

정아 술은 무슨 술을 먹어.

나사장 (연결)올라가 꺼져…빨리 올라가 이눔아.

정일 네…만수무강 하세요.(쓰게 비틀어 웃는 듯하며)올라갑니다…
(하고 이 층으로 천천히)……

　　[아무도 아무 말 못하고 그냥 보는….]

S# 정일의 방

정일 (느리게 들어와 방문 닫아 잠그고 연결처럼 침대로 움직여 쓰러지듯 벌렁 네 활개 펴고 눕는)……(천장 보며…탈색된 듯한 얼굴/무표정?)

S# 거실

복희 (한 짓이 있으니까 언성은 높이지 말고 설명하듯)아 한복 집에 갔다가 며느리 감이 누구냐길래 솔직하게 얘기했지. 한복 집 딸이다. 같은 한복집이니까 환히 꿰구 있더라구. 그런데 기절초풍할 얘길 하잖아.

정아 뭔데? (다 앉아 있다)

복희 후처라잖아 후처.

정균 누가요.

복희 내가 후처냐?

혜수 (조금 떨어진 곳에서 빨래 개키고 있는/그 위에)

복희 E 승준지 염준지 엄마가 후처란 말야.(혜수 그대로)

정균 아아

나사장 그래애? (동시에)

복희 아 알건 확실히 알어야 하잖아.(변명하듯 약간은 어리광/동조 구하듯) 혼사라는 게 양 쪽 집안이 인연을 맺는 건데 감쪽같이 속이구 우릴 뭘루 보는 거야. 넘어갈 때 넘어가더라두 확실히 할 건 확실히 해야잖어.

정균 건 그렇지요.

복희 하이구우 봉변은 누가 당했는데 저 자식은/혼사를 깨면 우리가 깼지 즈들이 뭐 할말 있어 하니마니야 주제두 모르구.

정아 진짜 후처래?

복희 아 그렇대애. 실토하더라.

154

나사장   그런데 봉변은 왜 당했어.

복희   아이고오 학교 선생한다는 큰 딸이 머리악을 쓰구 덤벼드는
데 무섭더라아? 나 아무 말두 한 거 없거든. 후처라는 소리가 있는
데 사실이냐/ 어떻게 우리 집만 모르구 있냐 나 딱 두마디 밖에 안
했어 여보..아 그런데 그년이 거품물구 길길이 뛰는데 내가 왜 다
쳤는데/너어머 악을 써대는 바람에 혼이 나가서 고꾸라진 거라
니까?

정아   엄마가 두 마디만 했을 리가 없지이이. 안 그래 오빠?

정균   (정아에게 눈 찡긋하는 위에)

복희   E 이게이게.니 엄마 언제 거짓말하는 거 봤어?(에서)

S# 정일의 방

정일   (옆으로 꼬부리고 누워서)……(눈은 뜬 채)

S# 침실

복희   (불편한 다리 남편이 거들어주고/침대에 두 다리 올려지며/화면 시
작과 동시에)아이그 쓸데없는 걱정 마. 안하기는 왜 안해. 봉을 잡
어두 보통 봉을 잡었어야 안하지. 새끼까지 밴 봉을 잡었는데 안
해?(비쭉거리면서)원 그걸 가게라구 쯔쯔쯔쯔.

나사장   그럴 일만은 아냐. 없는 사람들일수록 자존심이 세거든…

복희   아으아으 세봤자야…(가운 벗는)쥐뿔두 없는 것들이 오기부려
봤자야. 두구 보라구.

나사장   (거들면서)그러지 말구 내일이라두 당신이 사부인 만나서
사과해.

복희   ?뭘 사과해.사괄 받어야지 내가 왜 사과해.

나사장   아 저집에서 안한다구 나올 때는 당신이 뭔가 건드렸기 때문

에/안봐두 뻔하지 뭐어.건드렸을 거 아냐.

복희 아니라니까아? 나는 그냥 확인만했다니까? 우릴 속인 건데 확인두 못해?

나사장 글쎄 그 얘길 안한 건 문제가 있기는 한데 저 자식 꼴통 부리면 어떡할 거야. 결혼 안되면 꼴통이 보통 꼴통으루 안 끝날 걸? 그게 걱정이지 딴 게 걱정이 아니라.

복희 아 꼴통 몇 년 보지 뭐 대수야?

나사장 .....(보며)....

S# 승주의 거실

승주 (들어온다)

형주 (상훈과 함께 소주 마시고 있다가 돌아보고 상훈 잔에 따른다/)

승주 ......(올라와서 오빠 뒤에 서서)미안해 오빠...안한다 그러구 왔어.

형주 (일어서며)들어가 봐. 편찮으셔.

승주 ?

형주 위경련 나서 난리두 아니었다...

승주 (벌써 울컥하며 안방으로)

S# 안방

승주 (들어온다)

수경 (엄마 다리 주무르고 있다가)오셨네요.

연주 (핫팩 수건에 싸면서)승주 왔어 엄마.(재우는 엄마 옆에서 자고 있고)

진숙 이리 와 봐.

승주 (엄마 옆으로 가 붙어 앉으며)병원에 안가? (엄마 손잡는다)

수경 갔다 오셨어요. 아가씨.

진숙 (눈 겨우 뜨듯하고)어디 갔었어.

승주　정일이 만나러.

진숙　(눈 감으며)그럴 줄 알았어.

승주　안한다구 했어 엄마.

진숙　…… 뭐래.

승주　말 못하게 했어…개 말 필요없잖어.

진숙　(눈 뜨고 보며)막내야…

승주　…영.

진숙　나는… 괜찮어…정일이 좋아하잖어….

연주　엄마.

진숙　그렇게나 좋아하는 사람 놓치구….어떡할려구 그래…그만큼
　　　좋은 사람 또 만날 수 있을 거 같어?

연주　시간이 해결하구 좋은 사람 얼마든지 많아요.

진숙　좋은 사람 많아두 ..정일이는 아니지…그렇게 쉽게 사람 버리
　　　는 거 아니야.

연주　그만둬 엄마. 쫑 내자구.

진숙　죽어 헤지는 건 어쩔 수 없지만……두 사람 평생….마음 한 구석
　　　이 쓰을쓸하면서…그렇게 살지 마…정일이 좋은 애야…이렇게 버
　　　리기는 너무 아까워.

승주　정일이는 좋은데 엄마 정일이가 달구 있는 혹이 너무 더러워.

진숙　그래두 그러지 마… 늬들 갈라놓구 내 맘이 어떨 거 같어..

승주　엄마가 그런 거 아냐….개 엄마가 그런 거야..

진숙　(눈 감으며)다시 생각해….그러면 못써…정일이가 가엾지두 않어?

승주　……(보며)

S#　거실

[엄마와 승주만 빼고 다 같이 앉아서 소주 판.]

연주 어떻게 생각하니.

형주 말 안돼.

연주 말 안돼.

형주 차라리 쓰레기 하치장이 나아..

연주 정화조가 낫다.

수경 아가씨가 못견딜 거에요.

상훈 학교 안가? 왜 그렇게 들이부어.

연주 석잔 쨴데 왜 그래애.

S# 안방

승주 (엄마 옆에 자리 앉아서 엄마 내려다보며)········(눈 감은 엄마 손잡
아 제 손가락을 마주 낀다/가만히)·······

진숙 (가만히 승주 당겨 안는다)

승주 (안겨지면서 작게)엄마.

진숙 ·····(눈 뜨면서 눈물이 지이이이이이)

                                                    F.O

S# 아파트 전경(새벽)

S# 승주의 안방

정일 (무릎 꿇고 고개 꺾고 앉아서)··죄송하다는 말밖에···더 이상····다
른 말을 찾을 수가 없어요 어머님···

진숙 ·····(측은하게 보며)···

정일 제가···승주를 탐낼 ··자격이 없다는 거···알고 있었어요···그래
두···욕심이 앞서서···어머님께 ··평생 사죄해두 모자랄·· 상처를 드
렸··습니다····

158

진숙   됐어..

정일   잘못했습니다....제 잘못이에요 어머님.

진숙   다리 아퍼...편히 앉어.

정일   잘못했어요 형님.(형주에게) 죄송해요...제가 못나서 이렇게 됐
        어요..즈이 엄마한테..약속을 받았었는데...

형주   막무가내신 모양이더라.

정일   ....네...

형주   그래(끄덕이며)니가 이렇게 안 오구 끝나는 거 보다는 한결 낫
        다..우리두 니 집하구 너는 별개루 생각하구 싶다. 승주한테 할 얘
        기 있으면 하구 가구/ 저 출근합니다 어머니.(일어나며)

진숙   어 그래...(일어나려)

승주   (잡으며)그냥 있어어.(나무라듯)

형주   (나간다)...

진숙   (다시 일어나려 하며)오빠 아침 멕여야지.

승주   (잡아 앉히며)언니 있잖어어어.

진숙   (원망스레 보는데)

승주   제발 이제 그러구 좀 살지 말어. 자기 일 다 자기가 알어서 하
        구 살게 모르는 척 좀 해 기운 빼지 말구우.

진숙   (승주 머리 끌어 올려주면서)정일이 데리구 나가 아침 먹여 응?

승주   ....(잠시 보다가 달래듯)그럴 필요 없어 엄마.

진숙   쯧.

승주   (일어나며)일어나..(부드럽게)

정일   ...(방바닥 보며)

승주   잡아 줘? 안 일어나질 거 같아?(에서)

S# 고수부지쯤

[정일의 지프차 세워져 있고]

승주 ········(물 쪽 보면서 있다가)와 줘서 고마워.(돌아본다)

정일 (승주 보고 있는 채)·····

승주 우리 식구들한테 챙피스러운 거··그래두 니가 와서 빌어준 걸루 조금은 덜어졌어··안 그랬음 너두 똑같이 형편없는 아이 됐을 거구 그럼 나두 한심한 기집애 되는 거잖아.

정일 (고개 강으로 돌아가며)·····

승주 (보며)우리 엄마 위경련 났었어···한 때는 엄말 위선자라구···착한 척 병에 걸린 환자라구 생각한 적두 있었는데··· 지은 죄가 너무 커서····나 혼자 가슴찢어질 때 많아. 엄마 죽으면 미쳐서 ···속치마 바람으루 돌아다닐 거 같기두 하구···

정일 니 형제들은 복많은 사람들이야···(강 보며)

승주 (돌아본다)

정일 늘 부러웠어.

승주 (끄덕이며)···그래서 누가 엄마 털끝 하나만 건드려두 우리 다 돌 준비 돼 있어.

정일 (승주 쪽으로 돌아서며 안 보는 채)우리 이렇게 하자···

승주 (보는)···

정일 우리 집 하구 상관없이 결혼해 살자···(보며)원룸이나 그런 거 하나 얻어서 시작하자구. 원룸 보증금 정도는 내가 만들어볼게. 지금은 가진 거 아무 거두 없지만 너 하나 책임질 자신은 있어.

승주 (서글피 웃으며)원룸 보증금 정도는 니가 나 준 돈으루두 될 걸? 그거 돌려줘야지 참··

160

정일 (오버랩)승주야.

승주 (오버랩)무슨 얘긴지 알아들었는데 너 그럼 니 집하구는 어떻게 되는데.

정일 끊으면 돼. 완전히 끊을 거야.

승주 너는 끊어두 니 집 식구들은 안 끊을 걸? 우리 원룸에 살림차리구 사는데 니 엄마 가만 구경만 하실까?

정일 ....(보며)

승주 나는 금쪽같은 아들 꼬득여 빼돌린 여우같은 기집애 되구?

정일 (보며)....

승주 거기까지는 생각 안했어? 머리가 나쁘구나. 나는 금방 이 자리에서 파파파팍 생각나는데.

정일 그건

승주 죄없는 우리 엄마두 잡는데 죄 있는 나는 얼마나 신나서 잡겠어. 그거 고스란히 당하면서 살라구?

정일 해봐야 얼마나 하겠어. 그러다 포기할 거야.

승주 우리 엄마 먹살잡이는 안한다는 보장 있어? 엄마한테 그 거까지 당하게 만들어?

정일 비약하지 마.

승주 비약 아냐. 너 아버지 모시러 골프장 간 날 나 어땠는지 알어? 불려가서 혼수 리스트 받아 들구 나가서 한바퀴 돌았는데 (감정 차르면서)기절해 안 넘어간 게 다행야. 그래두 너랑 결혼하구 싶었어. 니가 왜 결혼소릴 못했는가두 알았구 너를 더 많이 좋아해야겠다는 생각두 했었어.

정일 (당겨서 안으며 눈 감는다)그럼 우리 둘이 행방불명 되자.

승주　····(눈 감고 한참 동안)······(있다가 눈 뜨면서 떨어진다)돈 통장으루 넣어주께. 우리는 그만하자.

정일　(떼고 보면서)····정말 ···안되겠니?

승주　(울음 터뜨리며)피차 괴롭잖어···그만해··부탁하자.

정일　······

승주　니 엄마 돌아가시라구 굿을 할 수두 없잖아.

정일　(눈 질끈 감으며 딴 쪽으로 돌아서는)······

승주　굿하까 우리?····

정일　······

S# 은행 주차장으로 들어오는 정일의 차(아침 출근 시간)

정일　(먼저 내려서 벌써 내리고 있는 승주 잡아준다)···

승주　····(정일의 가슴께 보며)잘가····

정일　····(보며)

승주　(가만히 떨리는 손 들어 한 손바닥 정일의 가슴에 붙이고)·····(안 보는 채)니 심장 소리 듣는 거····좋았었어····

정일　·····

승주　나 잘 살게····(하고 돌아서 은행으로)

정일　·····(보면서)

S# 탈의실

[옷 갈아 입다가 울음 나오는 입 막으며 열려 있는 장 문짝 안으로 상체 집어넣는]

승주　······

S# 운전하고 있는 정일······

S# 정일의 거실

162

정일 (들어온다)

나사장 (신문 보다가 보는)….

정일 (계단 쪽으로)….

나사장 언제 나갔었냐.

정일 (대꾸 없이 올라간다)…

나사장 청첩장 오늘 나온다구 했냐?

정일 (그냥 올라간다)

나사장 아줌마아..정일이 들어왔어요.상 봐요.

여인 E 네에에..

나사장 (신문 뒤집는데)

복희 (절뚝거리며 나온다)어으 답답해 어으 답답해.

나사장 정일이 들어왔어.

복희 (소파로)그깐 놈 들어오거나 말거나.

나사장 결혼 할 모양야..청첩장 소리 해두 아뭇소리 없는데?

복희 내가 뭐랬어. 쯔쯔쯔쯔.

S# 가구점

　　[승주와 정일이 갔던 집.]

승주 아니에요 사장님. 다른 가구루 바꾸는 게 아니라 …결혼을 못하
　　게 됐어요…

사장 (찜찜한 얼굴로)계약금 환불해 달라면서 핑계를 그렇게 대는 사
　　람두 있더라구요.

승주 (쓸쓸하게)저는 핑계가 아닌데요 사장님……

S# 할인 매장 전자 제품 코너

승주 저기 사장님을 좀 뵙구 싶은데요.

S# 복희의 침실

복희 (벌컥 덮은 거 젖히면서)아 왜 깨워어. 무슨 난리났어? 왜 깨우냐 구우.

여인 정일이가 집을 나간 거 같아요 사모님.

복희 ?····뭐뭐뭐야?

여인 세탁할 거 달라러 올라갔는데 빈 옷걸이가 침대에 그냥 예닐 곱 개 나와 있구 아무래두 이상해요오···

복희 (아줌마 밀치듯 하면서 절면서 나간다)

S# 거실

복희 (나와서 이 층으로/심하게 절면서/계단은 거의 네발이다시피/후둘 후둘 떨리는 상태)

S# 정일의 방

복희 (들어와 보면)····

　　　　[충분히 이상해 보일 만큼 흐트러져 있는/]

복희 ·······(황당해서 헐떡거리며 뚤벙뚤벙 서 있다가)회회장님한테 전화해 빨리 정균이 오라 그러구 정아두 들어오라 그래 빨리.

여인 예 예에 에 (하며 아웃되고)

복희 ········(숨만 헐떡거리고 서 있다가 후닥닥 전화로 가서 다이얼 돌린다)

　　F 전화벨 한번에

아가씨 네네 인창 실업입니다.

복희 나사장 바꿔····

아가씨 (괜히 기죽어서)저기 지금 댁에 계신데요.오늘 좀 늦으신다구

복희 (픽 끊으며)시간이 얼만데 아직두야!(하고 다시 다이얼 찍으며) 말어 먹어라 말어 먹어.

164

F 벨 가는 소리. 다섯 번쯤.

정균 **F** (짜증 섞인)제가 이따 전화하게 끊으세요.

복희 이눔아 무슨 전활 그따위루 받어.

정균 **F** 아 이 사람 이혼하재요 지금.

복희 ?…뭐라구?

S# 정균의 아파트 거실

정균 시집 올 때 혼수비용 든 거하구 정신적인 피해 보상 합쳐 위자료 이십억 내래요 안 그럼 소송들어간대요.

복희 **F** 너 뭐 잘못했는데 위자료 내래. 살기 싫으면 살기 싫은 년이 위자료 내는 거지. 별꼴 다 보겠네. 그년 좀 바꿔 봐.

정균 아주 지독한 여자에요. 살기 싫어진지 오랜데 혼수 해온 돈 아까워 그거 빼갈려구 여태 있었대요 엄마.

상식 **F** 바꿔, 바꿔봐 빨리.

정균 바꿔서 뭐해요. 제가 해결할테니까

혜수 (전화 채뜰어서)이 사람 룸살롱 여자하구 딴 살림 차리구 드나드는 증거 잡았어요. 필요하면 보여드릴 수 있어요.

S# 정일의 방

복희 (위에)

혜수 **F** 지금 갖구 올라갈까요?

복희 (오버랩)야! 그딴 건 봐서 뭐해. 남자가 그럴 수두 있는 일이지. 위자료 좋아한다. 너 이집에 들어와 한게 뭐 있다구 이혼야. 나가구 싶으면 알몸으루 나가 위자료 줄 돈 없어.

혜수 **F** 그렇게 나오실 줄 알았어요. 그럼 별수없이 소송으루 가는 길 밖에

복희   (오버랩)소송을 하든 뭘하든 내 알바 아니ㄱ 정균이 빨리 올라
　　오라 그래!(퍽 끊고 다음 말은 중얼거리듯)올라오라 그래. 이 빌어먹
　　을 년아……빌어먹을 빌어먹을…

S# 은행

승주   (전화기 들고)?…·모르는데요……연락 없었어요…정말이에요…

S# 복희의 거실

정아   (전화 끊으며)연락 없었대.

복희   (열나서)앙큼한 거. 누가 빼돌렸어 그럼.

정아   거짓말 같지는 않어 엄마‥

복희   빼돌리구 빼돌렸대?

나사장   금방 들통날텐데 빼돌려? 말이 되는 소릴 해.

정균   아 정일이가 애에요?

복희   너는 애라 살림차렸다 들통나냐 이 빙충아?

정균   무슨 매력이 있어야지요오.

나사장   쯔쯔쯔쯔쯔쯔(큰아들 흘기며)

S# 정원(밤)

S# 거실

　　[복희 부부 뿌우하니 앉아 있다……꽤 한참 동안.]

　　E 전화벨

나사장   (펄쩍 놀라서 전화 받는)여보세요.

정일 F 저에요 아버지.

나사장   (벌떡 일어나며)너 어디야…어딨는 거야 이눔아.

복희   ?…(전화기로 손 널름널름)

나사장   정일아….야 이눔아 너 애비 생각을 해서라두

정일 F (오버랩)엄마 좀 바꿔 주세요··

나사장 ?····어 그래 그래(하고 귀에서 송수화기 내리면)

복희 (벌써 가로채 간다)너 어디야····어디야 빨리 말해.

정일 F (오버랩의 기분)승주네 괴롭히지 마세요. 저 혼자 움직인 거
에요.

복희 (오버랩)정일아 정일아?

정일 F 제 얘기 들으세요. ···(복희 잠깐 기다려주는)평생 찾아두·····
안 찾아지는데루 숨을 테니까요 찾을 생각 마세요.

복희 너 이자식 어쨌거나 간에 일단

정일 F (오버랩) 저요···엄마 아들루 살기····너무···· 힘들었어요. 해방
될 거에요···

복희 (오버랩)엄마가 뭘 어쨌는데에 내가 뭘 어쨌는데에에에

정일 F 엄마····형편없어요··(하고 툭 끊는다)

복희 정일아···애 정일아.정일아아아아

S# 대포항 어느 횟집 안

정일 (끊은 전화기 내려다보면서)·········(한동안 그대로 있다가 무겁게
일어나며)여기 얼마죠?

여인 ＊＊원이유.

정일 (돈 치르고 나간다/ 운동 선수 백 같은 긴 가방 늘여 들고)

S# 밥집 밖

정일 (나와서 옆의 쓰레기통에 핸드폰 던져 넣고 걷기 시작한다)

S# 횟집이 즐비한 거리 풍경에 천천히 멀어져가는 정일·····

〈끝〉

홍소장의 가을

(2004)

주요 인물

홍상수   정년퇴임한 전직 파출소 소장.

허영숙   56세. 상수의 아내.

홍상준   52세. 상수의 남동생.

강혜주   50세. 상준의 아내.

상수네 가족

홍세일   30세. 상수의 아들.

수미   30세. 세일의 아내.

홍세영   상수의 딸. 세일의 여동생.

안서방(안)   세영의 남편.

금실네 가족

홍금실   42세. 상수, 상준의 여동생.

마서방(마)   45세. 금실의 남편.

제1회

S# **부암동쯤의 어느 경사가 제법 있는 골목길**

[설악 단풍이 한창인 때‥ 햇볕이 쨍한 한낮의 다소 느른한 골목 풍경.]

S# **그 골목 입구로 중형 자가용 한 대가 올라가고 있다**

S# **골목을 다 올라가면 중형차가 한 대 서 있고/ 막다른 집 대문은 열려 있다**

S# **다 올라온 중형차 앞을 골목 밖으로 향하게 주차 시작하는데**

S# **차 안**

혜주　(50세이나 세련된 미모/40대로 보여도 무방하다. 짜증이 있는 대로 난 상태. 인상 박박 쓰면서 주차하는 중)……(주차 마쳐놓고 일단 운전대에서 손땐 채 앞 노려보며 가만히)…………(한참 동안 그대로 있는)………(그러다 머리받이에 아예 머리 기대고)………

S# **상수의 마루**

[점심 먹은 상이 치워지고 있는 중.]

[제사상으로 쓰는 묵직한 교자상에서 더럽혀진 종이를 걷어내는 상수. 그러는 한편 아들 세일 욕실에서 걸레 그릇 들고 나오는 중인데 그 안의 걸레 몇 개가 백옥 같다. 물에 담가 비틀어 짠 걸레들.]

[같은 그림에 홍상준 사장은 꿔다놓은 보릿자루 모양 한편으로 물러나 마룻바닥 보며 앉아 있고, 세일의 아내 수미는 어정쩡 서 있다가 세일이 나오자 돌아보는데]

마서방   (상수 도와 종이 같이 걷어 내면서)

마서방   (상수에게 슬그머니)나가죠 형님. 나가서 한 잔 더

상수   (중얼거리듯)좋아라 안할 걸.

세일   (마침 종이 다 걷어내지자 걸레 들고 덤벼드는데)

상수   아 야 행주 행주.

세일   아 참. (걸레 그릇 놓는데)

마서방   (세일에 연결)짜식 너 얼빼서 제주도 놓고 왔냐?

세일   (그냥 웃고 부엌 쪽 복도로 움직이는데)

S# 부엌

[거실과 부엌은 복도를 두고 약간 돌아가는 듯한 느낌. 따로 지어 붙인 듯 바닥이 집 본채보다 한 걸음쯤 낮고 시멘트에 오돌토돌한 비닐 장판이 깔려 있다.]

금실   (먹고 난 그릇들의 음식 남은 것 정리 중. 찌끄러기 정도는 비닐에 버리고—버려진 것들 이미 비닐에 꽤 들어가 있고 더 먹을 수 있는 부침이나 그런 종류는 새 그릇들에 옮겨 랩으로 덮는 중이다. 화면 시작과 동시에) 아니 이 양심이 없어두 이건 보통 없는 거래야죠 엉? 오빠한테 시집와 자기가 펴엉생 한 게 뭔데. 물쓰듯 돈 쓰구 산거 밖에 뭐있어 말이야 바른 말루. 안 그래요?(보며)

아내   ……(금실이 집어넣은 그릇들 수도 졸졸 틀고 씻으면서)……(묵묵히)

금실   (반응 없자 투덜거리는 톤이 되어)고생했대봤자 뭐,(하는데 세일 쑥 상체 들이밀며)

174

세일　행주 주세요··

금실　엉····(냉큼 행주 집어 주고 세일 아웃되고)··고생? 고생 구경을 못
　　했네. 난 코딱지 월셋방으루 시작했는데 그래두 큰오빠가 그 집은
　　전세 얻어줬잖아요. 자기두 전세살이 하면서.

아내　(안 돌아보며)아이구 그거두 코딱지긴 마찬가지였어요오.

금실　(힐끗 한 번 보고)그 집 코딱지가 내 코딱지 두 배는 됐어요. 일
　　단 방이 두 개였으니까. 그리구 전세랑 월세가 어떻게 같아요.

아내　(피식 웃으며)애기씨는 출가외인이니까··(좀 놀리듯 보고)

금실　??(약 올라 보고)

아내　(무마하듯)아이 고모부가 잘 벌어서 금방 불 일 듯 일었는데 뭐얼···

금실　결혼해 기껏 사오년? 작은 오빠처럼 잘나간 사람 흔해요? 회
　　장님한테 기획실루 뽑혀가구는 자구 일어나면 승진 또 승진, 나이
　　마흔에 사장까지 올라갔는데 그 월급에 그 보너스에····말구두 뭉텅
　　뭉텅 목돈 생기구······게다가 작은 오빠가 또 주식으루 간간이 얼마
　　나 재미 봤는데에··

아내　글쎄 그냥 가만히 껴안구만 있었어두.

금실　(돌아보며)······

아내　애들 아버지두 그으렇게 불끄듯 말렸구먼.

금실　·····(잠시 보다가 좀 반발하듯)평생을 새벽 여섯시 반에 나가 한
　　밤중까지 뛰던 사람이 나이 쉰에 어떻게 두손두발 묶구 처박혀 있
　　어요. 죽으라는 거지.

아내　그러게 말이에요.(찻물 끓기 시작한 삐삐 주전자 소리에 주전자 쪽
　　잠깐 돌아보고 찻잔 준비로)

금실　그리구 뭐 자기가 펑펑 쓰기나 했지 일원 한푼 벌어들인 거 있어

요? 오빠가 번 돈 오빠가 날린 건데(하는데)뭐 말이 많구 탈이 많어.

상수　(불쑥 들이밀며)얘.(눈이 곱지 않다)

금실　깜짝이야. 놀래 죽겠네.

상수　(행주 적당히 던지며)제수씨 왔어.

아내　(준비하며)알었어요.

상수　(아웃되고)

아내　나가봐요. 괜히 또 혼나지 말구 가만 있어요.

금실　(입 실룩이면서도 행주에 손 닦는다)

S#　거실

[상수/ 복도 쪽에서 나오고 세일은 마루 훔치고 있고 마서방은 마루 훔
치는 것 끝나기 기다리고 교자상은 아예 제자리에서 벗어나 있다. 수미
는 아직도 어정쩡 서 있고 상준은 거실 마루 끝쯤 앉어 마당 멍하니 보
고 있고]

혜주　(선 채로/화면 시작과 동시에)그래‥하니문은 하니문처럼 보냈어?

수미　네‥

혜주　날씨는?

수미　반은 좋았고 반은 비왔어요.

혜주　거기가 원래 그래.

마서방　(다 닦았나 싶어 교자상에 들러붙으며)야 대충해 대충.

세일　엄마한테 죽어요‥ 아버지 잠깐요.(상수 발께)

상수　(비켜주고)

금실　(차 쟁반 들고 나오다 보고)얘 아가.

수미　?‥‥네 저요?

금실　너 말고 여기 아가 누가 있어? 그런데 너 손님으로 와 있는 거냐?

176

상수　쯧.(―세일도 눈치 보고―눈치 주며 상에 달라붙고 마서방과 함께 들어 원위치 한다)

금실　어른이 일하시는데 며느리가 여기서 뭐해?

마서방　여 (여보 부르려 하는데)

금실　(상관없이)그림같이 서 있더라도 저기 가서 있어. 원 설거지가 산이구먼.

상수　얘 관둬. 갈 거 없어. 설거지 이따 내가 하면 돼. 그냥 있어.

수미　(대꾸 없이 그냥 주방 복도로)

상수　그냥 있으라니까아.

금실　(옆에 선 오빠 다리 툭 치면서)가만 계세요.

세일　(눈치 보다가 걸레 바구니 들고 화장실로)

상수　(세일의 움직임과 상관없이 연결)니 집두 아닌데 왜 감놔라 대추 놔라야.

금실　(찻잔 벌여 놓으면서)앉기나 하세요.

　　　E 화장실에서 걸레 빠는 물소리

마서방　(벌써 상 치우느라 아무렇게나 모아져 있던 방석 내면서/역시 물소리와 상관없이 연결)앉으세요··앉으세요. 형님 앉으세요. 작은 형님도 이리 오세요.

상수　(아우 보면 아우는 대꾸 없고)·····얘 이리 와아.

상준　·····

상수　안 와?

상준　(마지못해 무겁게 일어나 움직이고)

　　　[적당히 앉는데]

금실　(인스턴트 커피 만들면서)잘 쳤어요?

혜주 ?? 신경 쓰이는 일 있으면 잘 안돼요.

금실 (투덜거리는)신경 쓰이면 가지를 말지.

마서방 글쎄 골프는 그런 게 아니라니까아.

금실 아 당신은 아는 척 말아요 장사 안 돼 죽겠는데 당신두 공 다 쳤어 이제에?

마서방 알았어 알았어.

혜주 오래 전 선약이었어요.

금실 무슨 대통령하구 약속이었수?

혜주 (묵살하고)

상수 (금실에게 눈총)

금실 (걸레 빨아놓고 나와 아직 부엌인가 어정쩡 그쪽 보고서는 세일 힐끗 돌아보며)쟤 공주냐?

세일 에에이 고모. (금실 양어깨 잡으며/들을까봐 소리 줄여)아직 낯설어 그래요오.

금실 (잡힌 어깨 털며/그래도 같이 소리는 줄인다)시끄러 이눔아. 안 그래두 니 엄마, 저 먹은 커피 잔도 고대로 개수대에 얌전히 넣어 놓고 간다구 첨부터 별루였어.

상수 거 참. 오만 참견 다하네.

금실 기본은 돼 있어얄 거 아녜요.

상수 글쎄 넌 장차 니 며느리 기본만 걱정해.

마서방 우리 집 대통령이나 해.

금실 (눈 째지게 흘기는데)

마서방 이젠 심심찮게 팔십 한 둘 치신다면서요.

혜주 됐다 안됐다 그래요.(하는데)

[아내와 수미 큰 접시 두 개에 깎은 과일과 포도 등 담아 한 쟁반, 식접시, 과도 등 한 쟁반 나누어 들고 나온다..]

금실 아는 척 말구 당신두 딱 끊어. 가게는 파리 날리구 있는데 작대기 들구 나가 춤추구 싶어? 사람이 분수를 알어야지.

마서방 아 끊었다니까아..

아내 (나와서)점심 어떡했어.

혜주 (그냥 앉은 채)먹고 온다구 했잖아요.

아내 밥 있어.

혜주 먹었어요.

금실 (커피 만들기 끝나서 한 잔 옮기며)얘. (수미에게 돌리라는 신호)

수미 (움직이는데)

세일 (도우려 덤벼들고)

금실 (주먹으로 콩 치며 눈 째지게 흘긴다)

아내 왜 그래요오.

금실 아 난 이 집 남자들 이러는 거 싫어요. 오빠 평생 설거지하는 남자 만든 언니한테두 유감 많아요.(아내와 함께 식접시에 과일 몇 조각씩 나누는 거 하며)

아내 (그냥 푸 웃어버리는데)

상수 (금실에 연결)글쎄 니 집 남자들이나 니 맘대루 만들어어. 나는 이대루 행복하다는데 왜 말이 많어어.

마서방 (괜히 저 혼자 낄낄거리고)낄낄낄낄.

[적당히 과일들도 분배가 끝나고 먹기 시작하는데]

혜주 (과일 하나 찍어 남편에게)

상준 (완전히 묵살하고 제 포크에 제가 찍어 먹는다)

홍소장의 가을 179

혜주 (아무렇지도 않게 거절 당한 과일 제가 먹고)

상수 (그걸 보는)…… (그 위에)

아내 E 이번 제사에 동서 좀 일찍 와

아내 도와줘.

혜주 (먹으며 본다)

아내 (며느리 잠깐 돌아보며)저는 일찍 퇴근한다 그래두 공부만 한 애라 할 줄 아는 거 아무 거두 없을 거구 준비는 다 해 노께.

혜주 ..네에..

금실 이번에는 미국 친정 스케줄 안 잡았어요?

혜주 아뇨.

금실 난 또 잡아놨는지 알았지. 이년 연속 아버지 제사 맞춰 미국 가길래 아예 아버지 제사는 빠지나 했더니.

상수 (오버랩의 기분)어어이 무슨 포도가 이렇게 오로지 달기만 하냐아..포도는 포도 향이 있어야 포도지.

금실 (느닷없이)아 작은 오빠 말 좀 해요 입에서 냄새 안나요?

모두 (상준 보는데/커트 자를 필요는 없지 싶고요)

상준 ……..(묵묵히)

금실 실어증은 아니라면서어어.(마서방한테 쿡 찔리고는)아 왜 그래애..당신 오늘 작은 오빠목소리 들어봤어? 목소리 좀 들어보자구우우.

상준 조용해 시끄러.(나직이 아무도 안 보며)

금실 어엉. 오빠 목소리 그렇게 생겼었구나아.

마서방 어이구우 구여운 아줌니. 낄낄낄낄.

수미 (푹 웃음 터지고)

180

세일	(그러는 수미 돌아보며 저도 웃는다)

　[아내는 금실 부부 고개 돌려보며 조금 웃고/혜주 부부는 웃을 수 없고/]

상수	(딱한 얼굴로 아우 보며)……

S# 열려 있는 대문으로 나오고 있는 사람들

　[상수와 상준 나오는 위에 뒤따라 나오는 금실의 소리]

금실	E 아예 저녁까지 먹구 가지 왜애. 너 밥은 할 줄 아니?

금실	(나오며)휴가는 언제까지야?

세일	(수미와 따라 나오며/그 뒤에 아내와 혜주)둘다 월요일에 출근해
　야 해요.

금실	짐 정리하려면 죽었다.

세일	대충 하죠 머. 짐 별로 없어요.

금실	한번 해 보셔. (어이그으)

상수	수다 그만 떨구 어이 가라. 마서방.(마서방 없다)

금실	소변 본다구 처졌잖아요오‥

상수	(그랬지 참)제수씨 먼저 가세요.

혜주	네‥그럼‥(하고 목례하고)형님.

아내	어서 가. 그런데 서방님 같이 나오지 않았어요? (하다 보면)

상수	??(어디 갔어 하다 골목 밖으로 고개 틀고 있고)

S# 이 사람들 시각으로 골목 내려가고 있는 홍상준의 뒷모습

S# 대문 앞

상수	(이미 운전대에 탄 혜주에게)가세요 그럼.

혜주	네‥ (출발한다)

세일	안녕히 가세요.

　[차 뜨는 것 보고 있는 가족들/아이들은 무심하고 금실은 입이 풀룩거

리고 아내는 착잡하고 상수는 속이 상해 죽겠고/]

S# 걸어가고 있는 상준 옆에 대어지는 자동차. 보는 이들 시각에서

[상준, 아는 척 않고 그 템포 그대로 걸어가고 잠시 멈춘 채 있던 자동차 횡하니 상준 놔둔 채 내려가기 시작한다.]

S# 대문 앞

상수 저눔으 저저 (별안간)야 이눔아!!!

아내 (남편 잡아 제지)

상수 (아내 잠깐 돌아보고 아우 쪽 보는 얼굴이 속이 상해 죽을 지경이다)

금실 아 차를 팔면 자기 찰 팔지 왜 오빠 차를 파냐구우.

상수 (탁 고개 돌려 보고)

금실 (아무 말 안 한 척 천연스럽게)아니 그런데 이이는 뭐가 이렇게 (하며 돌아보는)

마서방 (나오면서)나가나가나가. 나간다구.(나와서)??·· 작은형님넨 벌써 가셨어요?

상수 갔어. 어이 가.

마서방 예 그럼(굽벅하면서) 안녕히 계세요. (아내에게)맛있는 점심 먹구 갑니다.

아내 뭘요.

마서방 (애들에게)좋은 꿈구구 행복하게 잘 살어라.

세일 네에··하하··안녕히 가세요.

마서방 (자동차에 타고)

금실 (운전대 옆으로)가요. 언니.

아내 (끄덕이며)가세요.

금실 (내다보며)작은 오빠 잡어서 태워다 주께요 오빠. 탈려는지는

모르지만..

   [자동차 뜨기 시작하면서]

상수   (돌아서 집으로 움직이며)애들 반찬 챙겼어?

아내   (따르며)해 놨어요.

상수   이것들은 왜 안와. 몇시야.

S# 마당 안

아내   (뒤돌아보며)몇시니.

세일   두시 쯤 되지 않았나?(수미 시계 찬 팔목 잡아 보며)두시 십오분요.

상수   들어가 갈 준비 해.

세일   네..

상수   어어이 어어어이(하며 나무 아래 평상으로)

   [마당은 손바닥만 한데 나무 한 그루는 제법 묵은 것이 있어 그늘이 제법이다.]

아내   안 들어가요?

상수   잠깐… 한숨 쉬어. 이리 와..(평상에 걸터앉는)

아내   (서 있는 애들에게 들어가라는 시늉하고 남편 쪽으로)

   [애들 들어가는 한편 아내 평상에 앉고]

아내   (남편 보는)·······

상수   (어디랄 것 없는 앞 보면서)·········

아내   ····(잠시 더 보다가 고개 앞으로 돌리고)······

   [부부 그대로 한동안······우두커니 있는데]

   [밖에서 택시 소리 나고 와서 멎는다.]

아내   ??(문득 느끼고 일어나며)세영이니?

세영 E (밖에서 내리면서)네 엄마아아.

아내　애들 왔어요.

상수　....(일어난다)

　　　[들어오는 딸 내외.]

안　　(빈 김치통과 반찬 통들 싼 것 들고 들어오다)안녕하셨어요. 안녕

　하셨어요 아버님.

상수　(집으로 움직이며)들어가자.

아내　(남편 뒤따르며)일찍 와 밥 먹으라니까.

세영　고속도로서 차가 퍼졌다는데 어떡해애. 고속도로 갖구 나가지

　말래두 절대 말 안 듣잖어.

아내　기름 값 들게 신문사 차 타지이.

안서방　갑자기 움직여야 해서 배차를 못 받았어요.

S# 거실

　　　[들어오는 세 사람.]

아내　(앞서고)

세영　(엄마 뒤따라 들어오면서)그래서 말인데 오빠 축의금 꽤 들어왔

　지 엄마. 우리 차 좀 바꿔주면 엄청 고맙겠는데‥(팔 낀다)

아내　??(잠깐 돌아본다)

안　　아 이 (질색하는 시늉)하지 말라니까. 아니에요. 아닙니다. 아직

　괜찮아요 걱정 마세요.

세영　(남편과 상관없이)엄마 응? 으응?‥흐으으으응.

상수　(욕실 쪽에서 나오면서)아직 멀었냐?

세일　E 나가요오.

S# 부엌

　　　[하다 만 설거지는 아직인데 아내 딤채 안에서 가득 담아놓은 김치 통

과 몇가지 마른 반찬 통들 너댓 개 꺼내 보자기에 싸는 중.]

아내 (싸면서)느이 반찬은 사부인이 챙겨 주신다니까 나는 신경 안
쓴다.(좀 웃으며)

수미 네에..

아내 그만해두 큰 짐 덜었다. 채소 값 비쌀 때는 두 집 김치 담는 거
두 버거운데 세 집 되면 일났다 했는데…

수미 어머니 반찬이 더 맛있는데…

아내 ?? (싫지는 않다)그런 말두 할 줄 알어? 호호홋.. 늬 어머니 아시
면 섭섭하시겠다.

수미 한 두세번만 엄마한테서 갖다 먹고 김치는 어머님한테 갖다
먹을려구..(해요)세일씨 우리 집 음식 별로에요.

아내 (오버랩의 기분)아이구 그래 알었다. 아무렇게나 하자..(다 쌌다)

S# 거실 복도

[부엌에서 두 여자 나오는데]

세영 E 흐으으응 아빠아. 네?…아빠아아.

상수 E 이눔아 축의금 들어온 건 오래비 꺼지 내꺼 아니라는데 왜 내
목을 졸라아..

두 여자 ???(각각 다르게/한 화면에서)

상수 E 오래비 졸라 오래비.

세영 오빠아…(세일에게 고개 틀며)

세일 너는 어떻게 결혼축의금에 (제 손가락에 침 발라 내밀면서)침 바
르자고 덤비냐. 니 결혼 축의금에 내가 손 벌린 적 있어?

세영 아니다 머? 나 결혼할 때 오빠 소원하던 노트 북 챙겼잖아..

아내 (수미와 함께 반찬 통 보자기 현관에 놓는데)

세일 E 니가 사줬어?

안서방 E 하지 마..

세영 E (세일에 연결)그러엄. 나 혼수 준비 덤으루 사준 건데 뭐.

세일 니가 사줬냐구.

세영 (안 통하네)흐으으으응 아빠아아.

아내 (상 있는 곳으로 오며 오버랩의 기분)그러다 코 나오겠다 김칫국 그만 마셔.. 내가 얘기하께. 너 앉어.

[며느리와 아내 앉는다.]

[모두 무슨 얘기 할 건가 아내 쪽으로 고개와 시선 돌아가서 ......한동안 사이 두고]

아내 ...(시선 받으며 눈길 탁자로 내리고)

상수 ....(기다리다가 뭔가 말하려 뻐끔 하는데)

아내 (오버랩의 기분/ 고개 들어 아들 내외 보며 좀 웃으며)늬들 축의금 몽땅 다 내가 가질 거니까 그렇게 알어. 십원두 안 줄래.

세일 내외 ???

상수 ?

세영 내외 ??(위에)

아내 E 그리구 너는 차/ 니 시집에 바꿔 달래. 니네 타는 차를 왜 친정에 와 사 달래?

상수 여보.

아내 (좋게 말하는)나두 내 통장에 돈 좀 가져보자. 늬 엄마...평생 내 통장 하나 없이 살었어. 그래서... 이번에는 그거 늬들 한푼 안 주구 전부 다 내 돈 할 거야.

상수 나랑 의논 한 마디 없이 당신 혼자 맘대루

아내   (오버랩의 기분)나두 내 돈 좀 갖구 살어 보자.

상수   (오버랩의 기분)여보 그건 애들 앞으루 들어온

아내   (오버랩의 기분/좀 서늘해지지만 그래도 부드러우려)애들이……
(남편 돌아보며)뭘 했는데요. 낳아서 먹여…입혀…공부시켜… 혼수
만들어 시집보내 집 얻어 장가보내…오늘날까지 애들 다 공짜지
즈들이 한 게 뭐 있어요.

상수   ……(보다가)웬 가당찮은 욕심은 부려어.

아내   여태까지 몇 십 년 동안 남에 경조사에 봉투 보낸 거 누구에요.
당신대로 나대로 우리가 다 했지 애들이 했어요?

상수   아 그래 됐어. 됐으니까 어이 줘보내/

아내   ……(눈 내리고)

상수   줘 보내라니까.

아내   (남편으로 고개)그럼…. 이혼할라우? (좀 웃으며)

상수   ???

모두   ???

상수   (눈 찌그리며)뭐를 해?

아내   나요…생색내는 거 아닌데…나두 안 놀았어요…

상수   ……(보다 좀 달래듯)누가 몰라?

아내   집 하나 있는 거 이거 반쪽은 내 몫이에요. 하느님 부처님두 나
틀렸다곤 안해요.

상수   ……(버언히 보다)욧점이 뭐야.

아내   그 돈 내노라 그럼 이혼하구요. 애들 껀 당신이 집잽혀 맨들어
주든지 어쩌든지…(집 둘러보듯)아이구 집아 미안하다…. 세영이 시
집 보낼 때 잽혔던 거 찾은지 미처 반년두 안되는데……

세영 내외　(세영은 뿌우우/안서방은 그저 탁자 보며).....

상수　.....(아내 보다가 그만두고 애들에게)얘..늬들 그만 가라..니 엄마 어디 고장났다.. 내 고쳐노께.. 나중에 얘기하자.

아내　(탁자 내려다보며)나중에 얘기할 거 없어.

상수　일어나 어서들.

안서방　(세영에게 신호하고 엉거주춤 두 사람 일어나는데)

세일　저기요 엄마.. 즈이들 계획이....

아내　(아들 보고)

세일　계획이 있어요..

아내　......(그냥 보는/그래서)....

세일　어어이..(정식으로 내는 소리가 아니고 파열음으로 작게)

아내　(일어나며)어서 가아.. 바쁘다. 피곤하기도 하고..

세일　(일어나며)이제 빚도 없잖아요 엄마.

아내　(좀 곤두서지만)그래서.

상수　아 오늘은 그냥 가라니까아. 가가 얘 새아가 어서 데리고 가라 엉?

아내　가라..(하고 안방으로 움직이다가)얘 김치 오늘은 냉장고 넣지 말고 찬 물에 담거 하루 밤 재웠다가 낼 점심때 너.

세영　....(대답 안 하는 채 현관으로)(좀 부은 채)

아내　(약간 날카로와져서)알았어 몰랐어.

세영　알았다구우.

아내　(안방으로 들어가고)

S# 안방

아내　(들어오는데 문 열렸다 닫히는 사이에 아이들 몰아내는 상수 소리 잠깐 들리고)......(앉는다)............(앉아서 가만 있는데 느닷없이 얼굴

188

이 우그러지며 눈물이 후두둑 떨어지는데)

     E 전화벨 울린다. 마루 전화기도 방 전화기도 거의 십여 년 전 모델.

아내 (수습하며 받는다)네 부암동입니다.

금실 F 나에요.

아내 에. 애기씨.

금실 F 세영이 아직 안왔어요?

아내 왔다 지금 막 가는 중이에요··

금실 F 세일이네는요.

아내 가구요.

금실 F 오빠 좀 바꿔 줘요.

아내 애들 배웅 나가 안 들어왔어요. 그런데 서방님은 어쨌어요. 만
났어요?

금실 F 아이구우.

S# 일산 어느 그다지 호화롭지 않은 고깃집 홀

금실 (들어오면서 핸드폰 중이다)속상해 죽겠어요.(점심 장사 뒤 테이
블 정리. 청소 중인 아가씨들 인사하는 것 받으며)만나기는 만났지요
오.(하다가 인사하는 관리 청년에게)어땠어?

청년 예 어제만큼은(하는데)

금실 (오버랩의 기분)어제만큼으루 되냐? 늬들 월급주자구 장사하
는 거두 한두달이지 참.늬들하구 나하구 단체루 큰일났다.(방 있는
가장자리로 움직이면서)아 못데려다 줬어요 나 벌써 가게에요. 기
어이 걸어간대요. 죽어도 걸어간대요.원래 한번 아니다 그럼 죽어
두 아닌 사람이잖아요. (하다가 방에서 식사 중인 가족 일행 들여다보
며)아이구우 사모님 왜 이렇게 점심이 늦으셨어요오?

중년 부인 (쌈 싸 입에 갖고 가다가)글쎄 말야 좀 늦었어이.

S# 안방

금실 F (손님과 얘기하는 소리)오늘 고기 어떠세요…(손님 대꾸는 안 들리고 아내는 그냥 기다려주지만 평소보다는 싫증난다)……여기 쌈 좀 더 갖다 드려라 엉? 그럼 맛있게 드세요 필요한 거 달라 그러시구요. 예··예에 감사합니다 오빠한테 작은 오빠 데리구 얘기 좀 하라 그래요 언니. 작은 오빠 반 폐인 같단 말이에요··(또 다른 볼일)여보. 당신 계산 좀 봐……언니.(끊었나)? 언니.

아내 알았어요. 얘기하께요.(하는데)

금실 F 야야 너 뭐해애. 너 그게 닦는 거야 물칠하는 거야 아앙?

아내 (전화 그냥 끊어버리고 일어나 나간다)

S# 거실

아내 (나와서 부엌 복도로 움직이는데)

　　E 다시 전화벨 울리고

　　[동시에 상수 밖에서 들어온다.]

아내 (흘낏 돌아보고 그냥 부엌으로)

상수 (받는다)네에. …어 그래…들어왔어··응……그래….됐어 괜찮아… 운동삼아 걷는 거두 나쁘지 않아. ……알았어…….알았다구.

S# 부엌

아내 (한식 앞치마 두르고 있다··)……(개수대로/수돗물 졸졸졸 틀어놓고/ 졸졸졸은 수도 계량기 무서워서—우두커니)……(개수대 내려다보며)

상수 (들어온다··좀 눈치 보이는 느낌이면서 천천히 아내 앞치마 끈 풀어 자기가 입기 시작한다)

아내 …….(그런 채로 내버려두고 자세 안 바꾸고)

상수 (아내 어깨 잡아 끌어내 놓고 자기가 설거지 시작)……

아내 ………(보다가)뭐 애들하구 내 흉보느라 걸렸어요?

상수 아냐……마당에……왜 그랬어어.

아내 그러구 싶어서……아픈가부지요··(하며 다른 치울 것들에 손대기 시작)….

상수 (그릇 씻으며)……

아내 ………(움직이며)

부부 (함께 각자 할 일 하며)……….

아내 ……골들 나서 갔죠.

상수 아냐 골은 안나구…….어리둥절해서··(갔어)….나두 어안이 벙벙한데 애들 안 그렇겠어?

S# 골목에 큰길로 터덜터덜 나오면서 각각 다른 생각/말없는 두 커플. 수미네는 작은 옷가방. 세영이네는 무거운 김치통을 안서방 들고 힘들어 죽겠고·· 골목이 끝나는 데서 멈춰서며

안 (김치통 다른 손으로 옮기며)형님네는 타셔야죠. 택시 금방 올 거에요. (길 쪽 기웃하며)맨 빈 택시니까··

세일 짐 없으니까(가방은 들고)걷지·· 두 정거장인데 뭐.

수미 (잠깐 보고 불만이지만 반대는 할 수 없다)

세일 가라.(세영에게)

세영 잘가.

안 안녕히 가세요. (꾸벅하고 건널목으로 움직이며)가자구.

세영 (부은 채 두어 걸음 걷다가 문득 돌아보며)오빠

세일 (이쪽도 청와대 쪽 길로 두어 발짝 움직이다 돌아본다)…(왜)

세영 엄마 뭐… 화나시게 한 거 있어?

세일 ....(보다가)없어.

세영 그런데 왜 저러셔?

세일 나두 몰라.

안 빨리 와 신호 떨어졌어.(이미 발 도로에 내려 서서)

세영 이따 전화해.(홍 쪽으로 가며)

세일 할 거 없어. 너하구 나하구 할 말이 뭐 있어.

　　　[두 커플 한 화면에 /세영과 홍은 건널목 건너가고 세일 부부는 청와대

　　　쪽으로 걷기 시작.]

　　　[잠시 두었다가]

S# 건널목을 지나고 있는 세영 부부. 거의 다 건너는데

안 어어이 차도 없는데 이 무거운 걸 (왜 받아 나와/인상 써지며)

세영 ??(약 오른다) 김치 귀신 누군데. 그리구 엎어지면 곰방인데 고

　　거두 못참아 인상써?

안 고거?

세영 이리내 내가 들게.

안 (세영의 손 밀어내며)신호바꼈어 서둘러. (걸음 서둘고)

세영 ??(눈 흘기면서 서둘러 인도로 오르면서)죽어도 김치하구 밥 먹

　　어야 하는 사람이..(말이 많아)

안 (인도로 오르며)쓸데없는 소리는····왜 말을 안 들어. 결국 나만

　　등신됐잖아..

세영 (인도로 오르는 남편 기다렸다가 상명학교 방향으로 같이 걷기 시

　　작)뭐어. 자기두 은근히 기대했으면서.

안 ??짜증나는데 정말 그럴래?

세영 뭐 아냐?

안   (멈추면서)너 내가 하랬냐?? 하지 말랬잖아.

세영   아 그래 됐어. 거죽으루는 그랬어. 입으루는 그랬었어.

안   ???

세영   근데 속 맘은 안 그랬잖아아.(싸울 심산은 아니다) 아니라구 하지 마? 말리는 척 하면서 속으루는 기대하구선.

안   …정말…(불쾌해져서)

세영   (상관없다)자기 자신까지 속일 거 뭐 있어. 나한테… 솔직하지 못하게··

안   ····(보다가)그만 두자. 더 하다간 심하게 다치겠다.(하며 걸음 떼고)

세영   (같이 걸으면서)변기자는 처가에서 아파트 사 준댄다 소리한 거 일주일두 안 됐어.

안   (걸음 멈추고)그래서.

세영   부럽지 않으면 그런 말 나한테 뭐하러 해.(아직도 가볍다)

안   그렇게 들렸냐?

세영   맞어.

안   ·····(보다가)솔직히 부럽다. 뭐 잘 못됐어?

세영   그래애 그러니까 우리 집은 집까지 사줄 형편은 못되구 이 기회에 차라두 하나 빼줄려 그런 거야.

안   그래 그 마음은 고마운데 쭈그리고 앉어 혹시나아 하는 칠푼 반푼이 만들어 놨잖아. 뒤통수 뜨거워 죽는 줄 알었어. 제대로 챙기기나 했냐? 망신만 당하구 이게 뭐야 이게.

세영   ???(남편 보며 몇 걸음 걷다가 좀 오른다)그래애 실패해서 미안해. 처가덕 못보여 미안하다구.

안   어이 씨이 누가 그런 말야?

세영 아니면 뭐야. 챙기지도 못하고 스타일만 구긴 거 자존심 상해 그러는 거 아냐? 정말 자존심 진짜 쌩쌩했으면 당신 나 입 못 벌리게 더 강력하게 말렸어야 해. (안 그랬잖아아)말리는 척 하면서 당신 낄낄거렸잖아. 해 주실까? 엉뚱하다 안 그러실까? 그래놓구는 이제 와

안 (오버랩의 기분/ 들고 있던 김치통 확 바닥에 팽개치듯 하고 빠른 걸음으로 간다)에이 씨이.

세영 ???(가는 남편 잠시 보다가 김치통 보고 냅다 내달아 남편 팔 잡아 세우며)이런 법이 어딨어?

안 뭐가아!!

세영 우리 엄마 죽자구 담어준 김칠 왜 내동댕이쳐? 건 우리엄마 내동대이친 거나 마찬가지잖아.

안 오바 좀 하지마!! 그냥 김칠 뿐야.거기 왜 늬 엄만 끌어부쳐!

세영 김치 수퍼서 사오는 거야? 우리 엄마 김치야. 있는 정성 없는 정성 다 동원해 담은 우리 엄마 김치라구!! 그래서 그걸 내던진 건 우리 엄마 내던진 거나 같다구우!!!

안 (기세가 만만찮다)아아아 그래그래 잘못했어 잘못했어.(하며 김치 쪽으로 움직이려는데)

세영 차 못바꿔 심통나 그러는 거지?!!

안 ??(돌아보며 또 오른다)너 진짜 자꾸 치사한 놈 만들 거야?!!

S# 청운학교 길

  [걸어오고 있는 세일 부부. 둘 다 아무 말이 없는데‥‥‥‥]

수미 세일씨 동생은 어떡했어?

세일 ??

수미   축의금말야.

세일   ….다 줬어.

수미   그런데 왜 차별하셔?

세일   아마…걔네보다는 우리 시작이 낫다고 생각하셔서 그러시는
       걸 거야.

수미   그렇대두 공정하지 않아.

세일   ….다른 집들은 축의금 어떻게 하니.

수미   다른 집은 몰라. 우리 집안들은 얼마가 됐든 다 자식들한테 주
       든데..

세일   늬쪽은 여유있으니까..

수미   세영씨는 줬다면서.

세일   글쎄 그래서 나두 당연히 받는 건줄 알았거든?..

수미   내가 못마땅해서 그러시는 건가?

세일   (좀 웃으며)아냐 그런 거.

수미   ….(그냥 걷는데)

세일   (눈치 좀 보다가)장모님한테는 암말 마.

수미   왜.

세일   장모님한테서는 감사합니다 그러구 챙겨왔잖아…

수미   그런데…전부 다 아버님어머님꺼기만 한 거 아니잖아. 세일씨
       친구들 꺼두 있구 회사꺼두 있구

세일   (오버랩의 기분)까짓 몇푼 된다구.

수미   그래두

세일   ….섭섭해?

수미   ….어떤데?

세일 (피식 웃으며)눈 뜨구 도둑맞은 거 같아.

수미 (웃으며)나두.

둘 (걸으며)……

S# **홍소장 마당 그늘**

[부부 소주 마시고 있는 중인데 화면 시작되면 아내 잔에 술 채우고 있는 상수.]

아내 (받으며)….두잔 쨋데….(마셔도 되나)

상수 저녁 밥 적당히 때워. 난 안 먹어도 돼.

아내 밥 두 공기 정돈 남어 있어. 서방님두 거의 안 먹구 혹시나 해서 동서 밥두 했었구.

상수 다툰 거 같지.

아내 (소주 한 모금 마시고 내리며 끄덕이고)거의 말 안 하나봐.

상수 거 왜 애 비우를 못 맞 추구 그러는지 원.

아내 서방님두 쉬운 사람 아니잖어

상수 ……(자기 잔에 따르면서)세일이네/ 건네 줘어.

아내 ??(잠깐 보고) 싫어요.(하고 소주 한 모금 마시고 내리고 안주 집어 먹는다)….

상수 ……(보다가)왜 그렇게 됐어‥

아내 ….(술잔 내려다보며)….(씹고 있고)

상수 응?

아내 (보며)싫다니까아?

상수 ……(보며)

아내 (남편 안 보는 채)나는…우리 애들이 얄며….즈들 생각만 하잖어 ….우리 생각해 주는 거 털끝만큼두 없잖어. 즈들 공부시켜 내느라

196

얼마나 등골이 휘었는지…때깔나게 못해주면서 얼마나 쓰렸는지
….그런 거 아무 거두 몰라……당신 경찰 공무원 30년 넘게 하면서
타 갖구 온 상장들이….병풍으루 꾸미면 네다섯 쪽은 너끈히 될 거
에요….들구 들어온 상장 보면서……어미라는 사람….에이 이깐 종
이 쪽지 주지 말구 애들 먹이게 차라리 삼겹살로 서너근 주지이(한
숨이 함께 새는)……그랬던 마음 같은 거 저연혀 몰라…

상수 (소주잔 비우고 내리고)…..(안주 집어 먹는다)

아내 학력 모자라 그저 파출소 소장으로 정년퇴직한 즈 아버지…..
어깨 축 쳐져 어디 아파트 경비 반장 자리 없나아…어디서 누가 불
러 안 주나아아 …. 그러구 있는 거두 몰라…

상수 처지긴 누가 쳐져. 쓸데없이. 아무 거 안해두 연금 나오는 걸
루 밥은 안 굶을텐데 웬 걱정야. 아직 충분히 일 할 수 있으니까 그
러는 거지 애들 다 성가시켰겠다 빚 없겠다 뭐 / 어디가 어때서.

아내 (남편 안 보는 채 고개 아래로 하고 오버랩의 기분)밥만 먹구 살다
가 덜컥 병이라두 들면 어떡해.

상수 보험 있어 보험.

아내 나는요 여보….당신 아파트 경비….자리가 있대두 하게 안하
구 싶어…당신은 하다 안되면 주유소라두 나간다 그러지만 그거두
싫어….

상수 한가한 소리 말어. 사지육신 멀쩡해서 그럼 그냥 구들장 질머
지구 엎치락뒤치락 놀다 죽으라구?

아내 (오버랩의 기분)그래두 싫어요.

상수 ….(그냥 보며)

아내 (옆의 두루마리 화장지 집어 끊으면서)당신 도움 크게 받었다구

생각하는 누구 한 사람…우리한테 쬐끄만 반찬가게 자리 하나 내
줄 사람 없을까?

상수 ……(보며)

아내 (코 팽 풀고)그럼 당신이랑 같이 반찬가게나 하면 좋겠어.

상수 실없는 소리.. 그리구 있는 사람들조차 허리 꽉꽉 졸라매는 시
국에 반찬가게는 될 거 같아?

아내 그럼 어떡해..남의 집 일두 못하게 발목 붙들어 매놓구서는..

상수 환갑나이야. 그만큼 했으면 됐어..수고 많았어.고맙게 생각해.

아내 글쎄 당신이나 나나 뼈빠지게 그랬는데두 손에 쥔 게 아무 거
두 없잖어.

상수 연금 있잖어 연그음.

아내 아이구 누가 들으면 엄청난 연금 타는 줄 알겠네. 남은 서글프
구 불안해 죽겠는데..

상수 그거두 못 만들어논 사람이 태반야..그저 감사하면서/감사하
는 마음으루 편하게 생각하며 살어. 사람이 감사가 없으면 맨 불평
할 일밖에 없어. 사서 걱정 사서 청승떨지 말구 애들 돈 줘. 그거 떼
먹어서 부귀영화 못 누려.

아내 ……

상수 엉?

아내 (소주잔 벌컥 비우고 내리며)공부시켜 짝 져 줬으면 그걸로 할 일
다 한 거야. 다들 맞벌이에 굳이 그거 안 받어가도 우리보다 열곱
스무곱은 빨리 자리잡구 잘 살 거예요.

상수 ……

아내 애들한테 맛 갔어요….수운 싸가지들이라니까아? 세영이 년, 저

결혼시키느라 집 잽힌 거 뻔히 알면서도 축의금 봉투 주니까 단돈 천원 한 장 안 내 놓고 봉투 째 집어들고 가는데·····나 정말 어이가 없구·····기가 막히대···도대체 내가 자식을 어떻게 키웠길래 지 부모 생각해주는·····마음 한 조각이 없는·····그런 딸년을 만들어놨나아·····결국은 내 잘못이지이이··너무 없이 시작해서 그러겠지이··이리 돌리구 저리 돌렸지만 그래도 괘씸하고 서글픈 거 다 안 없어지더라구.

상수   아직 철들 안나 그래··자식들 다 그래.

아내   ······

상수   그래두 우리 애들 정도면 괜찮은 거야··달리 속 썩이지는 않았잖어.

아내   짝사랑 그만둘래···너무 계산이 안 맞어.

상수   자식하구 무슨 계산을 해애.

아내   즈들이 우리 걱정 해 줘야할 때야. 아무 생각없는 것들야····(제 빈 잔에 소주 따르려 하며)분해 죽겠어.

상수   (소주병 빼내 자기가 따라주면서)분하기는(웃으며)

아내   놀랬을 거다 아마···흥···놀래라지.(하며 소주잔 집어 들다 도로 놓으며)취하겠네··쉬었다 마실래··

상수   그래 그럼···

아내   하아아아(한숨 길게 내뿜으며)······(마당 저쪽 보며)

상수   (그런 아내 보며)········

   [한동안 그대로 두었다가]

S# **시간 경과 저녁 무렵**

S# **안방**

[상수 누워 설핏 잠이 들어 있고 /두 손 가슴에 놓고/]

아내 (베개 위에 팔꿈치 올려 고이고 자는 남편 보면서)⋯⋯(보다가 슬그머니 손 뻗혀 남편 한 손등을 쓸 듯이)⋯⋯

상수 ⋯⋯(눈 찌그려 뜨며)⋯왜⋯

아내 저녁 상 차릴려구⋯

상수 별 생각 없는데⋯

아내 (일어나 앉으며)앞으로. 밥 먹을 날 그렇게 안 많은데 거르지 말구 다 찾어 먹자구⋯

상수 (안 일어나는 채 한 손으로 얼굴 쓸듯이 하며)그럼 간단히 먹지 뭐⋯

아내 (조금 싯죽 웃으며 나가고)⋯⋯

상수 (누운 채 한동안 그대로 있다가)⋯⋯(하품 물며 일어나 앉는다)⋯⋯
(잠시 뭔가 생각하다가 전화로 가서 다이얼 찍는다)

  E 벨 가는 소리. 네 번쯤.

혜주 F 네에.

상수 제수씨 나에요. 상준이 좀 부탁해요⋯

혜주 F 아직 안 들어왔어요.

상수 ?? 어디 딴데 간다 그랬어요?

S# 혜주의 집 거실(대형 빌라)

혜주 어디가면 간다고 말 하나요 말 안해요 그 사람⋯⋯걱정하지 마세요⋯어디 가 술타령 아니면 부둑부둑 이 갈구 있을 거에요⋯들어오구 싶으면 들어오겠죠.

S# 상수 안방

상수 아니 그렇게 남의 일 말하듯⋯어어이⋯제수씨가 이해 안해주면 누가 합니까. 워낙에 편한 성격 아닌 거 알잖아요. 나 이거 첨 말

200

하는 건데 잘 좀 대해 주세요. 그 완벽주의에 그 자존심에 하루아침에 직장 잃고/ 그거 여자들은 상상도 할 수 없는 일이에요.

혜주   F (오버랩의 기분)아주버니나 고모나 다 내가 잘못한다 생각하는 거 알아요. 뭘 어떻게 더 잘해야 하는 건지 모르겠네요. 간단하게 제가 능력이 없다구 생각하세요..

상수   (혈압은 오르지만 뭐랄 수는 없고 인상만 쓴다)

S# 혜주의 거실

혜주   명예회장님 돌아가시기 전부터 내가 그랬었어요. 영감님 돌아가시구 나면 자식들이 영감님 모셨던 임원들 껄끄러워 옆에 안 둘려구 할 테니까 자기 능력만 믿지 말고 표 안 나게 줄바꾸끼 해둬야 한다구요. 내 말 안 듣고 잘난 척하다 짤린 거잖아요.아주 쌤통이에요……전 이렇게 밖에 말할 수 없어요…….네……네 들어가세요.

S# 안방

상수   (전화 끊으면서)…….(인상 쓰고 전화통 보다가 불끈 일어나 나간다)

S# 부엌

아내   (큰 쟁반에 작은 반찬 그릇들 챙겨놓는 중)

상수   (들어온다)

아내   (힐끗 보고)뭐하러 나와요?

상수   상준이 아직 안 들어갔대.

아내   ??…딴데 가는 거 같단 소리 안하든데 고모.

상수   대체 왜 저렇게 밥맛이 없어 찬이 엄마는.

아내   …..(잠시 보다가 움직이며)뭐라는데요.

상수   아 말이라는 게 아 다르구 어 다른 법인데

아내   (오버랩의 기분)뭐라는데요.

상수   그만둬. 어어이‥(하고 나가려)

아내   뭘 새삼스럽게‥

상수   (돌아보며)그렇다구 지금 상황에 쌤통이란 소리가 그게 할 소리야 안 사람이?

아내   ???‥‥(잠깐 돌아봤다가 밥공기 챙기며)줄 바꾸랬는데 안 바꿔 당했다구?

상수   ??? 알어?

아내   초장에 그랬는데 뭘

상수   뭐라구.

아내   ??? (돌아보다가)아 자기가 줄 바꾸랬는데 말 안듣다 그렇게 됐다구/ 쌤통이라구…그 소리 했다가 고모한테 억수루 당했는데 아직 두 하나부네.

상수   왜 말 안했어.

아내   뭐 존 얘기라구‥ 안 그래두 맘에 안들어하는데…

상수   (입안이 소태고)‥‥‥

S# 마루

    [교자상에 밥상 차리고 앉아 말없이 먹고 있는 부부.]

부부   ‥‥‥(잠시 두었다가)

상수   (수저 놓으며)어어이 못생긴 녀석‥

아내   (남편 보며)‥‥‥

S# 동네 산속(같은 시각)

상준   (두 다리 벌려 세우고 앉아 소주병 기울이고 있다)‥‥‥‥(술 넘기고 술병 내리고 우두커니)‥‥‥

S# 상준 빌라 안 현관께

상수 (거실로 올라서지도 않고 현관에 선 채)....(보다가)짐작 가는 데
　　없어요? 좀 찾아봤어요?

혜주 어디 있는지 알고 찾아요.

상수 ....(보다가)요새 누구 만나는 눈치에요.

혜주 아무도 안 만나요.

상수 ???

혜주 지난 달 중순에 운동 갔다와서 골프채 다 꺾어버리고 전화도
　　안 받아요. 핸드폰도 없앴잖아요/ 정말 세상에 둘도 없는 괴상한
　　성격이에요.

상수 (그저 버언히 보면서)

혜주 걱정하지 마세요. 들어오구 싶으면 들어오겠죠.

상수 아홉시에요. 한시도 안돼서 움직였는데 이 시간까지 /아니 어
　　떻게 걱정이 안돼요. 걱정되는 게 당연한 거죠.

혜주 저 못마땅해하지 마세요. 그 사람 저 피말리는 걸 아주버님이
　　어떻게 아시겠어요. 그러니까 걱정하실 거 없어요. 몇 시간씩 어디
　　가 뭐하고 있다 들어오는지 그런 일 부지기수에요. 여태 별일 없었
　　잖아요. 자러는 들어와요.

상수 아니 저기 어떻게 해서든지

혜주 (오버랩의 기분)아주버님.(불러놓고).....(보며)

상수 ......(보며)

혜주 오늘 보셨죠, 그런 사람을 제가 뭘 어떻게 해요. 잘못 건드리면
　　감당 못하게 난리나 치는데요. 저두 정말 인내심에 한계를 느껴요.
　　하루에도 열두 번씩 그냥 손들고 싶어요.(보며)

상수 ???(보고)

S# 빌라 입구에서 나오는 상수··(밤)

S# 동네 길

상수 ····(땅만 보며 걸어오다가 무심히 고개 든다····걸음 멈춘다)

상준 (터덜터덜 흔들흔들 오고 있다.)······

상수 ·····(선 채 보고)

상준 (가까이 오고 있는데)····

상수 어디 갔다 와.

상준 (걸음 멈추고 본다)······웬일이세요/

상수 저녁은··

상준 ··먹었어요··

상수 어디서.

상준 저기서요.(안 먹었다)

상수 술 했어?

상준 많이 안 했어요.

상수 좀 더 해두 돼?

상준 예··

상수 (걷기 시작한다)······

상준 ···(따라 걷기 시작)······무슨 일 있어요?

상수 아냐·· 나왔다가 소주나 한잔 할까싶어서···

상준 ·····(묵묵히 따르고)···

상수 (괜히 벌죽 웃으며/가볍게 하려는 의도)일이 있긴 있었다 참··

상준 (고개만 돌아가고)····

상수 니 형수가 세일이한테 들어온 축의금을 몽땅 떼먹었어.

상준 무슨 소리에요.

상수　애들 안 주구 자기가 쓴대.

상준　....(보며)

상수　자기두 통장 좀 가져 보겠다나...

상준　뭐.....꼭 줘야 하는 거에요?

상수　아냐..꼭 그라는 법은 없어..부모 형편따라 주기두 하구 안 주기두 하는 거지.

상준　그런데요 뭘...

상수　세영이는 줬었거든..

상준　세일이는 둘 다 제법 번다면서요.

상수　니 형수두 그래선가분데.....그거 움켜쥐구 안 내놓는 니 형수.....측은하기도 하고...애들한테는 좀 무안스럽구......

상준　....(그냥 걸으며)

상수　니 형수는 아마 내가 안됐어서 그랬을 거야...내가 알어....

상준　.....

S# 안방

아내　(티브이 켜놓고 남편 옷 다림질 하다가 전화 받는 중이다/한 손으로는 티브이 볼륨 줄이면서 입으로는 응대하는)에..어제 와 하루 묵구 점심먹여 보냈어요.....그럼요 이제 할 일 다 했지요...허전하기는 들어와 잠만 자구 나가던 앤데 그럴 거두 없어요........손님은 좀 어때요.사장님...아이구우 그래서 어떡해요. 나아질 기미는 눈꼽만큼도 없구. 네..(길어질 것 같다. 한 손으로 다리미질 계속하기 시작)네...아직은 생각 안해요...우리 집 양반이 어디 나가는 데라두 생겨야 어떻게 해볼텐데 이제 퇴직한지 한달 남짓됐는데 같이 좀 있어 줘야지 혼자 밥 챙겨먹게 하기가요/그리구 그만하라구두 자꾸 그

러구요……아이구아이구 내 팔짜에 벌어논 돈은 무슨 사장님 뻔히
아시면서 왜 그러세요….예 한 번 들를께요//네……네 안녕히 계세
요 사장님 감사합니다..네에…(전화 끊고 티브이 볼륨 올리는데)

    E 전화벨

아내 (올리던 티브이 볼륨 도로 죽여 놓고 받는다)네에 부암동입니다.

세영 F 엄마. 나..

아내 응 그래.

세영 F 김치 무지무지 맛있어요.

아내 찬물에 담거 났어?

세영 F 그러엄.

S# 세영의 원룸

세영 (안서방 무릎에 앉아서/남편에게 안겨/연결)머리 잘라 쭉쭉 찢어
서 안서방 밥을 두 공기 반이나 먹었어. 안서방이 엄마 김치 장사
하면 대박일 거래요……(대답 듣고 남편에게)알아줘 고마우시대.(하
는 전화에 대고)

안 진짜 김치가 환상이에요 장모님.

세영 까르르르.

안 ???

세영 아부떨지 말래.

안 아부 아냐아.

세영 (남편 무릎에서 내려앉으며)근데 엄마 나 정식으로 물어볼 거 있
어요(뭔데)엄마 오빠한테 뭐 실망한 거 있어요?(그게 무슨 말야?)아
니이 축의금 몰수한 거어.(그런 게 어딨어 없어)그런데 왜 그래. 엄마
가 그러는 거 너무 이상해요. 안서방두 이상하대(니 엄마 아프대잖어

206

늬 아버지가)그럼. 진짜 완전 몰수예요.?(그래. 내가 쓸 거야)글쎄 엄
마가 어디다 쓸 거냐구우(좀 어리광스럽게)

S# 안방

아내 어디다 쓰든 웬 관심이야아? 관심쓰지 마아 내 맘이야.(알았어
알았어. 그런데 오빠는 암말 없수?)지가 무슨 내가 못 준다면 그만이
지 무슨 군소리.(아버지는)작은 아버지한테 가셨어.(왜애?)아우 작
은 아버지가 신경 쓰이게 하잖어어.

S# 상준 동네 경양식집 비슷한 장소

　　[맥주 마시는 형제.]

상수 (맥주 따라주면서)이제 그만 털어버릴 때두 됐잖아. 털구 일어
나. 지난 일, 분하게 당한 일 같은 거 잊어버려. 앞을 봐 앞을. 내일 모
레를 보라구. 과거지사나 반추하면서 웅크리고 괴로워하는 건. 그
건 사는 게 아니야. 머리 존 놈이 왜 그걸 몰라….엉?

상준 형님 나는요……

상수 ……그래.

상준 (쓰게 입술 비틀며 웃는듯)고속도로 길 가운데……엔진 망가져 버
려진 자동차 같아요.

상수 ……(보며)

상준 다른 차들 쌩쌩 달리는 거 속수무책으로 보면서…. 버려져 있는
차 같아요.

상수 (고개 돌리고 잠시 속상해 있다가)……(고개 돌려보며)그럼 엔진 수
리하면 되잖아.

상준 ….(맥주 마신다)

상수 아니면 엔진 바꿔 달던지.

상준 (잔 놓고)....(탁자 내려다보며)

상수 니가 하는 거야. 그건 다른 사람이 해줄 수 없는 문제야.

상준 ……

상수 우선 생각을 바꿔. 생각 나름이란 말 몰라?

상준 난 잘못한 거 없어요. 하루 네 시간 이상 자본 거 불과 얼마 안
돼요…… 아버님 이상으로 회장님 모셨어요…… 회사 이익창출에 나
만큼 기여한 사람 있으면 나와 보라 그래요. 회장님 눈밖에 날 거
뻔히 알면서도 회사에 불리하다는 판단이 서면…. 그야말로 목 내
놓고 바른 말 했었고……그러면서 얻은 회장님 신임이었어요.

상수 …알어.

상준 중상모략/모함….얼마나 심했겠어요. 처음에는 회장님께서도
혹시나 하셨다가 몇차례 겪어보시고…. 끌어내리려 모함하는 인
간들 먼저 물 먹이기 시작하셨죠…….좋은 시절이었어요.

상수 그렇게 너 좋은 시절 보내는 동안 너 미워 죽는 세력을 얼마나
많이 키웠겠어…지나친 건 모자란 것만 못하단 말이 있어. 돌아가
신 회장님도 너도 현명치 못했던 거야. 모두 다 널 경계하게 만들
었을 거야.

상준 (끄덕인다)…(쓴웃음)아들들조차요‥회장님 돌아가시자 하루아
침에 얼굴들이 달라졌어요. 내가 그렇게까지 눈에 가시였을 줄은
몰랐어요.

상수 니가 오만했을 거야…

상준 (끄덕이며)……..인정해요….그래도 그 친구들/ 자기 아버님을 생
각해서라도 사람 꼴 이렇게 만드는 건 아니에요.

상수 야 상준아. 우리 보통 사람들 생각하는 방식하구 다른 생각방

식을 가진 사람들두 많어. 그건 니 생각일 뿐이야. 자기 아버지 돌아가실 날만 손꼽아 기다렸을지도 모른단 말야.

상준　··그랬었나봐요······

상수　·····(보다가)직장 생활 너처럼 화려하게 한 사람 별반 없어. 짧지 않은 세월동안 너를 인정하는 어른 모시고 능력발휘하면서 일했고····· 또··덕분에 경제적인 혜택도 누리고 잘 키운 자식들 있고/ 그게 다 재산이고 감사할 일 아냐···· 감사하는 마음을 가져··그럼 훨씬 편해져.

상준　나는요 형님····· 지금 내가 좁쌀 한 알 같아요.

상수　·····(보다가)너는 그럼　대통령은 수박만하고 장관은 참외만 하고 그런 거야? 그래서 너는 모과만 했어 복숭아만했어····근본적으로 우리 다 좁쌀 한 알들이야. 자리나 영향력 따위·····그저 막말로 별 의미 없어.

상준　나는 형님처럼 잘 나질 못했어요.

상수　너 나 야유하냐?

상준　아니에요 무슨

상수　아직두 얼마든지 일할 수 있는 일꾼들 뭉텅뭉텅 용도폐기시키는 이런 시대 만난 거···그게 늬들세대 우리세대가 감당할 몫이라면 어쩌겠어. ····한 둘이야? 40대 이후부터는 거의 반은 죽은 사람 취급당하는 세상 아냐. 그렇게 만들어놨어. 소위 잘나서 정치한다는 사람들, 지도자라는 사람들이···지금 이게 온전한 거야? 게다가 청년 실업은 얼마야··응?

상준　(맥주 따른다)·····

상수　잊어버려. 회사두 너 사기쳐 먹은 친구 놈도 다 잊어버리고 담담하게 인간 홍상준으로 유유하게 살아·· 그래두 아무 거 안 해도 살만한 여축은 있잖아.

상준　(벌컥벌컥 마시고 놓는다)····

상수　······(보다가 바꿔서)아 야 그리구 너 찬이 엄마하구 좀 어떻게 잘 해봐.

상준　(본다)···

상수　그게 뭐야. 니 속이 아무리 힘들어도 식구까지 같이 힘들게 하는 건 못나 빠진 거야. 너한테 남아 있는 게 뭐야. 집 밖에 없어. 찬이 엄마 힘들게 하지 말구

상준　(오버랩의 기분)그 사람 얘기는 하지 말아요.

상수　·····(보는)

상준　목졸라 죽이구 싶을 때 한 두 번이 아니에요.

상수　???? 이눔으 자식이 그런데···

상준　(맥주 또 따르는데)

상수　·······(보면서)

S#　만났던 장소에서 나오고 있는 형제··

둘　(나온다)····· ··(둘 다 나와 서서 누구도 아무 말 없이 가만히)········(있다가)

상수　데려다 줘?

상준　······

상수　···엉?

상준　아니에요····(걸음 옮기며)가세요····

상수　·····(보고 섰는)

상준　(맥 없이 느리게 걷는)·····

210

상수　(보면서 속이 아파 죽겠다/….잠시 더 있다가 제 방향으로 몸 틀고)

S#　집으로 가는 길

상수　(무겁게 걸어오고 있는)……

S#　빌라 앞

상준　(빌라 마당으로 들어서고 있는)…….

S#　빌라 거실

혜주　(전화 중이다)아빠가 돈을 줘야 송금을 하지 내가 무슨 재주로 돈을 만들어 얘들이 정말……이젠 아예 들은 척도 안해.. ….엄마도 어떡해야할지 모르겠어 글쎄에. 통장 도장 다 뺏어갔다구 말 안했니?… 어떻게 빼내. 어따 감췄는지 알지도 못하는데..?? 나두 거지라니까?? 얘 엄마 도우미도 못써 니 아빠가 짤라서. (하는데 현관문소리/돌아보고)아빠 들어온다. 직접 말해봐. (앉은 채 송수화기 탁자에)찬이….받아봐요.

상준　(대꾸 없이 서둘지 않고 와서 전화 받는다 나직히)송금 없다 그랬는데 왜 전화값 썩여…..(듣다가)늬들이 벌든지 외삼촌들한테 받아 내 쓰든지 하랬지.

혜주　(신문 치우려다 남편에게 눈 째지게 흘기는 위에)

상준　E 그냥 달라는 거 아니구 옛날 빚 갚으란다구 했어?

혜주　(불끈 일어나며)애들한테 시키지 말구 당신이 직접 하라니까아.

상준　(상관없이)분명히 갚는다 그러구 가져갔고 한 두 푼 아냐. 부자 동네 집 사구 살면 이제 갚아도 돼. 전화값 올라 끊어.(하고 끊으려다가 문득)뭐야 이 자식아? 너 애비한테 대밋?! 당장 보따리 싸 나미 데리구 들어와 이놈아!!…너 안 들어오면 내가/(하다 보면 저쪽에서 전화 끊었다/전화 꽝 놓으면서)자알 했군. 조기유학/지 애비한테 욕하라고 보냈어.

혜주 의미 없는 입버릇이야.(제 방으로 들어가려 하며)

상준 의미가 없어? 내가 누군데 대밋이야!!..

혜주 (돌아보며)내가 그랬어? 왜 나한테 성질야.

상준 ???

혜주 장사 안돼서 돈 없단대. 애들은 이제 곧 시리얼만 먹게 생겼다니까 직접 가서 받아주던지(어떻게 하던지 하려다가 발끈)아 왜 애들한테 자꾸 즈 외삼촌은 들먹여요. 치사스럽게.

상준 내 돈 안 가져 갔냐?

혜주 그러니까 직접 가서 받아내란 말야 내말은.

상준 당신 형제들이야.. 당신이 하는 게 마땅한 거잖아.

혜주 십 년도 넘었어.. 받을려면 진작 받아냈어야지 내내 가만 있다가 이제 와 달라는 게 말이 돼?

상준 ???십년 넘어 못 주겠대?

혜주 차용증도 안 썼잖아.

상준 ???

혜주 (안방으로 핑 하니 들어가버리고)

상준 .....(안방 노려보다가 부르르르 도자기 하나 문짝에 냅다 던진다)

S# 안방

혜주 (화장대에 앉아 얼굴 지우는 크림통 집어 들다)??(소리 자체에 놀랐다가....또 발작이군/ 크림 손가락으로 푹 찍어낸다)

S# 방 밖, 거실

상준 (방문 노려보며 섰다가).....(눈 질끈 감았다 뜨며 주방으로)........

S# 주방

212

상준 (냄비 꺼내 물병의 물 적당히 붓고 가스 위에 얹어놓고 찬장에서 라면 꺼내 가위로 잘라 스프 등 꺼내 가위로 자르면서 멈추고)………(입 꽉 다물고 눈 질끈 감으며 처참하다)….

S# 상수의 집 올라가는 언덕길

S# 안방

아내 (방바닥 훔쳐내고 있는 중이다…다 닦았다 싶어 걸레 들고 일어나다가 문득 전화 돌아본다)…..(아무래도 걸리기는 걸린다)……(에이 몰라 그냥 나가려다 되돌아서 전화통 또 잠깐 보다가 도로 전화 앞에 주저앉아 다이얼 찍는다)

　　F 벨 가는 소리…..

수미 F 네에.

아내 뭐하니..(왠지 약간은 비굴한 기분)

수미 F 네에 잠깐만 기다리세요.

아내 아니 얘 저기(하는데)

세일 F …네.

아내 엄마야.

세일 F 네. 왜요.

아내 이런 말 하기 좀 그런데 걔는 가르칠게 많겠다.

세일 F …(좀 얹짢다)왜 그러시는 건데요.

아내 아니이 전화를 받았으면 하다 못해 저녁은 드셨어요 소리라두 한 마디 하구 바꿔주는 법이지 바꿔달라 소리 하기도 전에 그렇게 꼭 뭐 털어내는 거 모양..

세일 F (오버랩의 기분)네에.

S# 세일의 아파트 거실

세일 (디브이디 영화 보고 있는 수미 돌아보며 연결)지금 영화보고 있

어서 그래요…어려운 거라 잠깐 한눈 팔면 놓치니까 그랬을 거에

요. 이해하세요··

아내 F 그래 그럼 그렇다 치구……

세일 ····(기다리다가)네··

아내 F 끊으래? 영화 보는데 방해 돼?

세일 아니에요 하세요.

아내 F 아니다.

S# 안방

아내 별로 중요한 거 아냐. 끊으께.

세일 F 그럼 그러세요.

아내 (그 대답이 그래도 서늘하다/잠깐 멈칫한 느낌이다가)그래··(끊는데)

E 들어오는 기척 소리

아내 (일어나며)당신이에요?

상수 E 어어…

아내 (방문 열고 기다려줬다가 들어오는 남편에게)봤어요?

상수 (옷 벗기 시작하며)어.

아내 들어와 있습디까? 어디 갔었대요?

상수 (옷 받는 아내)별일 없어?

아내 별일은…

상수 세일이 놈 조용해?

아내 조용하잖구요.

상수 녀석 전화 안했어?

아내 (푹 웃으며)세영이는 김치 맛있다는 전화했는데 시렁치두 않구/

세일이는 내가 했는데 좀 삐졌어요.

상수 ??(삐지긴 나쁜 놈)뭐라 그래?

아내 뭐라진 않는데 영화본다구 빨리 끊어줬음 해서 끊었지 머..

상수 (아내 보는)....

아내 (남편 옷 치우며)그러던 놈 아니니까 삐진 걸루 그냥 내가 생각
이 드네…(옷 다 치우고 양말 벗는 남편 옆에 앉으며)그래 얘기 좀 했
어요?

상수 답답하기만 해애·· 어어이 언제 정신을 차릴 건지 정말····고속
도로에 엔진 망가진 자동차로 버려져 있는 거 같대.

아내 ······(남편 보며 알 거 같네)··

상수 그 보다도 거 부부 사이가 심각한 거 같아.

아내 원래두 그리 좋은 사이는 아니었는데····철이 없어요.

상수 그 정도가 아냐. 목 졸라 죽이고 싶대.

아내 ???예에?(하는데)

　　　E 전화벨

아내 (수화기 들자마자)

금실 F 누구에요 언니유 오빠유.

아내 ??왜 그래요 애기씨.

금실 F 아이구우 언니 평창동 좀 빨리 가봐요오오.그 집 누구 하나
죽나봐아아!!

아내 그게 무슨 소리에요.

S# 고깃집 마당을 급하게 뜨고 있는 마서방 자동차 위에

금실 F (오버랩의 기분)글쎄 내가 궁금해서 방금 전화했는데 언니.
벨이 하안 참 가두 안 받어요. 없나보다 그러구 끊을려구 하는데

S# 자동차 안

금실 (핸드폰 들고 사정없는 연결이다) 누가 수화기 들긴 들었는데 대답하는 사람은 없고 전화루 부서지구 깨지는 소리에(마서방 황급히 운전하는 중)

S# 안방

아내 ????(입 벌어져서)

금실 F (연결)올케 언니 악쓰는 소리가 들리는데 장난이 아니에요 오오.(이하 효과음으로 넘어가면서 아내 전화 팍 끊으며 남편 한테 설명하는 몸짓과 입)

상수 ???

S# 언덕길을 넘어질 지경으로 뛰어 내려오고 있는 상수 부부

S# 상준의 아수라장이 되어 있는 거실

[고급 찻잔들 꽉 차 있던 장식장도 넘어가 있고 /사진 액자고 뭐고 제자리에 있는 것은 거의 없을 지경에]

상준 (입 앙다물고 골프채로 수조 유리를 박살을 내면서)

혜주 (두손으로 머리 감싸고)아아아아악/미쳤어 미쳤어 미쳤어어어어!!

상준 (골프채 아무렇게나 내동댕이치고 주방으로 가는데)

[아수라장 거실 바닥에 펄떡펄떡 뛰는 물고기]

[냉장고에서 물병 꺼내 벌컥벌컥벌컥/.]

[거실 전체와 혜주 상준이 한 프레임에.]

제2회

S# 빌라 전경……

S# 난장판 거실에 막 들어서 있는 상수 부부

둘 (기가 막혀 각각 아수라장 더듬으며 벙벙하고)……

상수 ……

아내 세상에 웬 난리야아아 이게..(소리도 제대로 안 나오며)

혜주 (팔짱 끼고 소파 쪽으로 움직이며)무슨 일로 오셨어요.

아내 애기씨가 연락했어.

혜주 (잠깐 돌아보며)고모가 어떻게요..

아내 전화기 잘못 났나봐. 시끄러운 소리 다 들리더래.

혜주 (전화기 체크하고 제대로 놓는다)

아내 도대체 뭘 잘못 건드렸길래 이 모양이야아.(하며 걸음 옮기다가)

아이구 물바다네. 여보 여기 물천지예요. 비켜 디뎌요

혜주 (소파에 앉는다)……

아내 앉으면 어떡해. 치워야지이..

혜주 내버려 두세요 어지른 사람이 치우게.(아무도 안 보는 채)

아내   ????(하고 남편 돌아본다)

상수   애……자주 이래요?

혜주   서너 차례 (한숨 섞어)당했죠오. ….

상수와 아내   (보며)…..

혜주   점점 심해져요. 미친 사람이지 성한 사람 아니에요..

상수   (혜주 보다가)….손찌검두 해요?

혜주   그거까지 하면 어떡해요(상수 보며 반발)

상수   …….(보다가)미안합니다.. (상준의 방으로 움직일 태세면서)치워. 유리 조심하구. 슬리퍼 신구 움직여.

아내   여보 저기 찬장 좀 세워주구

상수   바닥 먼저 치워.(하고 상준의 방 앞으로 가서 노크도 안 하고 들어간다)

아내   …..(보며 있다가) 어서 바께스하구 빗자루 걸레 갖구 와.

혜주   그냥 나두면 자기가 다 치워요.

아내   ??그걸 말이라구 하는 거야?

혜주   ??(본다)

아내   하기 싫으면 그럼 있어. (하고 주방 편 다용도실 방향으로)

S# 상수의 방

상수   (들어와 서 있는 상태/ 아우 보며 하염없이 그러고 있을 듯)…….

상준   (큰대자로 누워서)……

상수   …..(보며)일어나.

상준   (눈께 덮었던 한 손등 아무렇게나 던지듯 떨구며 일어나 앉는다)

상수   …….나가자.

상준   ..싫어요.

상수   내려 서….어서.

218

상준   ….

S# 거실

[청소 도구들 나와 있고 혜주는 면장갑 끼고 유리 조각들 집어 빈 과일 상자에 집어넣고 아내는 걸레 물에 적셔 양동이에 짜넣고 하는 중]

상수   E 안 내려서??!!!!(버럭)

아내   ???(돌아본다)

혜주   (고개 잠깐 돌렸다 무시해 치우고 하던 일)

상수   (앞서 나와 현관으로)

상준   (따라 나와 현관으로)

아내   (두 남자 나가는 것 보고 치우기 계속하며)……(하다가)서방님 두존 성격이라군 안 하는데 동서 두 참 작품은 작품이야. …….잘못한 거 아무 거두 없이 하루아침에 직장에서 쫓겨나/ 믿었던 친구한테 사기 당해 수억 날려/바보두 아니구 둔한 사람두 아니구 얼마나 철두 철미하구 예민한 사람이야. 누구보다두 젤 잘 알 사람이 왜 그 비위 못 맞춰주구

혜주   (오버랩의 기분)철두철미한 사람이 사기 당해요? 잘못 알구 있는 거에요 저 사람 바보에요. 미련 곰탱이라구요. 회사두 그래요. 내가 진작부터 외줄만 타지 말구

아내   (오버랩의 기분)그런 소리 마. 십원 한 장 벌어 본 사람두 아니면서 어떻게 그런 소릴 해. 서방님 유능한 덕에 여태 얼마나 잘 쓰구 잘 살았어 응? 운수가 불길하면 멀쩡하게 길가다 남에 간판 떨어지는 거에 맞아 죽기두 해. 믿었던 친구가 작정하구 해 먹은 걸 어떡해. 서방님이 바보가 아니라 그놈이 죽일 놈인 거지 동서가 그런 식이니까 서방님이 더더욱

혜주   (오버랩의 기분)얼마나 악질인데 그래요 형님은.

아내   ???

혜주   모르는 소리 하지 마세요. 아니 회사 짤리라구 내가 고사지냈
      어요? 친구한테 사기 당하라구 불공 올렸어요? 다아 자기관리 못
      하구 자기 멍청해 당한 일인데 왜 날 원수로 놓고 나한테 행팰 부리
      냐구요.

아내   ??뭐??

혜주   이게 행패가 아니구 뭐에요 그럼. 보시면서두 그래요?(난장판)

아내   뭔가 동서가 건드렸겠지. 괜히 왜 이래 서방님이.

혜주   별 말 한 거 없어요. 자기 혼자 자기 자존심 망가진 거 분해서 발
      작한 거에요…

아내   ……(보다가 그만두고 입 다문다)

혜주   ……나나하니까 여태 그냥 살고 있는 줄 아세요.

아내   동서대로 힘든 거 있겠지만 그래두 서방님한테 악질이니 멍청
      하다느니 발작이라느니 /어이구우우 참… 한 일을 보면 열일 안다
      구…동서가 서방님한테 어떻게 하는지 안 봐두 보여. 서방님 지금
      깨진 달걀이야아. 그렇거든 동서가 좀

혜주   (오버랩의 기분)그 사람이 나한테는 어떡하는데요. 형님 그거 모
      르잖아요.

아내   ………(보다가)아이구 그래. 그만 하자. 그만하자구.

혜주   어떤 때는요 정말 소리없는 총있음 쏴 죽이구 싶어요오.

아내   ???

S# 빌라 입구쯤

      [상수는 좀 위로 뜬 시선으로 상준 보고 있고 상준은 고개 땅으로 내리

고 서 있으면서 한 프레임에 한동안·········두었다가]

상수   ········(보며)

상준   ········(그대로)·······

상수   ·········(보다가 잠시 다른 데로 고개 돌리면서)참·······(도로 아우에게 얼굴 돌리며)너 일자무식 깡패야?(언성은 높지 않으나 나무래는)

상준   ······

상수   일껀 얘기해서 들여보냈는데 이게 뭐야···

상준   ·····죄송해요.

상수   ····· 공동주택이잖어··니가 그 지경 만드는 동안 이웃에 끼친 폐가 얼마야······아니 그렇게 아무 생각 없어? 챙피하지두 않어? 누군지 뻐언히 다 알텐데 이게 무슨 망신스런 짓이야 대체···너 앞으루 남부끄러 어떻게 드나들 거야. 엉?

상준   ·······

상수   ·········(보다가)왜 그랬어·········왜 그런 거야··(하는데)

    [자동차 라이트 비쳐지며 상수/라이트 피하듯 하는데]

마서방   (차 옆에 대면서)무슨 일이에요 형님.

금실   (같이 내다보며 동시에)오빠아/.

상수   어 어이 들어 가. 마서방 할 일 많어. 너두 그렇구.

금실   다친 사람 없어요? 괜찮아요?

상수   없어 괜찮아.

금실   (아예 운전대 잡은 남편 가슴으로 비집고 나서며)어우우우 작은 오빠 왜 그러는 거야아아아.

상수   (오버랩의 기분)어서 들어가라니까.

마서방   (아내 밀치며)예 예 형님.(자동차 뜬다)

상수   (팔 뻗혀 아우 좀 끌 듯이 하고)

상준   (끌려가고)

S# 빌라 입구 승강기에서 내리는 금실 부부

[현관 입구에 내놓아진 잔해들.]

금실   (입 벌리며) 웬 난리야아아아

마   전쟁이 진짜 컸나부다.

금실   어유 어유.(하며 벨 누르고)………(잠시 후)

아내   E 누구세요.

금실   나예요 언니.

[열어주는 문으로 들어가는 부부.]

아내   (맞으면서) 고모부 잘 오셨어요. (소파 아래 깔았던 커다란 카펫 걷
으려는 참이었다.) 저거 좀 말아서 내놔 주세요.

마   아 예..

아내   고모는 이리 와요.(엎어진 찬장)

금실   (핸드백 아무 데나 처리하면서) 기막혀 뒤루 쓰러지겠네. 이게 웬
난리굿이야 정마알. (찬장 쪽으로 움직이며) 언니 유능하네에? 얼마
나 약을 잘 올렸으면 작은 오빨 이렇게 까지 돌게 만들어어?

아내   어이 달라 붙어요.

마   (오버랩의 기분 아내와 동시에) 이거 완전히 쇳덩이네. 물 먹어서
완전 쇳덩이에요오.

금실   혼자 하지 말구 가만 있어 여보. 허리 다치면 일나.가만 있어 도
와주게.

마   어 일단 말아보게..말아보고.

[일으켜지는 찬장/찬장 안에서 박살이 난 고급 찻잔들]

222

금실 아이구머니나 아까운 것들…웬일이라니이..쯔쯔쯔쯔쯔…아이 구우우우..내가 하나 달라 그래두 들은 척두 안하던 언니 보물들이 그냥 아작이 났네에…

아내 (옆에 있는 중짜 플라스틱 그릇 금실에게 주면서)여기다 비워요.

금실 (받으면서)그러게 인심이나 썼으면 좋은 소리나 듣지. 쯔쯔쯔쯔..

아내 아이구 애기씨는 지금 그런 소리할 때에요?

금실 (힐끗 혜주 쪽 보면서)얻어 맞지는 않았수?

혜주 실망했어요?

금실 ??

S# 빌라 근처 벤치가 있는 곳……

상수 (끝과 끝에 앉은 형제) ……(한동안 말없이 앞 보고 있다 고개 돌리며) 돌았냐?………해 논 짓 보면 미친 놈이지 정상이 아냐.

상준 ……예에…. 돌고 있는 거 같아요.

상수 ……(보며)

상준 ….해결이 안돼요……컨트럴이…. 안돼요.

상수 잊구 담담해져 제발··(안타까워)

상준 ……

상수 한 평생 살면서 분한 꼴 한 두 번 안 당해본 사람 어딨어. 분하 러 들면 매일 몇 번 씩이라두 분통 터질 수 있어……

상준 ··백퍼센트 실패한 인간이에요.

상수 ???….뭐야?…뭐라구?……. 없는 집 자식으루 태어나 어쨌거나 소위 일류 대학 마쳤구/ 손가락 꼽히는 기업에 들어가 승승장구했 구/나이 사십 두 달 남겨놓고 사장까지 올라가 십 년 멋들어지게 살 았으면 됐지 무슨 욕심이 그렇게 많아.

상준 혀엉,(울컥해지면서)무엇을 위해 그렇게 전심전력 다했는지 모르겠어요. 가족이 전부였고 회사가 전부였어요. 찬이 에미는 콧방구 뀌지만/그래요 좋아요 회사가 가족보다 먼저였대도 마찬가지에요. 결국 내 덕으로 누리고 산 건 가족이니까…. 그런데.. 회사에서 버려지니까 여편네 자식들까지 우습게 봐요. 그런 거에요..

싱수 …..상준아.

상준 나는 돈벌어 들이는 기계였을 뿐이에요.

상수 말 안되는 소릴 왜 해애.

상준 아니에요 틀려먹은 여자에요. 애들…즈 에미하구 똑 같아요. 방학 때 와서두…녀석들 돈 달라 소리나 하게 생기면 아는 척하구 그 외엔 눈두 안 마주쳐요..기집애 밤 늦게까지 돌아다녀 야단 좀 쳤더니 짜증나게 하지 말래요..내가 짜증나게 만든대요. 아들 놈 밤새워 음악 틀어놓고 게임하고 그러면서/ 낮 두시 세시에 일어나 좀 지껄였더니…언제부터 그렇게 관심있었냐 빈정거려요.

상수 내버려뒀어? 찬이 엄마는 어떻게 애들을 그렇게 만들어 놔.

상준 아까는 찬이 놈이 전화에 대고 나한테 ….영어로 대밋…..그러드군요..욕이에요..

상수 …..(할 말이 없고)…….(그러다가 올라서)조기유학은 왜 보낸 거야.

상준 ….그렇죠…설친 건 여편네지만 나도….가능한 한 아이들한테 세상에서 유리한 고지에 설 조건 만들어 주기 위해서…..(입 꾸욱 다물고)

상수 어리석기는….그게 무슨 상관야….

상준 ……

상수 ..나 ..고등학교 졸업무렵에….아득한 옛날이지….아버님이 그

224

러셨었어…니가 두뇌가 좋으니까….우리 집안에 물건 될 싹수보이

는 눔은 너니까….너 하나만은 공불 끝까지 시켜보구 싶은데…아

버진 힘이 없다구…(그래서)제대하구 곧장 경찰루 뛰어들었었지

….니가….내 자존심이었구…(돌아보며)내 자랑이었어 이 사람아…

상준　……

상수　그래두….누구한테 니가 내 아우라는 말은…해본 적이 없어….

행여….내가 너한테 누가 될까봐….

상준　……(입 다물고 있다가 결국은 우그러지며)우우우우(입 앙 다문 채

울음이 새어나오기 시작한다)……

상수　……(보며)

상준　우우우우우우…….

상수　못나빠진 거…수퉁맞게 뭐야. …하지 마..

상준　우우우우우우.우우우우우우..

상수　(보며)…..

상준　(아이처럼 흐느끼면서)실직하구 두 달 지나니까 혀엉….저 공 치

러 나가면서 아침을 찬밥 물 말아 장아찌랑 먹으라 그러더라구요..

상수　???

S# 빌라 입구

마서방　(나와 서서 두 사람 찾느라 두리번거리다가 이쪽인지 저쪽인지 편

의점 있는 쪽으로 어슬렁거리고 움직이기 시작한다)

S# 거실

[거실은 대충 다 치워진 상태이고 세 사람 소파에 앉아서]

금실　??….(보다가)애들 생활비 보낼 돈두 없이 다 털어 먹었단 거예요?

혜주　아무리 그거도 없을까요.

금실 그런데 오빠가 왜 그래요.

혜주 자린고비 쫌보 심통부리는 거죠.

금실 ??자린고비 쫌보가 어떻게 언니나 애들 그렇게 최고루 사치
시키구 살어요. 무슨 말을 그렇게 해요.

혜주 누가 사칠 해요?

금실 누가 하는 사람요.

혜주 ....고모 수준에서는 사칠 수도 있겠죠 그런데요(남아 있다)

금실 (오버랩의 기분)지금 그거 나 무시하는 거에요? 핸드백 수십 개/
볼 때마다 다른 옷/ 것두 메이드 인 코리아는 절대 안 입구/엥? 가구
는 이거 다 이태리 프랑스 제 아뉴? 소파구 식탁이구 침대구 국산이
에요 국사안. 요즘은 국산두 너무 잘 만들어요오오 한 거 다아 외젭
디다. 누굴 등신으루 알어요?

아내 (오버랩의 기분)지금 그런 얘기 할 거 없어요.

금실 사람을 무시하니까요오오.

아내 그러니까 찬이하구 통화하다 언짢아져서 그거때매 그냥… 그
거때매란 말야?

혜주 네…혼자 라면 끓여 먹더니

금실 (오버랩의 기분)뭐라구요?

혜주 (금실 돌아보며)그 사람 자기 먹을 거 자기가 해결한지 오래 돼
요오.

금실 ???

아내 ???

혜주 밥해 줘도 안 먹어요. 상 다 차려놔줘도 못본 척 자기 밥 냄비
에 따로 해서 된장찌개 햄찌개 자기가 끓여 먹어요. 한 번 오그라

지면 펼 줄을 모르는 사람이에요. 내가 얼마나 지독한 고문을 당하고 사는지 누구도 몰라요.

아내 서방님이 삐지면 좀 가기는 가 알어.

금실 (버럭)얼마나 오장을 뒤집었으면 남자가 자기 밥 자기가 해먹게 만들어어어?

혜주 하루 아침 일찍 운동가게 생겨 전날 먹던 밥 물말아 먹으랬더니 그 날부터에요…

아내 ??

금실 ???(기함을 하겠다)실직하구 사기 당하구 들앉었는 사람 자기 운동간다구 찬밥 물말아 먹으랬다구요?

아내 밥솥 밥이라 찬밥은 아니었어요.

금실 어어어어(기막혀 내는 소리)

아내 어쩌다 형편따라 그럴 수도 있는 거지 자기가 무슨 상감마마에요? 찬밥 좀 먹으면 죽어요?

금실 (열 확 치받아서)상감마마 대접 받구두 남죠 그럼. 누구 덕에 골프치구 자가용 타구 화려하게 사는데 따뜻한 밥대접 못 받아요.

아내 (금실 말리는 액션)

금실 (상관없다)듣다보니까 꼭지 돌아버리네 진짜아? 나 우리 마서방 헐렁거려 종종 사고치구 다녀두 아침 찬밥 먹인 적 없어요.

혜주 그건 애기씨 방식이구요.

금실 염병할 방식은 무슨 돼먹잖은

아내 (오버랩의 기분)가만 좀 있어요. (좀 나무라는)

금실 (식닥식닥)

아내 건 동서가 백번 잘못했구먼.

혜주 (아내 보는데)

금실 백만번 잘못이지.

아내 서방님이 좋은 때라면 또 몰라. 좋은 때보다 더어 신경쓰구 더 어 살펴줘야 하는 건데 안 그래두 힘든 사람한테 너무 무신경했구 먼. 골 날만 했어‥

혜주 사과 안했겠어요?

금실 그래서 혼자 라면 끓여 먹더니 그때부터 두둘겨 부시기 시작 했어요?

S# 벤치 있는 곳

[울음은 진정됐고.]

상준 우리… 별로에요…물론 절약해 살면 밥이야 먹겠지만

상수 (오버랩의 기분)별로라니. 그놈이 들구 튄 거 말고도 꽤 남아 있 는 거 아냐?

상준 애들하고 에미가 많이 녹여 없앴더라구요‥

상수 ??‥‥넌 뭐한 거야. 대체. 그거두 모르구‥

상준 ‥주식관리만 내가 하고‥‥나머지는 다 갖다 줬지요.

상수 ‥‥‥‥전적으루 니 책임이야. 이제 말이지만 세일 에미가 몇 번 그러더라. 찬이 엄마 치장 값도 너무 쓰구 어쩌다 늬집에 가보면 냉장고며 냉동고에 너무 쟁여놓구 산다구. 냉동고에서도 너머 오 래 있으면 버려야지 맛 변해 못 먹는데 아까와 죽겠다면서‥

상준 ‥‥

상수 아무리 일에 미친 녀석이라지만 눈 감구 드나들었냐?

상준 중간중간 브레이크 걸었어요…다… 세일에서 비지 값으로 사 고…미국에서 보내 준 거라 그러고…알며 속고 모르고 속고‥‥싸우

228

기 싫어 대충 그렇게 넘어가군 했는데…설마 그렇게까지 겁 없이 사는 줄은 몰랐어요…

상수 주식은.

상준 좀 갖구 있기는 하지만 상당한 기간 희망 같은 거 없어요··

상수 원 쯔쯔쯔쯔

상준 애들 생활비 통장 바닥난다구 둘이 번갈아 전화하고 애엄마 시끄럽게 떠드는데……혀엉··치사하지만 십년 전 처남들이 가져간 돈 생각이 나서요.

상수 ???(처음 아는 소리다)

상준 …거기 가 받어 쓰라 그러구 안 보내주구 있어요·· 자리 완전히 잡아 좋은 동네 집 사 앉았을 정도면…내가 뭐라기 전에 애엄마가 나서야 하는 거 아니에요?··

상준 E (보는 상수 위에)공치사한다 소리나 하구…직접 가 받으라 소 리나 하구….

상수 ……(보며)

S# 가겟방들이 있는 골목을 기웃거리며 찾아다니고 있는 마서방

S# 벤치

상수 …(앞 보며 있다가)그래서 때려 부셨어?

상준 ……나요 왜 이렇게 앞으로 살 일이 겁이 나는지요….겁이 나 죽 겠어요··

상수 ……(보며)

상준 두 놈들 시집 장가도 보내야죠….또… 돈만 잡아 먹구 결국은 죽 는 …그런 병이라도 덜컥 걸리면 어떡해요….집을 줄여 옮기자 했 지요…

상수   ·······(보며)····

상준   죽으면 죽었지 집 못 줄인대요. 집 줄여가며 비참하게 살 수 없
다면서 친구들한테도 챙피하고 ···저영 집을 줄일 참이면 이혼하재
요··집 팔아 삼분에 이/자기하고 애들 앞으로 주고 이혼하재요···미
국으로 간다고··

상수   ·······(보다가 외면하고)

상준   못 참겠더라구요·····

상수   (동생 안 보는 채)너····결혼할 때 어머님이 찬이 엄마 별로였던 거
기억하지··

상준   ···예···

상수   이제야 말이지만 세일이 엄마두···금실이두···여자들 시끄러웠
었어.

상준   (멍하니 앞 보며)···알아요··

상수   후우우우(한숨 내쉬는데)

마서방   E 형님··(상수 고개 소리 나는 쪽으로)형님들 아니세요?

상수   어 그래.

마서방   (화면으로 끼어들며)어어이 여기들 계신 걸 엄한데만 찾아다
녔네요 흐흐.

상수   (일어서며)다 치웠어?

마   예··형님.

상수   마 서방 술 한잔 사라.

마서방   아 예 그러죠. 사구 말구요.

S# 거실

혜주   (좀 올라 있다)형님하구 애기씨 지금 나 앉혀놓고 무슨 청문회

230

하는 거에요?

금실 ?

아내 ?? 왜 그렇게 받아들여어.

혜주 (발딱 일어나 주방으로 움직이면서)처음부터 지금까지 전부 다 뭐든지 다 내 잘못이라는 비판 아니에요?

금실 언니.

혜주 겪고 있는 건 그 사람 뿐만이 아니에요. 나두요 (냉장고 열어 물병 꺼내면서)그이 하루 아침에 목날아가니까 모두들 무슨 크은 부정이나 해서 잘린 거 아닌가 캐구싶어 죽겠는 친구도 있구요

금실 (버럭)그딴 게 무슨 친구에요. 단칼에 잘라버리지.

혜주 (마시고 컵 내리며 연결)소리 좀 지르지 마요 귀 안 먹었구 아주 불쾌해 죽겠어요 네?

금실 목청이 커서 그래요. 그리구 내 기분 너머 나빠 지금 언니 기분 봐줄 때가 아니네요.

혜주 (제 물컵 들고 움직이며)내막 모르는 친구들은 퇴직금 왕창 받았을 텐데 운동은 왜 꽁무니 빼냐는둥 자존심이 얼마나 상하는지

금실 (오버랩의 기분)아 나두 속타요. 자기 물만 갖구 오지 말구(하는데)

아내 (금실 가만 있으라는 뜻으로 건드리고 제가 일어나)

금실 (잠깐 멈췄다가 연결입니다)참 대애단한 거 겪네요. 골빈 여편네들 씩뚝각뚝 지껄이는 소리 듣는 게 오빠 죽을 맛에 댈 거라구 내놔요?

혜주 (오다 멈춰서 한 모금 더 마시고 내리며 받는다)애들은 어떤데요. 은행에 최소한 이삼만불은 넣어놓고 쓰다가

금실 (오버랩의 기분)그래 그렇게 내버린 돈이 지금까지 대체 얼마

나 돼요 조기 유학은 무슨 수운 허영이지

혜주 (발끈)아가씨가 우리 애들 용돈 유학에 보태준 거 있어요? 그렇게 말할 건 아니죠오.

금실 엄머머머 돌겠다. 일부러 바꿔까지 놨다가 방학 때마다 백 불씩 준 건 왜 떼먹어?(내밀어지는 물컵 받으면서)셈이 그러면 못쓰죠오오.

아내 물이나 마셔요 얼른.

금실 (벌컥벌컥 마시고)

혜주 이제 그만들 가 주세요.

금실 (물 마시다 놀라는 바람에 물 출렁하고)????

아내 (그냥 보고)……

혜주 (이마 잡으며)눈알이 빠지는 거 같아요.

아내 약을 먹어.

혜주 (안방으로 가려 하는데)

금실 (벌떡 일어나며)그렇다구 대 놓구 가란 데가 어딨어요. 아니 우리가 집이 없어 밥이 없어 여기 비럭질하러 왔어요? (소파에서 빠져나가며)터진 김에 다 합시다. 나 아주 여기와서 보면 열딱지가 나 참을 수 없는 게/언닌 운동장만한 방에 공주님처럼 꾸며놓고 살고 울오빤 반쪽 밖에 안되는 방에 애들 쓰다 처박아둔 고물 침대에 재우구

혜주 (오버랩의 기분)나 싫어 딴방 살림 차린 거 오빠예요. 애기씨는 부부 의좋아 모르겠지만 남편이 거들떠도 안 보는 여자 심정 알기나 해요?

금실 (잠깐 멈칫했다가)남자는 여자하기 나름이라대요··

232

혜주   여자도 남자하기 나름이에요. 짤렸으면 짤렸지 지금 세상에 발에 채이는 게 짤린 남잔데 그 남자들 다 찬이 아빠같이 굴어요? 멀쩡하게 자구 일어나 나오면서 이마에 내천자 짝 만들어서는 화장실 청소는 하는 거냐 안 하는 거냐/서랍 정리는 언제 한 거냐/반찬 가짓수가 왜 이렇게 많냐/냉장고가 터진다 음식이 썩고 있다 빵점짜리 여편네다/전기료 물값 전화요금 좀 줄여라/누구한테 보일려고 미장원이냐/이런 꼴 당해 봤어요?

아내   동서

혜주   나두 정말 미칠 지경이에요오. 알지도 못하면서 나만 잡지 마세요들. 이건 얼마나 못돼 처먹은 성질인지 친구도 다 끊고 직장 선후배도 다 끊고 콱 틀어박혀 나까지 징역살이시키면서 볶아대는데

금실   (오버랩의 기분)징역살이는 무슨 전화하면 세 번에 두 번은 없던데에‥

혜주   (안방으로 들어가며 소리치지 말고)그거도 안 나가고 집에 있으면 나 죽어요.

    E 쾅 닫히는 문.

금실   ‥‥‥(입 벌리고 보다가 아내에게)아니 못돼 처먹은 성질이라니, 저게저게 평생 뼈빠지게 벌어다 바치는 거 받아 먹은

아내   (고개 흔들흔들 흔들어 금실 입 막아놓고 소지품 챙긴다)

금실   (이걸 더 해 말어)‥‥‥

S# 빌라 입구‥

    [두 여자 나오면서]

금실   (핸드폰 찍는다. 단축)‥‥‥나가더니 왜 함흥차사야? 어딨어? ‥‥ 집에 안 가?

S# 근처 두부집

마서방 (자리에서 일어나며 상수 눈치 보듯)아 가야지이. 형님 지금 몇
시에요.(상수 상준 누구도 시계 없고)아주머니 몇시에요.

아주머니 열시 넘었어요.(와 동시에)

상수 오라 그래. 가자구.(상준 보며)그만 일어나야지.

마서방 이리 와. 우리 지금 두부집 있어 여보.

S# 빌라 입구

금실 알었어……아 얘기는 무슨 말이 통해야 해먹지‥수준이 안 맞어
서. 응 금방 가.오분이나 걸리나? 알었어.(끊고)갑시다‥(주차한 곳
으로 움직이며)두부집 있대요.

아내 (그쪽으로)

S# 두부집 앞

[와서 세워지는 자동차.]

S# 자동차 안

금실 (사이드 채우고 비상등 켜고 핸드폰 단축)…어 왔어. 빨리 나와.(핸
드폰 끄면서)그건 참 그렇겠어요.

아내 ??(뭐가)

금실 각방 쓰는 거요. 부부는 죽으나사나 잠자린 떨어지면 안되는데.

아내 (차에서 내리면서)금방 나온댔어요?

금실 나올 거에요.(하며 저도 내리면서)한 방에 있어야 얼었다가두
녹구 그러는데 계에속 얼기만 하니 피차 웬술 수 밖에요.

S# 자동차 밖

아내 (두부집 보며)……

[남자들 나온다‥]

234

[형제는 둘 다 묵묵히, 마서방은 괜히 두 사람 눈치 보며…]

상수　들어가라.

상준　..예..

상수　아뭇 소리 말구.

상준　(끄덕이고)죄송합니다 형수님.

아내　(그냥 안쓰러워 보고)….

상준　(돌아서 걸어가기 시작하는데)

금실　(다 같이 보고 있다가)작은 오빠두 잘하는 거 없더라.

상수　(금실 보고)

금실　(아내에게 팔 잡히면서도)어떻게 좀 잘해 봐 으응?

마서방　가만 있어어.

금실　(남편 잠깐 보고 입 다물고 상준 쪽 보면서 크렁크렁 눈물이 고인
　　다)..........

　　　[다 같이 보면서….]

S#　뒷모습 보이며 가고 있는 상준

S#　네 사람…

금실　…… (한 프레임에서)……..어우 차아암….(속 아파서)

S#　상수의 언덕길을 올라와 대문 앞에서 멈추는 마서방의 자동차··

　　　[상수와 아내/뒷좌석에서 내리며 동시에 운전대에서 내리려는 마서
　　방 제지하는]

상수　내리지 마 내릴 거 없어 마서방

마서방　(그러나 이미 내렸고)너무 속상해하지 마세요 형님.

상수　(끄덕이며)어이 가.

마서방　쉬세요

아내　가세요/

마서방　(차로 오르고)

금실　(내린 유리로 내다보며)가요··

아내　(끄덕이고)

마서방　(차 돌리는데)

상수　운전 조심해. 천천히 가아.

마서방　걱정 마세요 형님··

S#　상준의 거실

　　　E　거실에 울리는 현관 벨 소리····

S#　현관 밖

상준　(나동의 잔해들 쌓여 있는 것 내려다보며)·········(다시 벨 누른다)

　　　[현관문 열리고]

S#　거실

혜주　(현관에서 물러서 곧장 안방으로 움직이고)

상준　(들어서서 멈춰 선 채 보는)······

　　　[닫히는 안방 문.]

상준　·········(잠시 더 있다가 제 방으로 천천히 들어가 문 닫는다)

S#　상수의 안방

아내　(방 훔치고 있다. 잠옷 바람)·········

　　　E　밖에서 화장실 문 여닫는 기척 들리고········

상수　(머리 털면서 들어온다)

아내　(잠깐 돌아보고 도로 방 훔치는)

상수　(머리 털던 수건 목에 걸치고 이부자리 꺼내 방바닥에 놓아준다)

　　　[같이 이부자리 펴면서]

아내　낼 아침에 감지…금방 못 드러눕잖아요…

상수　……뭐래.

아내　(무슨 질문인지 안다)……(보며)

상수　찬이 애비가 뭘 잘못한대.

아내　아 ….새벽같이 나갔다가 한밤중에 들어오곤 하던 사람이 집에 만 있으니까 그거두 못할 노릇이에요 여자 쪽에서는…

상수　그 말 이상하다..날더러는 직장 얻으려 애쓰지 말구 그냥 있으라면서.

아내　(헤식게 웃으며)나는 나구우….에이 그리구 서방님 까탈스러운 거야 기본 아뉴. 우리한테서 학교 다닐 때두 당신보다 서방님이 더 어려웠는데 뭘..

상수　몇십년 살구 여태 그거두 몰랐대?

아내　알았겠지만 회사 다닐 땐 정신 딴 데 팔려 있었으니까 지금처럼 일일이 들키진 않았겠지.

상수　??

아내　냉장고 검사까지 한대애..잔소리가 이루 말을 할 수가 없대.

상수　……

아내　고모가 한 마디 하면 열두 마디 하던데 뭐. 자기가 더 많이 아퍼. 서방님 보다 자기가 더 아프더라구..

상수　그래서 벌어다 준 돈 다 써 제껴 애들 학비 보내는 거두 손 오그라지게 만들어 놓구 그거두 모자라 남편을 개떡 취급한대?

아내　?? 돈 없대요?

상수　사람이 염치가 있어야지. 무슨 할 소리가 있어 그 입장에. 십년 전에 친정에서 뭉돈 두 빼갔다더라.

아내 ???

상수 그 애기 해?

아내 아니….고모 알면 난리나겠네. …….

상수 ……

아내 고모 힘들 때는 모르쇠하더니….(하기는)우리한테는 뭐 알어 쇠했나….우리 애들 결혼에두 달랑 부주 백만원……서방님 고등학교 일학년 때부터 구년을 데리구 밥해 멕이구 빨래해 입히구 학비대구 교통비 대구

상수 그만둬.

아내 우리 애들은 구경두 못하는 과일이 그 집에서는 썩어나가구 그렇게 살면서 명절 차례 제사 때 기껏 고기 서근으루 입 씻더니

상수 너저분한 소리 그만 둬.(그만두라니까?)

아내 너저분해도 좀 해야겠어요. 내 생일에 그거두 어쩌다가 변덕 나면 사들구 온 브라우스 나부랭이/어이구우우우 아무리 없이 산다구 그럴 수가….저는 전부다 외제루다 휘갑을 하구 살면서 이건 동대문 시장인지 남대문 시장인지

상수 상준이가 그런 거 아니야‥그놈이 그런 거 알게 뭐야. 안 사람 짓이지.

아내 (뭔가 반박하고 싶어 남편 보다가 그만둔다)에유 맙시다 그래요 ‥지금 그게 무슨 문제꺼리라구. 언제 덕 보자구 공부시켰나. 그저 그렇다는 말이네‥

상수 찬밥 물 말아 장아찌랑 먹으란 거 알어?

아내 들었어요.

상수 잘하는 짓이래?

238

아내 잘못인줄 알면 그러겠어?

상수 뭐라구 안 해줬어?

아내 하면 뭐해….(쓰게 웃으며)말마따나 생각하는 방식이 다른 사람
인데‥

상수 ??뭔 방식?

S# 상준의 서재

상준 (침대에 등 기대고 두 다리 벌려 세우고 앉아 소주병 들이키고 있다)
……(들이키고 내리고………들이키고 내리고)……

S# 상수의 안방

[부부 누워서 불 끄고………(한동안 그대로 있다가)]

상수 (몸 뒤집는다)……

아내 ………(움직이지 않는 채)술 주까요?

상수 ……

아내 ……응?

상수 놔둬어…….(하고 땅이 꺼지게 한숨)

F.O

S# 상수 집 빈 거실(오전 10시쯤)

아내 (외출 차림으로 안방에서 나와 열쇠로 안방 문 잠그고 현관으로)

S# 현관 밖 마당

아내 (나와서 현관문 잠그려는데)

　　E 비이이익 현관 초인종 소리.

아내 ??(올 사람 없는데…대문 쪽으로)누구세(하는데)

세일 E 저에요‥

아내 (대문 열고 보며)....? 왜애? (무슨 일?)

세일 잠깐...얘기 좀 하려구요..나가시는 길이에요?

아내 응..(평상 쪽으로 움직이며)무슨 얘기? 저기서 해두 되지?

세일 네...

아내 (먼저 걸터앉으며)앉어.

세일 아버지는요.

아내 (아들 좀 빤히 보는 느낌이며)안 계셔......무슨 얘긴데..

세일 저기.....

아내 뭐....축의금 얘기냐?

세일 ...네..그게

아내 (오버랩의 기분)못 준다 그랬는데 그래두 기어이 받어가야겠냐?

세일 그게 아니라....

아내 그게 아니면 .... 맘 편히 잘 쓰라구?

세일 ....(엄마 못 보면서)

아내 ....(보다가)얘 거북해. 그렇잖어두 아버지두 뭐라시구 그거 뺏은 내 맘 편한 거 아냐..그런데두 어쨌든 ....그랬다..그래두 크게 죄 될 건 없다싶어서 그런 거야.

세일 (안 보는 채)어려워 그러시는 거 알아요.

아내 그래.....아버지 통장에 단돈 78만원 있어...다달이 연금말고는 그게 늬아버지 전 재산이야.

세일 (끄덕이며)엄마 쓰세요. 수미하구두 얘기했어요.

아내 .....(보다가)얘 내가 못준다 그럼 그만이지 늬들 허락받을 일은 아니야. 반드시 늬들 몫이라는 법 없어. 형편 돼 주구 싶으면 주구 아니면 안 주구 내 마음이야 세일 (그래도)세영이는 주셨잖아요.

아내 ??세영이 시집갈 땐 늬 아버지 퇴직 전이었구 그리구 나/ 허리 고장두 안 났었어, 그리구 또 걔는 딸이구. 즈 시집에 밉보일까봐 한 번씩은 시부모님 냉면두 사드리라구 그런 거야.

세일 알겠어요 그런데 저… 순수하게 제 앞으로/저 보고 낸 축의금 은 주셨으면 좋겠어요.(하며 보고)

아내 ……(보며)

세일 수미 보기도 좀 그렇구요….수미네는 안 그러나 봐요..

아내 (언짢아져서)뭐라 그러대?

세일 아니 말은 안 하는데

아내 눈치 보여?

세일 조금은요..

아내 ……(보다가)못하겠다.….다 먹구 말래.

세일 ??…..(보다가)어이 참 엄마 왜 이렇게 갑자기 변하세요. 저 카드 빚도 갚아야 해요. 제껀 주세요 네?

아내 웬 카드 빚?

세일 월급 타는 거 거의 적금 넣었다가 아파트 얻었잖아요. 연애하 는데 돈 안 들어요?

아내 그거……(보며)니가 갚아.

세일 ??

아내 늬둘 월급나오고 보너스 나오고 못 갚아? 둘 다 직장 있구 살 날 앞으루 많구 늬들형편이 늬아버지하구 나보다 못해?

세일 (보며)……

아내 늬 아버지 하다 안되면 주유소 취직하시겠대 이 녀석아. 어쩜

그렇게 인정머리없이 늬들만 알어. 나쁜 것들 정말 나쁜 것들··(감
정 오르며)

세일 (당황해서)저 엄마 아니 저 엄마·· 저기요 꼭 달라는 게 아니라
혹시

아내 (오버랩의 기분)늬들은 늬 아버지 불쌍하지두 않냐? 펴엉생 목
숨 내놓구 빛두 안나는 경찰 공무원. 쥐꼬리 봉급에 목 매달구 낮
밤없이 이리 뛰구저리 뛴 늬 아버지/환갑 나이에 겨우 밥이나 먹
을 연금밖에 안 남은 늬 아버지/가엾지두 않냐 말야 이것아. 이 싸
가지 없는 자식들아아아.(터진 김에 아예 내 놓는데)

S# 어느 낚시터. 풍경

   [낚싯대 드리우고 앉아 있는 상수와 상준/둘 다 묵묵히··········]

상수 (물 보며 뜬금없이)각방을 왜 써····각방 쓰는 거 좋은 일 아냐. 오
늘이래두 합쳐···

상준 ····(그대로)

상수 (잠깐 돌아본다)······

상준 (변화 없이)·········

상수 (도로 물로 고개 돌리면서)그리구·····살림을 어떻게 하던지 상관
말어어···사내 자식이 뭐 여자 살림 참견까지 해···잔소리 좋아하는
사람 어딨어·····늬 형수두 야···어쩌다 한 마디 하면 눈 하얗게 뜨구
싫어하더라.

상준 ······

상수 나는 그저····니 형수가 싫다는 짓은 안하자는 주의야···평생을
그렇게 살아왔어····안 그럼 싸울 일 밖에 더 있어?

상준 ····

상수　너만 옳다구 우기지 말구 역지사지 바꿔놓고 생각해 봐⋯⋯찬이 엄마는 그 나름대로 또 얼마나 힘이 들겠어⋯⋯출근만 시켜노면 온통 다 자기 세상으루 살던 사람이 그거 못하는 것만으루두 스트레슬 거야.

상준　⋯⋯

상수　집에만 있지 말구 좀 나가. 나가서 사람두 만나구 돌아다녀. ⋯나하구 같이 어디 지압같은 거 가르쳐주는 학원이래두 다닐래?

상준　??(돌아본다)

상수　아 골병든늬 형수 좀 만져주까 그래서⋯⋯허리만 부실한 게 아냐⋯

상준　(고개 도로 물로)

상수　아니면 스포츠 댄슨가 뭔가 그거 배우러 다니까?⋯⋯그거 배우면서 세상이 달라 보인다는 사람두 있드구나⋯ 부부가 같이 배우면 아주 좋대⋯

상준　형님이나 하세요⋯

상수　⋯⋯(아우 보다가 물로 고개 돌리며)⋯⋯그룹 계열사 사장이 뭐 별 거냐? 그건 그저 이 사회 안에서 홍상준이 맡았던 역할이고 그건 니한 부분일 뿐이지 니 전부가 아니야⋯애비로서의 니가 있구 남편으로 니가 있어⋯또 형제 속에 너도 있는 거고⋯⋯⋯⋯이제 그만 졸업해⋯졸업할 때 됐어⋯⋯

상준　⋯⋯⋯

마서방　E 형니임⋯

　　　[낚시터 식당에서 튀어나온 마서방]

마　(손 흔들면서)오세요오오오 식사 준비 다 됐어요오오오오⋯

상수　(손 흔들어주고)밥 먹자⋯

S# 일산으로 가는 버스 안

아내 (뿌우해서 생각에 빠져 흔들리고 있다·····그러다가 시선이 창밖으로

옮겨지는데 심란에 처량이 섞여서)·····

S# 금실의 고깃집

S# 고깃집 안

[그저 심심치 않을 정도의 손님들.]

[들어서는 아내···]

금실 (거스름돈 주면서)감사합니다 또 찾아주세요오··(하고 손님 나가

는 것 배웅하듯 고개 돌렸다가)아이구머니나 언니이.(계산대에서 빠

져나오며)이게 무슨 일이래요오오?

아내 (피식 웃으며)놀랬지 놀랬을 거다.

금실 (한 손으로 가볍게 아내 어깨 때리며)오호호호··언니 점심, 점심

아직 안 먹었죠.

아내 팔푼인가? 고기 파는 집에 오면서 밥 먹구 오게요.

금실 와하하하하··

S# 테이블 아닌 방

[종업원이 들고 온 쟁반에서 반찬이며 고기 접시며 거들어 집어내면서]

금실 그런데 진짜 웬 바람이유우우?

아내 평창동 가 얘기 좀 할려구 나섰다가 부아가 터져서 이리 왔어요.

금실 ?··왜요.

아내 나하구 쇼핑 가요. 오늘 내가 오십만원, 아니 백만원 쓸 거야.

금실 ??? 천지개벽하겠네에? 오만원만 넘어가면 살 떨리는 언니가

아? 로또 당첨됐어요?

아내 흐흐, 맞어요. 로또됐어요··우리 양반 추동복도 한 벌 사고 바

바리코트도 하나 사고 구두도 반 부츠로 하나 사고 그럴 거에요.

금실   그럽시다. 그런데 부아는 왜요? (이미 고기 굽기 시작하는)

아내   그게....아....이번 혼인에도 세영이 년 결혼 때 입었던 양복 입었잖아요. 그냥 괜히 무뜩 에이 이러고 살어서 뭐하나 싶은게 /··그래서요.

금실   난 또 뭐라구 (흘기며 웃는) 언니는은.

S#   그래도 할인매장

　　[금실과 함께 옷 고르고 있는 아내··매장 점원과 자유롭게 현장 맛을 내주세요.]

S#   양말 고르고 있는 두 여자/

S#   구두 가게의 두 여자··

S#   사치스럽지 않은 찻집/매장 안에 있으면 것도 상관없고

아내   (쇼핑백들 수북하게 옆에 놓여져 있는데 빨대로 아이스커피 쭈욱 길게 한 번 빨아들이고 입 떼면서)어이 이제 속이 좀 후련하네·· 커피도 시원하구 맛있구.(하며 시누이와 눈 맞추고 웃는)

금실   아까 그 투피스 언니한테 딱이던데에··내가 사준다니까아아.

아내   아이 됐어요··나는 그래두 영업집 일 다닌 덕에 아주 없지는 않다니까요··

금실   언니 보내놓구 내가 사야지.

아내   하지 말어요. 싫다니까아?

금실   여보세요··여기 시럽 좀 더 주세요··(종업원 대답하고 시간 알맞게 시럽 갖다 놓아주고 금실 시럽 따르고를 진행시켜 주세요)

아내   내가 무슨 돈을 펑펑 썼는지 알어요?

금실   ?? 로또 됐다면서요.

아내 나 있지요 애기씨. 세일이 혼인 때 들어온 축의금 내가 다 먹었어요.

금실 어머 기특해라. 세일이가 그래요?

아내 그러기는, 무슨 아주 따악 즈들 챙기는 걸루 알구 있던데‥

금실 ??

아내 못준다 내가 쓴다 그래 버렸어요. 세영이 때 집 잽혀 시집보내는 줄 뻔히 알면서 고 기집애가 일원 한푼 안 내놓고 난짝 집어들구 가는데 어찌나 허탈하구 괘씸한지 그때부터 정신 차리기루 결심해 뒀었어요. 자식이 내 맘같기 바라는 건 말짱 헛물켜는 거다. 늬들 두구보자…그러구 이번에 세일이 녀석한테 복수했죠.

금실 (안됐어서 보는)……

아내 고약한 에미죠.

금실 아니 잘했어요. 즈들이 변했으면 우리두 변해야 하는 거에요. 자식들은 그저어 지 잇속만 챙기러드는 세상에 왜 부모만 미련하게 옛날 구닥다리 식으루 피 흘리며 살아요? 대 찬성이에요. 진짜 잘 했어요.

아내 그래두 어째 맘이 그렇게 편하지는(울먹해지며)않네요.

금실 (보며)……

아내 애들은 지 아부지랑 내가‥‥딱한 맘이 없나봐요. 나는 안 그랬는데에…

금실 너머어 해 바치기만 해서 그래요. 그렇게 키우는 애들이 그럽디다.

아내 해 바치기는 없는 살림에 간신히 학비 댄 거지 뭐

금실 아유 내가 알아요. 언니가 얼마나 죽을똥살똥/아 친구들이 다

246

꽤 사는 집 애들인 줄 알게 뒷바라지 했음 됐지 더 뭘요.

아내 (수습하고 웃어 보이며)그래서 나 이번 제사 지나구 그이랑 같이 제주도 여행두 갈 거예요. 세일이한테 뺏은 걸루 맛있게 여행하구 올 거예요·· 어 참 애기씨 말난 김에 한 삼박사일 여행 가방 좀 빌려 줘요··우리껀 너머 옛날 건데다 그이가 십수년 출장 끌구 다닌 거라 아주 꾸적지근해서 못봐줘요.

금실 흐흐흐 알았어요. 아예 집에 들려 갖구 가세요.

아내 그래 그래야겠네··(웃으며)

S# 상수 집 언덕길

[쇼핑백들과 여행 가방 들고 올라오고 있는 아내····]

[대문 앞에서 짐 놓고 열쇠로 문 따 열어놓고 짐 집어 드는 데서]

S# 거실

아내 (들어오는데)

E 울리기 시작하는 전화벨

아내 (서둘러 움직여 받는다)네에 부암동입니다.

세영 F 엄마 딸··

아내 그래.

세영 F 있잖아요 우리 영화보구 들어가는 길인데 밥하기 싫어. 저녁 좀 먹여줄래요?

아내 평생 해 먹어야하는 밥인데 벌써 하기 싫으면 어떡해.

세영 F 귀찮아아.

아내 나두 귀찮아. 애. 늬 아버지 작은 아버지 데리구 낚시가 늦으실 거구 라면 끓여먹구 말거야.

S# 언덕길 입구

[집으로 올라가려던 참에 멈추어 선 채]

세영 (핸드폰)으으응 엄마 왜 그래요오. 우리 엄마 아닌 거 같어어.

아내 F 니 엄마 맛 갔다니까아? 늬들한테서 손 털었어 나아.

세영 우리 지금 다 와 가는데요?

아내 F 뒤로 돌아 늬집 가 해 먹어. 엄마 늬들 좋 아냐. 꿈 깨라 얘.

세영 (끊긴 전화 보다가 앞에 있는 안서방 본다/뿌우우)우리 엄마 진짜 이상하다아.

안 오지 말라셔?

세영 우웅.

안 내 말이 맞는다니까아. 형님이/ 뭘 잘못해두 대애단히 잘못한 거야. 안 그러면 장모님이 그러실 분이 아냐.

세영 오빠가 잘못했으면 오빠한테만 화 내면 되지 왜 우리까지 싫다 그러냐?

안 고래 싸움에 새우등 터지는 거야.(돌아서며)

세영 (같이 돌아서며)기자가 그렇게 밖에 말을 못해? 고래 싸움이라니, 오빠랑 엄마가 어떻게 동급 고래가 되니. 아빠 엄마 싸움이면 모르지만. 나한테 기사 검열 받는 거 까먹지 마··까먹었다봐라.

안 뭐에 찍혔지이이?

S# 상수의 안방

[아내 쇼핑 봉투 비워 옷장에 거는 작업 마지막 단계 중··상수 옷장 칸 헐렁.]

아내 ····(혼잣말 소리)어이구우우 그래두 헐렁하네··(장문 닫고 쇼핑백들 집어 보관용으로 접으면서 혼자 노래하듯이)저녁 생각은 없고요 오오오····(하다가 손 멈추고 생각하는)·····(어쩌나 가나 마나)·····

S# 낚싯터

　　[트렁크에 세 사람 짐 싣는 마서방과 상수.]

마서방　거의 죽음일텐데요.

상수　??(움직이며)

마서방　맥혀요. 아홉 열시 쯤 움직이는 게 백번 난데‥

상수　……(아무 대꾸 안하고)……

마서방　(트렁크 닫으며)타세요.

상수　(뒷좌석으로/마서방은 운전석으로)

S# 차 안

상수　(타면서 아우 보면)

상준　(뒤로 기대어 자는 듯이 보이고)…

마서방　(타서 벨트하고 시동 걸려는데)

상수　이봐 물 샀어?

마서방　아/아아아 물 물.(하고 도로 내려 식당이나 매점 쪽으로 가는데)

상수　(아우 보면서)……자아?

상준　……

상수　(바라보며 안쓰러워서)……

S# 빌라 주방

아내　(서 있고)……

혜주　(차 준비하는)…

아내　집에 있었어?

혜주　헬스 갔다 왔어요‥

아내　……

혜주　(찻잔 놓으며)앉으세요.

아내　(앉고)

혜주　(앉는다)

아내　……(찻잔에 첨가물 넣으며)반갑잖겠지만 그래두 한 살이라두 더 먹은 사람 말….해로울 거 없을 거 같아서…

혜주　(찻잔 저으며)잘 해주라는 말 하러 오신 거 알아요…그런데 어떡해야 잘하는 건지…어떤 방법을 써야 통할지….. 혹시 비법 있으면 가르쳐 주세요.

아내　…그저 마음 잘 쓰는 거 말구 무슨 다른 게 뭐 있겠어.

혜주　내가 맘을 잘못 쓴다 그거죠.

아내　동서 힘든 것도 이해 해. 왜 힘이 안들어 한 사람이 깊은 병 들었는데.

혜주　…..(찻잔 들며)

아내　그런데 내가 보기에는 동서가 별 도움이 안되는 거 같아.

혜주　(찻잔 도로 놓으며)네 어떡해요 그러니까.

아내　서방님 아파아파 하는데 …그래 아플 거야 너무 아프지 그렇게 아파 어떡해. 위로가 되게 보드랍고 따뜻하게 그래야 하는데 …동서가 …나는 더 아프다구 난리를 치는 거 같으니….. 그러니 점점 더 어려워지지..

아내　E (보는 혜주 위에)나는 공부도 모자라고….하안참 부족한 사람이기는 하지만…내 생각은 그러네…어쨌든 가장으루 애들 아버지로 몇 십년 수고했는데….가엾잖아. ..다소 억울한 소릴 해도…. 밉게 굴어두 이해해 주구 참아주구

아내　…그렇게 사알살 달래줘야지 둘이 똑같이 너 그러면 나 이런다 그래봤자 서로 엇각만 나지 이로울 게 없어.

혜주　E　(오버랩의 기분/아내 위에)나보다두 그 사람 못돼먹은 성격
　　　이 문제에요.(아내 벽에 부닥치는 느낌이고)

혜주　어떻게 잘났다는 남자가 그 감정처리 하나 제대로 못하고 저
　　　렇게 망가져요.

아내　믿는 친구한테 배신두 당했지이.

혜주　그거도 결국 자기 못나 그렇게 된 건데 그 분풀이 화풀일 왜 나
　　　한테

아내　(오버랩의 기분/좀 딱딱하게)동서 서방님한테도 지금 이런 식이
　　　었겠네.

혜주　……(보며)

아내　……(시선 내리고 차 한 모금 마시고 내린다)……(식탁 보며)……

혜주　(찻잔 들어 마시는)……

아내　……(시선 들어 잠시 보다가)집 줄이자 그럼 그렇게 해.

혜주　(말 떨어지기 무섭게)그렇게 못해요.

아내　?? 왜 못해.

혜주　집 안 줄이면 금방 어떻게 되는 거도 아닌데 아직 애들 결혼도
　　　시켜야 하고 실직하자 곰방 짜부러드는 꼴 /자존심 상해 싫어요.

아내　뭐가 그렇게 대단한 자존심이야 동서. 형편따라 사는 거지 그
　　　게 자존심하구 무슨 상관있어.

혜주　나는 있어요.

아내　원 나같으면 버얼써 죽었겠네. 평생 남의 식당 김치 깍두기나
　　　담구 반찬이나 주물르면서 산 내 앞에서 그게 할 소리야?

혜주　형님하구 내가 같아요?

아내　……(나직이)뭐가 다른데.

혜주 타고난 팔짜가 다르죠.

아내 ....(보다가)나같은 동서.....우리 양반같은 시숙 ...그동안 엄청 자존심 상했겠네··

혜주 ....

아내 으응?

혜주 거짓말은 못하겠어요.

아내 ....(보며 떨리기 시작한다).......참........좋은 사람이라고는 생각 안했지만 흐흥...정말 나쁘다......정말 나뻐 으응?......

　　E 전화벨 울리고

혜주 (뾰족한 얼굴로 거실로 가 받는다)네에....그래 했어.....우리 애들 생활비 떨어진다는데 너랑 오빠 어떻게 이럴 수가 있어....(듣다가) 죽는 소리 말고 당장 삼십만불 만들어 내. 애들 통장에 5만불 넣고

아내 (오십만불이 얼만지는 모르는 채/그게 얼마지? 위에)

혜주 E 나머지 송금해.··더럽고 치사해 못 살겠어 이 자식아.??그럼·· 아예 떼먹을 작정이었니?.......너 나 여기서 죽으면 너하고 오빠때 매고 홍 서방한테 목 졸려 죽은 줄 알어. (하고 꽝 끊는다)

아내 ?????(주방에서 기절을 하겠고)···(일어나며 벌어진 입을 다물지 못하는)

S# 동네 카페/구기동쯤

　　[세일 부부 세영 부부 돈가스나 그런 것 먹는 중.]

　　[화면 시작과 동시에]

세일 (돈가스 썰면서)너 정말 진정한 진실을 알고 싶어?

세영 엉 알고 싶어··

세일 얘기 할까? (수미에게)

수미　맘대루.

세영　뭔데에. 엄마한테 다른 인격이 들어갔어?

수미　아가씨한테 받은 충격 여파 우리가 몽땅 뒤집어 쓴 거에요.

세영　???이기 뭔소리? (하며 안서방 보고)

안　뭐에요. 형님. 세영이가 차 바꿔달란 거요?

세일　(빙글거리고 웃고)

세영　그게 뭐 충격씩이나 먹을 일야? 그리구 그거때매 왜 오빠가 당해?

수미　아가씨 축의금 일원 한 장 안 내놓고 몽땅 가져갔다면서요.

세영　???(수미 봤다 오빠 본다)

세일　그때에 충격을 잡숫고? (장난치듯/돈 문제는 완전히 털었다)자식 새끼 말짱 소용없다. 밑지는 장사 이젠 끝이다 나도 정신 차렸다 너 이 자식 두고 보자.그러셨댄다.

세영　(입 벌리고 보며)....

세일　너는 어떻게 야 진짜 그럴 수가 있냐. 나는 야 삼분에 일 쯤은 엄마한테 내 놀 작정이었다 진실로. 믿거나 말거나.

세영　정말?

세일　.....(빙글빙글 먹으며)정말

수미　정말이에요.(동시에)

세영　(뿌우우)

안　내 뭐랬어. 한 삼백 쯤이래두 드리자니까 고개 살랑살랑 흔들더니 쯔쯔..

세영　고깃말쟁이.

안　그랬잖아아

세영　(눈 싸악 흘기고 부어서)그리구 엄마 또 뭐라셔?

세일   반성하자….반성해야 해 너하구 나….

세영   (뿌우우 오빠 보며)….

S# 상수의 집 안방

아내   (자리는 안 펴놓고 베개 베고 옆으로 누워서 골똘하고)……….

　　 E 전화벨

아내   (벌떡 일어나 받는다)여보세요…네 알았어요.(하고 서둘러 일어

　　 난다)

S# 대문 앞‥(밤)

　　[아내 나와서 팔짱 끼고 기다리는데]

　　[골목으로 라이트가 비쳐지고]

아내   (기웃하는 느낌)….

　　[라이트 곧장 올라와 멈추고 남자들 내린다]

마서방   (상수 짐 내리러 트렁크로)늦었죠?

아내   막힌다더니 그래두 빨리 왔네요.

상수   금방 풀렸어. 뭐하러 나와 있어.

아내   (자동차에서 내리는 상준)기분 좀 나아졌어요?

상준   (내리며)네…좋았어요 형수님‥

아내   다행이네‥

상수   (자기 짐 마서방한테서 받으며)어서 가. 마서방 수고 했어

마   하하 수고는요. (운전대 문 열며)형님 타세요.

상준   (꼽벅하고 타고)

마   안녕히 주무세요.

상수   어어.

　　[차 돌리기 시작하면서]

S# 안방

아내 (이부자리 펴고 있다)

상수 (씻고 들어온다).....

아내 (일하면서)물리기는 물려요?

상수 시원찮았어.

아내 하기는 고기 잡으러 간 거 아니니까 머..

상수 (이부자리 위에 앉아 발 닦으며)어떻게 지냈어…

아내 신나게 지냈어. 고모한테 가 고기 궈 먹구 쇼핑두 막 하구.

상수 살 거 있었어?

아내 있었어요.

상수 평창동 가보라니까 웬 쇼핑이야.

아내 거기두 갔다 왔어요.

상수 ....알아듣게 …잘했어?

아내 여보 삼십만 불이면 얼마가 되는 거에요?

상수 ???삼억 육천?

아내 (입 딱 벌리며)???

상수 왜.

아내 동서 친정이 갖구 갔대요. 세에상에 자기 친정에서 그런 뭉텡
      이 돈을 갖구 갔으면 나같으면 네발루 기겠네.. 한재산이잖어어.

상수 ....(조끼 런닝 위에 파자마 입으며)찬이 엄마가 그래?

아내 미국서 걸려온 동생 전화 받는데 그러대요..

상수 ....그래서 얘긴 잘 됐냐구..

아내 죽쑤구 왔어요.

상수 (보고)

아내 무슨 말이 돼야지이…잘못하는 거 눈곱 만큼두 없어··

상수 ·····그게 다야?

아내 서방님 딱해요.

상수 뭐라는데에··(제대로 얘기해) 집은 판대?

아내 자존심 상해 못 한 대.

상수 ??

아내 우리 이러구 사는 거두···· 자존심 상한대.

상수 ·····(보며)

아내 아이구 차라리 그냥 갈라서 남남되는 게 서방님한테 훨씬 날 거 같아.

상수 그게 무슨 경박스런 소리야아.

아내 아 애기씨하구 나 앉혀놓구 자기 남편한테 못돼 처먹었다느니 악질이라느니 멍청하다느니 그러는 사람이에요. 더 말해 뭐해요. 안하무인이에요 안하무인.

상수 어어어이·· (딴 쪽으로 고개 돌리고)······

아내 ·····

상수 (아내에게 고개 돌리며 버럭)뭐 그따위 여편네가 있어어어.

아내 (뿌우 보며)

S# 홍소장의 불 꺼진 빈 거실

S# 안방

[어둠 속에서 잠들어 있다가 몸 뒤척이면서 팔 하나 뻗다 문득]

아내 (잠이 깬다…누운 채 팔로 더 더듬다가)???(일어나 앉는다)

S# 거실

아내 (나와서 화장실 쪽으로 좀 움직이며)여보.

[대꾸 없고]

아내   (거실 불 켜고 화장실 문 열어보고 닫고)

　　　[마루 커튼 좀 열고 마당 보면]

S# **아내의 시각에서 마당**

상수   (평상에 걸터앉아 있는 홍소장의 몸체가 보안등 불빛에 보인다)

S# **마당**

상수   (앉아서)⋯⋯⋯

　　　E 가을 풀벌레 소리 요란하고

상수   ⋯⋯⋯(어디랄 것 없이 던져져 있는 시선)⋯⋯⋯

　　　[집에서 나오는 아내⋯⋯]

아내   (옆까지 와 서서 남편 보는)⋯⋯⋯

상수   (아는지 모르는지)⋯⋯⋯

아내   ⋯⋯(조금 더 다가 서서 남편의 어깨에 가만히 손 얹는다)⋯⋯⋯

상수   (그대로)⋯⋯⋯

제3회

S# 홍소장의 마루(점심)

[마주 앉아 아침 먹고 있는 부부. 김치와 밑반찬 한두 가지에 된장찌개 정도의 소박함.]

상수   (묵묵히 먹는데)

아내   (먹다가 눈치 보는)····

상수   (먹으며)·····

아내   (잠시 모르는 척 먹다가 또 눈치 보고)····(먹으며)···시원찮아요?

상수   ??

아내   몸요.

상수   아니야···

아내   ·····찬 바람두 불구···보약지러 갈 거에요.

상수   ?? 무슨 보약.

아내   골병들었으니까 추슬러야죠. 나라에서 어디 보약 한제 지어줬
        어요? 월급은 다른 공무원하구 똑같이 주면서 근무시간은 곱절두
        훨씬 넘게 일주일에 백 시간두 좋구 백 스무 시간두 넘게 부려먹구

258

무슨 수당이 있기를 한가…. 수당은커녕 평생 알아주지두 않는 애국하면서 골병만 있는대루 들었지 뭐. 약 좀 먹자구요.

상수　보약먹을 팔짜 따루 있어. 먹구 노는데/쉬는 보약 이상 없어.

아내　‥숟가락질이 맥이 없어요.

상수　……

아내　(아)서방님 걱정 너무할 거 없어 뭐. 우리에 비하면 백 배 난 집 걱정을 왜 해. 자기들끼리 해결 볼 테지.

상수　(수저 놓고 물 그릇 집어 마신다)….

아내　??그만 먹어요?

상수　(물 그릇 내리면서)덜 땡겨‥

아내　….(보며)…먹구 싶은 거

상수　(오버랩의 기분)없어.(하고 조금 돌아앉으며 보다 만 신문 집어 든다)

아내　……(눈치 보며)된장 맛있는데‥

상수　맛있어…신경쓰지 말구 먹어‥

아내　(자기도 수저 놓으면서)우리 연금으루 해 논 거 퇴직금으루 바꾸면 안 되나?

상수　??(본다)

아내　잘못한 거 같아요. 목돈 받아서

상수　(오버랩의 기분)한번 결정하면 못 바꿔. 되는 거 아무 것도 없는 세상에 괜히 몫돈 받아 털어먹는 거 보다는 연금이 나아.

아내　소주 집은 된다는데…소주 장사래두

상수　환갑에 무슨,

아내　연금은 제대루 나올까?….믿어두 되나?

상수　나오지 그럼.(신문 뒤집으며)

아내 방송에서 떠드는 거 보면 믿을 거 못되는 거 같애…. (아) 왜 그렇게 맥이 떨어져 그래애.

상수 그런 거 없어어(아내 보며)

아내 (뿌우)뭐 없어…다 들키는 사람이.

상수 (묵묵히 신문 보는)

아내 어엉?(왜 그래)

상수 당신한테 사기쳤어.

아내 ???

상수 총경까지는 올라가 줄테니까 믿으라구 했는데‥

아내 ??……(보다가 피식 웃는다)그 약속은 했었어 참.

상수 언제 승진 시험 공부할 새가 있었어야지. 자동차 밭데리가 나가두 불러대구 앵꼬가 나두 불러대구 뺨 한 대에 코피 터져두 불러대구 식당에서 신발 바꿔치기 당해두 불러대구/ 무능한 변명이긴 하지만.

아내 아이구 변명 아냐. 내가 알어.

상수 세일이 꺼 (아내 보며)불러서 줘 버려.

아내 ? 싫어.

상수 (보며)

아내 아 걔들 맞벌이 해. 며늘애 월급두 만만찮대. 얼마나 든든한데‥평생 오줌 마려운 사람처럼 쫄밋쫄밋/ 얘기 다 끝났어. 세일이 놈 알았다구 했단 말야.

상수 당신 쓰래?

아내 나 혼자 써? 우리가 쓰는 거지.

상수 녀석이 그래?

아내   그래애.(거짓말 할까 봐?)

상수   …(보다가)은행에 넣었어?

아내   이제 널 거야.

상수   도둑 들면 어쩔려구 여태 깔구 앉아 있어.

아내   우리 집에 뭐 먹을 게 있다구 도둑이 들어. (그릇들 쟁반에 옮기면서 말하는데)

　　　E   전화벨 소리/(오버랩의 기분)

상수   (받는다)네에 부암???너 왜 그래.(아내???)

S# 상준의 거실

상준   (위경련 때문에 죽을 지경이다/진땀이 얼굴 가득 맺혀 있고 입이 딱딱 벌어지는 상황)아 아파요. 택시 좀 잡아서 나 병원 가야/(너무 아파 말이 토막 난다/에서) 없어요.

S# 상수 거실

상수   어디가 어떻게/알았어 그래. 내가 금방갈게. 금방 오분이면 돼.(전화 급히 놓고)여보 나 옷 옷.(방으로)

아내   (따라 들어가며)어디가 아프대요 여보

S# 안방

상수   배가 아프대 배배.(하며 장문 여는)위경련이래.

아내   동서는요.

상수   아 그만 좀 물어. 운동 갔대. 웨엔 빌어먹을 여편네. 그거 뭐하는 여편네야 도대체가

아내   자기 여편네두 아닌데 여편네 소리는

상수   (버럭)아 지금 운동하러 다닐 때냐구!!!

아내   아이구 목청은. 내가 그 여편네예요?

S# 언덕길

상수 (정신없이 빠르게 뛰어 내려오고 있는)……

S# 부엌

아내 (전화 걸고 있다/무선)……(빈 그릇들 개수대에 넣으며)

　　　E 아주 경쾌한 음악 벨소리……아무리 가도 안 받는다/끊으려고 하는데

여자 F 네에 강혜주 씨 핸드폰인데요오.

아내 (잠깐 멈칫했다가)네에 저기(손은 멈춘다)

여자 F (오버랩의 기분)잠깐요 저기 오고 있어요··혜주야 전화··

혜주 F (받은 건 아니고 들리는 소리)누구야? (이제는 받는)왜 그러세요?

아내 (싫어서)동서 운동나갔어?

혜주 F 네.

S# 골프장

혜주 (그린에서 좀 떨어지게 움직이며)네··한 달에 한번 월례회(하고는
좀 듣다가)처음 아니니까 걱정 마세요·····그럼 나한테 어떡하란 거
에요. 운동 접어버리구 달려가라구요?···아직 두 홀 남았어요·····네··
(전화 끊으면)얘들아 나 샤워도 못하고 가야겠다.(그린에서 마무리
들 다 하고 네 여자가 합쳐져 카트 움직이는데)

여자2 무슨 일인데.

혜주 사랑하는 영감이 아프시대.

여자3 어디가아?

혜주 위경련. 한달에 한번 월례회야.

여자4 스트레슬 거야.

여자1 그래. 명퇴구 정년퇴직이구 암튼 매일 나가던 사람 나갈 데 없
는 게 굉장한 스트레스라더라.

혜주 얘 본인 스트레스 보다 옆에서 그 스트레스 풀이 당하는 사람 더 죽겠다.

여자3 우리 영감은 멍충인가아아. 너무 편하게 배 뚜드리며 잘 노는데.

여자2 야 느이는 평생 쓰구두 남을 만큼 벌어놨으니까 그래.

여자1 혜주네는 안 그러니? 그리구 우리는 내가 만든 재산이야아. 내가 벌어논 거 갖고 왜 자기가 만만디니. 어떤 땐 아주 미워 죽겠어. 구실도 못하면서.

여자들 (깔깔대고 누구는 가볍게 치고 하면서)

S# 부엌

아내 (설거지하면서 혼잣소리)어이그 참 남편 처박아 놓구 그렇게 나가 놀구 싶을까. (문득 물 틀어 손 씻으며)모르겠다아아. 죽이나 쑤어 놓자아아.

S# 응급실

상준 (링거 꽂고 누워 한 손등 눈에 얹고)······

상수 (보면서)········종합진찰 받은지 얼마나 됐어.

상준 ····

상수 엉?

상준 (손 내리며 보는)걱정 마세요.

상수 퇴직하구 받은 적 있어?

상준 일년두 안됐어요. 다 좋아요.

상수 마음 불편할 땐 편해질 때까지 먹지를 말어. ···뭐 또··· 다뤘냐?

상준 그런 거 없어요.

상수 (보다가)·····(속상해 고개 돌린다)···

S# 병원 근처 어느 약국 앞

상준　(땅 보며 우두커니 서 있다)……

상수　(약 봉지 들고 약국에서 나온다)……가자‥

　　　[같이 움직이며]

상준　얼마 줬어요.

상수　(그냥 걸으며)됐어.

상준　형 택시값두 들고

상수　세일이 놈 축의금 압수해서 돈 많어. 택시 잡자. 늬 형수죽 쒀놨대.

상준　…

S#　상수 집 동네 길/움직이는 택시 안

상준　(기대어 창밖으로 고개 틀고)……

상수　(그런 동생 잠깐 보고 앞으로 고개)‥‥

상준　(쓸쓸하게)애들한테 보낼까봐요.

상수　(고개 아우에게)

상준　어차피 나는 애놈들 아빠두 아니구 남편두 아니니까‥‥반성 많이 해요…애들한테 아버지로 심어준 게 없어요. 애들하고 대화다운 대화 한 번 한 적 없고……어쩌다 눈에 띠면 야단이나 치고요. 애녀석들이 나한테 아무 애정없는 거 당연해요.

상수　누구는 안 그랬어? 나두 애들 지 에미 혼자 키웠대두 과언 아냐.

상준　(형 쪽으로 고개 틀며)그래두 형수님이 운영을 잘하셔서 애들이 형님 어려워하고 존경하더라구요.

상수　존경은 무슨‥

상준　그 사람은 애들한테 악선전만 했을 거에요…그러니 이렇게 개밥에 도토리/집에서도 무용지물을 만들죠.

상수　거 왜 그런 생각을 해애‥

264

상준 하라는대로 한 침대에서 자는데요‥‥그 여자도 나도…어쩌다 몸이 다면 깜짝깜짝 놀래서 떨어지군 해요.

상수 (돌아본다)

상준 (쓰게 웃는다)

상수 연애할 때 돌이켜 봐‥ 좋아 한 결혼 아냐.

상준 좋아했던 적이 있나‥‥싶을 정도로‥‥ 그래요‥ 그 사람도 그렇고 나도 그렇고‥‥생각해 보면 그 여자도 일리는 있어요. 죽어라 회사 일 밖에는 한 게 없으니까요‥‥가족한테 들여논 공이 없어요‥‥

상수 (고개 앞으로 돌리며)‥‥‥우리 세대 가장들은 누구나 다 그렇게 살았어. …(했다가 아우 돌아보며)바깥 일 누굴 위해 했는데 (가족 위해 했잖아)

상준 (눈 감는다)‥‥‥

S# 상수네 언덕길을 올라가는 택시

S# 거실

아내 (멀건 죽과 간장 종지 /수저 놓고 있는)‥‥‥

상수 (겉옷 벗으며)당신 동서는,

아내 통화했어요.(하는데 상준 수건에 손 닦으며 나오고/돌아보며)동서가 데리러 온대요. 거의 다 와 가요.

상준 예에‥(앉으며)별 생각 없는데‥

아내 그래두 드셔야 해요…쌀을 아예 갈아버렸어요. 머얼겋게 끓여서 속 안 건드릴 거에요.

상준 네.(수저 든다)…(떠먹기 시작)

부부 (보고 있고)‥‥‥

상준 …형수님…(먹으며)

아내 ??예.

상준 총각시절처럼 저 좀 데리구 있어 주실래요?

아내 ??(남편 보고 다시 상준에게)왜요.

상준 여기 와 형수님 밥 얻어먹으면 좋겠지 …그러네요.

아내 그러지 마시구 동서 밥 얻어 먹어요. 그게 뭐에요 한 집에서 따루따루 밥 끓여 먹는게…

상준 그 여자는 밥하는 거 되게 귀찮아 해요. (픽 웃으며)솜씨도 없구요.

상수 쓸데없는 소리 마. 집두구 왜 여기 와 있어.

상준 형님도 거부해요?(형 보며)

상수 말이 되는 소릴 해.

상준 (수저 놓으며)사회한테서도 거부당하고 집에서도 거부당하고 마지막 남은 형님한테조차 거부당하네요.(웃으며)

상수 무용지물 기분 너만 느끼는 거 아냐. 잠들 때/ 자고 일어나도 나갈 데가 없구나/ 아침에 깨 눈뜨면 할 일 아무 것도 없구나/ 무용지물된 기분은 나두 느껴.(아내는 남편 보고)너하구 내가 다른 건 그냥 한 가지야. 니 댁한데서 아무런 위로도 못 받는다는 거.

상준 (그냥 먹는)…

상수 어쩌겠어. 그 소질은 없는 사람인 모양이니. 포기해. 아무 것두 기대하지 말구 그냥 포기해. 상관하지 마.

상준 그래서 보낸다 그러는 거에요.

아내 어딜 보내요?

상수 애들한테 보내고 혼자 있겠대.

아내 아이구 건 안돼요. 보내긴 어딜 보내요. 그럼 못써요·· 그러는 건 아니에요.(하는데)

266

혜주 (들어오며)대문이 열려 있네요.

아내 응 어서 와.(일어나며)

혜주 안녕하세요.

상수 예.

아내 올라 와.

혜주 씻지도 못하고 왔어요. 찬이 아빠 갑시다.

상준 먼저 가.

상수 일어나 그러지 말구······으응?

상준 (그냥 먹는)····

S# 대문 앞

　　[나오는 네 사람.]

　　[상준은 그대로 자동차에 오르고 혜주와 부부 적당히 인사 챙기고 뜨

　　는 자동차···]

부부 ·····(보고 있다가)

아내 속은 좀 어떠냐 어지간하면 물어보겠구먼.

상수 들어가 옷 좀 갖구 와.

아내 ??어디 가게요?

상수 갖구 나와··

아내 (들어가고)

상수 (골목으로 시선)

S# 거의 다 내려가고 있는 자동차 꽁무니

상수 ······

S# 세일의 아파트 놀이터 같은 곳··

세일 (수미와 함께 나와서 시선으로 찾는다)···

수미 (먼저 발견하고)저어기.

세일 ?..(보고 잰걸음으로 움직인다)·······

  [상수가 있는 곳.]

세일 (다가들면서)왜 안 들어오시구요.

상수 (돌아서며)으응..금방 갈 건데 머..애기는 뭐하러 나왔어.

세일 아버지 오셨는데 어떻게 안 나와요····

상수 (잠깐 혼자 끄덕이고)할 얘기가 있어서···

세일 네에.

상수 너 축의금 말이다.

세일 아이 그거 아버지. 그냥 쓰세요. 제가 변변칠 못했어요.

상수 ·····(잠시 보는)

세일 수미두 동의했어요.

상수 그래··고맙다··그 얘기 할려구··

세일 예에.

상수 (좀 웃는듯)늬 엄마가 늙어서 좀 이상해진 거 같아. 그럴 사람이
  아닌데··

세일 즈이들한테 화 나셨대요.

상수 (보는)····

세일 잘못했어요. 반성 많이 했어요·· 철 들께요.

상수 괜찮아··부모가 세상 뜬 뒤에야 철 드는 게 자식들이야. 나두 그
  랬어···애기···미안하다.

수미 (그냥 웃어 보이고)··

상수 잘 쉬었어? 내일부터 출근이라며.

세일 네··오늘은 아무데도 안 나가고 있었어요.

상수　(끄덕이며)그래…그럼 간다‥

세일　네…

S# 거리

　　[혼자 걸어오고 있는 상수……이것저것 착잡하기 그지없다.]

상수　‥‥‥‥‥

S# 횡단보도 신호등 근처에 다른 사람들에 묻혀 심란하게 신호등 바뀌기 기
　　다리고 있는

상수　……(기다리다가 문득 몸 돌려 뭔가를 찾기 시작한다. 공중전화 찾
　　는 것)

S# 공중전화 박스 안

　　[밖에서 보이는 박스 안의 상수. 말소리는 안 들리고 말하는 건 보이는
　　상태.]

S# 전화 박스 안

상수　압니다 예 알아요. 몰라서가 아니라 그래두 어찌됐든 지금 상
　　황에 마음 잡아줄

S# 혜주의 침실

상수　F 사람은 제수 씨 밖에 없으니까 백 번 이해하시고 애녀석을
　　좀 살갑고 뜨듯하게/위로하고 용기를 북돋아주고

혜주　(오버랩의 기분)저기요 이러시는 거 참 유쾌하지 않아요 아주버님.

S# 박스 안

상수　??

혜주　F (연결)형님이나 애기씨나 전부 다 나를 아주 형편없는 여자
　　취급하는 거 아는데 아주버님까지 이러시면 저 정말 불쾌해요. 내
　　가 처음부터

S# 혜주 침실

혜주 지금처럼 굴었겠어요? 저도요 노력 할 만큼 했어요. 실직한 게
무슨 크은 벼슬한 거 모양 구는 남자 비위 맞출 만큼 맞췄어요.

상수 F 상준이가 말이에요 걔가 아이들과 제수씨한테 배척당했다
생각해요.

혜주 아주버니. 배척 당한 건 이쪽이에요.. 아무래두 정신과 치료를
받아야할 단겐 거 같은데 그 얘기했다가는 또 난리가 날 거고. 정말
어떡하는 게 잘하는 건지 모르겠어요.

상수 F 옛날에 서로 좋아했던 시절을 생각해 보세요. 부탁합니다. 어
려울 때일수록 부부가 합심을 해서 극복해야지

혜주 F (오버랩의 기분)문제는 저이한테 있는 거지 저한테 있는 게 아
니에요 아주버님.저요(남아 있다)

S# 전화 박스 안

상수 (절벽과 얘기하는 느낌으로 듣는)……(쓴 입맛으로)아무튼 잘 좀 부
탁해요.

혜주 F 답답하니까 이러시겠죠. 이해해요.

상수 예에..그럼 이만 끊겠어요.

혜주 F 그러세요.

상수 (전화 끊고 부글거려 미치겠다)……

S# 상수의 거실

상수 (현관 열쇠 따고 들어온다)……(기척이 없다)……여보……없어?……
(하고 교자상 보면 메모)……(움직여 보고/도로 놓고 안방으로)

S# 어느 한정식 식당 내실

아내 (혼자 앉아서 기다리고 있는)……(왜 이렇게 안 들어와/ 출입문 쪽도

한번 보고 옷 앞자락도 좀 만져보고 하는데)

　　[들어오는 주인. 아내보다는 몇 살 연상. 용모가 뛰어난 여인.]

아내　(일어나려)

여인　아냐‥앉어 있어. (화장대 쪽으로 움직이며)허장관.(알지?)남자
　　나 여자나 늙으면 말이 많아져 흐흐흐. 오기만 하면 수다가 만리장
　　성이야.

아내　건강은 하시죠?

여인　지난 달에 병원 들어가 장 수술 또 했대‥폴립인가 뭔가 그거
　　떼내는‥

아내　네에…

여인　(서랍에서 봉투 하나 꺼내들고 와 앉으며)앉어어.

아내　(앉는다)….

여인　이거…명색이 퇴직금이야.

아내　아이구우 사장님. 퇴직금은 무슨 사장님두 힘드신데 그런 거 안
　　주셔두

여인　(오버랩의 기분)사양하지 마. 세일 엄마 덕 많이 봤어. 오 년이 넘
　　더구먼 잠 안 와 따져봤더니. 맞지?

아내　네에‥

여인　왕왕 돌아갈 때 같았으면 더 잘 해 줄텐데 너머 경기가 바닥이
　　니까 나도 조막손이 되네‥

아내　(오버랩의 기분)어려운 거 다 아는데 이렇게까지 안하셔두

여인　(오버랩의 기분)신세 많이 졌는데 미안해. 섭섭할 거야.

아내　아유 무슨 그런. 생각두 안했는데…

여인　일하던 사람 놀면 아프던데 아픈데는 없구?

아내 뭐….특별히

여인 허리는 어때.

아내 어지간해요. 약 먹구…허리 띠두 하구….그냥 먹구 노니까요.

여인 무슨 계획은 있구?

아내 계획은….뭐 손에 쥔 게 있어야죠.. 경기나 좋을 때같으면 집이 라두 잽혀서(하다가 픽 웃으며)우리 집이 골내겠어요. 걸핏하면 들 먹여서..집이라두 잽혀 하다못해 김밥 집이나 반찬 가게나 ..뭐 생 각을 해 보겠는데 너무 나쁘니까 엄두가 안 나요.

여인 뭐 시작하기 겁나는 세상이긴 해.

아내 지금은 가만있는 게 버는 거 아닌가 그래요. 시누이가 일산서 고깃집 하는데 거기두 매상이 절반두 안된대요.

여인 남의 집 얘기할 거 뭐 있어. 우리 집을 보면 알지.

아내 그래두(시선 내리고)생각하면 너머 불안해서/ 뭔가 하기는 해 야할텐데……그러네요..

여인 나두 이달루 문 닫어.

아내 ??

여인 무슨 재미가 있어야지. 아들한테 가 있어볼까 해.

아내 네에….

여인 얘들 왜 이리 늦어. 차 달렸는데.(문 쪽 보며)

아내 (일어나려 하며)내가

여인 아이구 아냐. 앉어앉어앉어.

아내 (어정쩡한 채)

S# 버스 안의 아내

아내 ……..(창밖 보며 있다가 문득 궁금해진다)……(핸드백 안에서 봉투

272

꺼내 내용물 꺼내려다 다른 승객이 의식되며 도로 넣는다)⋯⋯

S# 집으로 가는 언덕길

아내 (걸어 올라오면서 봉투 꺼내 멈춰 서서 꺼낸다. 수표 액수 보고)???

(공을 세어보고 더 놀라고 헤아리면서 더 놀라고)???⋯(입 벌리고)⋯⋯

(있다가 뭉클한다)⋯⋯

S# 빈 거실

아내 (들어오며 남편 신발 보고/들어왔구나)⋯⋯(안방으로 움직이는데)

상수 (안방에서 나오며 보는)⋯⋯

아내 들어왔네?

상수 무슨 볼일이야.

아내 전 사장이 보재서.(핸드백 놓고 상의 벗으며)

상수 왜 또 나오라구?

아내 (앉으며)아니이..그 양반두 장사 그만두구 미국 아들한테 간대
는데 뭐. 앉어요.

상수 (앉으며)그만둔대?

아내 재미가 없대…내가…(핸드백 당기면서)당신한테 보나스 줄게..

상수 ?? 뭐?

아내 (봉투 꺼내서 남편 앞에 밀며)평생 밥 먹여 주는 거 고마워요..수
고 많이 했어요..

상수 (아내 보며)⋯⋯

아내 당신 마음대루 써.. 특별 보나스야.

상수 뭐..아들 놈 돈 강탈해서 조자룡 헌 칼 쓰듯 하는 거야?

아내 아냐아 그거.

상수 아니기는. 필요없어. (봉투 밀며)나가는 날 인상 쓰지 말구 일금

만원씩만 주면 황송합니다야.

아내 (도로 밀며)가욋돈 생긴 거에요.

상수 ??

아내 내가 인복이 많어. 퇴직금이래. 얼만줄 알어요? (손 펼쳐 보이며) 오백만원.

상수 ???(표정 따로 쓸 필요 없으나)

아내 마음대루 써요··어디 쓰냐구 안 물어볼게··

상수 ····(봉투 보며)

아내 응?

상수 (아내에게 도로 밀며)필요없어.

아내 ···왜애··

상수 아 여편네 내 보내 평생 진일 시켜 먹은 인간이 무슨 염치루 그 걸 받어 써어.(하며 일어선다)

아내 (올려다보며)·····

상수 (현관으로 움직이며)당신 써. 어따 쓰는지 안 물어 보께··

아내 어이구 참···

상수 (현관 내려서며)전화나 넣어··

아내 (남편 나가는 것 보다가)어디 가요?

상수 갈 데가 어딨어.(나가고)

아내 (봉투 집어 보다가 도로 핸드백에 넣으며 일어선다)

S# 마당

상수 (나와서 나무 그늘로 움직여 앉는다)·········(우두커니)·····(떨어지는 낙엽)······(나무 위 올려다보며)······

S# 안방

아내   웬걸 그렇게 많이…정말 뭐라 할 말이 없네요 사장님…네…네
…우리 집 양반두 너무 놀래구….네…별루 한 일두 없는데….네
…네…

S# 마당

상수   (갈퀴로 낙엽 쓸어 모으고 있다)

아내   (소주 쟁반 들고 나온다)

상수   (힐끗 돌아보고)술 먹자구?

아내   한잔 하구 싶네요.

상수   알콜 중독인가. 대낮에 …

아내   와요 ‥

상수   (갈퀴 들고 평상으로)전화했어?

아내   (이미 따르면서)네에…서방님은 그대루 가라앉나 모르겠네‥
알아봤어요?

상수   별 소리 없어‥

아내   (빈 잔 들고 술병 주며 따르라고)

상수   (따라주면서)자알 하다 술꾼 되겠다.

아내   (웃으며 술잔 띄워들고)하늘에 감사하십시다.

상수   ….(보는)

아내   우리 여태 밥 먹게 해 주신 거/…속 썩이는 자식 없는 거/…아직
건강한 거/‥그리구 또….인복 많은 거….짱.

상수   짱.

　　[부부 함께 마시는데 상수는 잔 비우고 아내는 반쯤.]

아내   (잔 내려놓고 안주 집으려는 남편)아냐 내가 주께‥(자기가 안주
집어 들고)아아.

상수 아아.(입 벌리는데)

아내 …(아주 잠깐 보다가 순식간에 입 쪽 맞추고)ㅎㅎㅎ

상수 ??무슨 짓이야..

아내 자요.

상수 (받아먹고)……

아내 (그러는 남편 보면서)……(웬일인지 눈물이 핑 돈다)……

상수 (자기 빈 술잔 집어 내민다/아내 안 보는 채)안 그래두 술이 고팠었어…

아내 (따라준다)

상수 평창동 말야..(하고 아내 보고)??? 뭐야..

아내 (눈물 훔치면서)……

상수 …엉?

아내 몰라…그러네..

상수 ….(보며)

아내 ……(참으려 하나 울음이 차오른다/작게/그러나 좀 터지듯)몰라아..그러네에..(하며 두 손으로 얼굴 덮고)웅웅웅웅웅웅웅….웅웅웅웅…(평생 쌓인 삶의 고달픔 같은 것)

상수 ……(보면서)……

부부 ……(그러고 있는)……

S# 그 상태의 마당이 서서히 밤의 빈 마당으로

S# 부엌

　　　　[설거지 마지막 단계다.]

상수 (그릇 씻어 물 빼기에 넣는 중)……

아내 (마지막 찬 그릇 랩으로 싸서 냉장고에 넣고 돌아서 싱크대 판 닦으

려 행주 집어 들다가 문득 남편 엉덩이를 툭툭툭 때린다.)

상수 ?? 술 아직 안 깼어?

아내 으흐흐흐흐(웃는데)

세영 E 엄마아아..

아내 ??(남편 한 번 보고)왜애..(하며 나간다)

S# 거실

아내 (나오며)뭐 자동차 못 바꿔 줘어.

세영 아이 엄마 아니에요오오오(하며 엄마에게 엉겨 붙는데)

안 저녁 드셨어요?

아내 그럼. 그런데 왜?

세영 엄마 아버지 보구 싶어서.

아내 (흘기며)저녁은

안 먹구 왔어요. 저기 이거/그런데 아버님은

아내 (부엌 돌아보며)설거지…나오시네..

세영 아부지이이.(상수에게 들러붙는다)

상수 나 권한 없다. 이래봤자 소용없어.

세영 아아이 아니라니깐요오오. (하고 아버지 팔 낀 채 교자상으로 움
직이면서)우리 낮에 할인 점 쇼핑 갔걸랑요? 엄마 앉어 앉어요.
　　[다 같이 자리 잡고 앉고.]

세영 디게 싸더라구. 날 춰지는데 아버지 엄마 꺼두 좀 사자구 안서
방이 그래서 엄마. (쇼핑백으로 손 내밀어 남편에게서 받아 꺼내면서)
이거 아부지 꺼. 이건 엄마.(두툼한 겨울 반코트 두 벌.. 둘 다 구스 다운
으로)그리구 이건? 아부지 엄마 스웨터 하나씩.

아내 (상수는 그냥 보고 있고)얘들이 무슨 맘 먹구 이렇게 큰돈을 썼어?

세영 뭐어 엄마한테 우리 괘씸죄 걸려 있다면서…그래서 밥두 안 먹여주는 거라면서.

아내 누가 그래.

세영 오빠가.

아내 (피식 웃으며 남편 돌아본다)말은 하구 볼 일이네요. 오늘 횡재수 있는 날인가봐.

상수 뭐하러 쓸데없는 돈을 써. 이게 다 낭비야 낭비. 쯔쯔

안 이 정도는 할 수 있어요 아버님. 세영이가 얼마나 지독한지 그동안 자식 노릇 변변히 못했어요. 죄송합니다.

상수 그럴 거 없어. 늬들 살림만 야무지게 해. 우리한텐 신경쓸 거 없다··간신히 공부 시킨 거 밖에 없는데·····우리는 그저 자식들 신세 안 입구 살다 죽자는 게 목표야. 이렇게 쓸 돈 있으면 저축해··

안 저축도 해요오.

상수 적어도 몇십만원은 썼을 거 아냐.

아내 이 정도 받어두 괜찮아요. 얘 시집가구 뭐 돈 되는 거 들구 온 적 있어요? 기껏해야 수박 한 덩어리 참외 서너 개/크은 맘 먹으면 즈 아버지 양말 다섯 켤레 즈 엄마 내복 한 벌. 내가 난 자식이지만 정말 어째 그렇게 짠지(딸에게 눈 흘기며)당신 보기 민망해 죽을 뻔했네. 말은 안 했지만.

상수 데리구 들어온 자식이야? 민망하게.

아내 삼년 안에 이런 선물 또 없는 거지?

상수 ??(아내 보고)

세영 아냐 엄마아아. 이젠 안 그럴께에··

아내 (옷 만져보며)그동안 갖다먹은 김치에 밑반찬을 돈으루 쳐두

278

이거보다는

상수   (오버랩의 기분)자식 놓구 무슨 그딴 셈을 해애.(나무라는)

아내   이를테면요.

상수   이를테면이구 저를테면이구 쯧

아내   잘못했어요.. 좋다아아..(들어 띄워보며)아이구우 엄청 가볍다
아아? 이 속털에두 질이 있나보더라 얘애.

세영   그러어엄. 싼 거 아니야아..

아내   한번 입어 보까?(함빡 웃으며 입어보려고 일어나는데)

　　E 전화벨

아내   (일어나다 말고 받는다)네에 부암동

금실   F 평창동에 별일 없어요? 꿈이 어찌나 심난스러운지 말유 언니.

아내   (무슨 말인가 하려는데)

금실   F (연결로)도대체 당신 뭐하러 다니는 사람야.(버럭/아내 잠깐
찡그리고)슬그머니 어디루

S# 금실 식당

금실   샜다가 이제야 나타나는 거냐구!

마   아 저 한사장이 잠깐 얘기 좀 하자 그래서

금실   (오버랩의 기분)잠깐이 하루 왼종일이냐? 잠깐이 하루 왼종일야?

마   얘기하게 얘기하게.

금실   (오버랩의 기분)꼼짝말구 있어? 나 전화 끝나구 보자 당신.오
늘은 무사히 못 넘어갈줄 알어어어?(해놓고)내가 어제 꿈자리가 너
머어 심난해서 말이에요 언니. 아침에 전화한다 그래놓구는 깜박했
네. 그 집 별일 없어요?(무슨 꿈을 꿨는데요)아 몰라요 반은 까먹었
는데 그냥 작은 오빠가 웬 누우런 똥색 양복에 꺼멍 고무신을 신구

우리 집엘 왔더라구요. 나쁜 꿈 아뉴?

S# 상수의 거실

아내 글쎄요 별루 좋은 거 같지는 않네요..그런데 아가씨 꿈 잘 맞어요?

금실 F 아 나는 꿈 일년에 한번두 꿀동말동 한 사람이에요.

아내 와서 뭐라 그래요 서방님이.

금실 F 별말 안하구 그냥 들어서면서 힛쭉 웃더라구요.그러면서 잘 사니? 그래요. 그래서

S# 식당

금실 꿈에서도 내가 아니 오빠는 왜 하구많은 양복 중에 하필이면 왜 똥색 양복을 입었어 보기싫게. 했더니 멀쩡한 얼굴로 얘 이거 똥색이 아니라 송장메뚜기 색이야 그러더라구요. 아 어쨌거나 보기 싫으니까 바꿔 입어. 오빠는 권색 양복이 젤 깔끔하구 이뻐. 그거 입으면 아직두 청년같은데 어쩌구 한 거까지 생각나는데 그 뒤는 흐지부지에요.

S# 거실

아내 꿈꾼 사람이 찜찜하면 좋은 거 아니라 그러긴 하던데‥

상수 뭐야.

아내 아가씨가 서방님 꿈을 꿨는데

상수 (오버랩의 기분) 꿈은 무슨, 여자들은 암튼.정 찜찜하면 소금 한 바가지 퍼다 문간에 뿌리구 잊어 버리라 그래

세영 호호호호 아버지 소금은 왜 뿌려요?(에서)

S# 빌라 거실

[티브이는 저 혼자 드라마를 하고 있고]

S# 주방

상준 (식탁에 앉아 있는데)

혜주 (가스 쿠커 위 냄비에서 공기에 흰죽 떠서 놓아준다)····(소화에 지장 없는 간장과 김치국 정도)····

상준 (수저 들면서)좀 ···

혜주 (돌아서다 되돌아보는)·····

상준 앉아봐.

혜주 ······(앉는다)

상준 (죽에 숟가락 넣다가 좀 되다/ 옆의 물컵 집어 물 조금 섞는다)····

혜주 (그런 것 보며)·······(표정이 못마땅/ 그냥 넘어가는 게 없는 남자)

상준 ·····(죽 섞으며)······그동안····미안했어···

혜주 (보며)·····

상준 힘들었을 거야··········당신이 늘 얘기했지··잘난 척 한다구. 나는 내가···잘난 인간인줄 알았었구···· 그래서 잘난 척하는 게 아니라구 생각했었어.

혜주 ······(그저 보면서)

상준 (수저에서 손 떼며 아내 보며)회사에서 앉혀줬던 자리가 잘났었던 거지 내가 잘난 게 아니었어········치졸하게 굴어 미안해····잘못했어.

혜주 (시선 옆으로 피하면서)·····나 역시 다 잘했다고는 못하는데···너무너무 실망했고····절망적이었어.

상준 ········(가만히 보다가 끄덕이며)그래두 우리····한 시절은 좋았었지···연애할 때····결혼해서 자리 잡기까지 오륙 년··아니 칠팔 년 쯤 되나·····당신 나···전폭적으루 지지해줬구····새벽 출근에 맞춰 주느라 나보다 더 일찍 일어나

상준　E　(혜주 위에)반드시 더운 밥 해 먹였구....아무리 늦어도 잠 안

자고 기다려 줬었고.....그때는 몰랐는데...지금 생각하니....그게 행

복이었던 거 같아.....당신..어느 지점까지는

상준　최선을 다했었어.......알고 있어.

혜주　변한 건 당신이야....회사에서 인정받으면서 당신은 나도 애들

도 상관없어졌어...집은 그저 출근했다 퇴근하는 장소였지.....(목

이 아파 찡그리며)애들하고 나/당신한테 아무 의미도 아니었어..

혜주　E　(보는 상준 위에)애들 보내놓고 몇 년 동안은 정말...죽도록.

외로웠어. 당신은 일상적인 몇 마디도 인색하게 굴고...애들도 돈

필요하다는 용건말고는 거의 상대 안해주고.

혜주　....포기 안했으면 못 살았어.....

상준　......(보며)

혜주　(쓰게 웃으며)..수영 배우고 에어로빅하고...공치고...나는 나대

로 살아남을 궁리 해야 했지...안 그랬음 돌았을 거야..

상준　(아내 안 보고 눈 감으며 *끄덕끄덕끄덕*)

혜주　(눈물 손으로 닦아 내면서 안 보는 채)잘난척한다고 비난은 퍼붔

지만..그래도 잘난 사람으로 믿고 있었어. 내말 무시하더니 그런

식으로 거세당하고 내말/콧방귀 구더니 한 입에 십억 집어 넣어주

고....이제 와서 애들 생활비도 끊고 치사하게 옛날 옛적 친정 도와준

돈 내노래. 정말 한심해..

상준　(*끄덕이며*)그래..우선 집을 팔자.

혜주　???..도대체 집은 왜 자꾸 팔자는 거야...

상준　너무 커. 이런 집 필요 없어..관리비만 많이 나가고

혜주　(오버랩의 기분)대신 도우미 안 쓰고 살아.

상준   팔아서 삼십평 짜리 아파트로 옮겨 앉고 은행에 넣읍시다.

혜주   (오버랩의 기분)은행에 너 봤자 요즘 껌 값도 안 되는 이자래.

상준   그거도 없는 거 보단 나아. 다 합치면 애들 공부는 마칠 거고 겨우 우리 생활비는 돼.

혜주   집은 나중에 최악의 경우에 팔아도 돼. 나는 집 못 팔아.

상준   ……(보며)

혜주   갑자기 어떻게 서른 평으로 추락하란 말야. 비참하게.

상준   (보며)….

혜주   가구며 짐은 다 어떡하고. 애들 결혼도 시켜야 하는데 난 그렇게 못해. (하며 일어나 거실로)

상준   ………(죽 그릇 내려다보며 있다가)……(한 숟가락 떠서 먹는다)……

   E 거실에서 들리는 채널 계속 바꿔지는 티브이 오디오.

상준   ……

S# 거실

혜주   (리모컨 들고 채널 계속 바꾸는)……(잠시 보다가 또 바꾸고 잠시 보다가 또 바꾸는데)

상준   (나와서)여보.

혜주   ??(본다)

상준   (천천히 와서 마주 앉으며)………

혜주   (보며)…….

상준   (안 보는 채)비행기 자리 알아봐……

혜주   무슨 자리.

상준   (보며)돈 주게 애들한테 갔다 와.

혜주   ……송금해. 돈도 없는데

상준 (오버랩의 기분)아냐. 가 봐....가서..처남들하고 얘기도 하고....

혜주 (또 그 얘기)

상준 당신한테 인계하게....차용증은 안 썼지만 분명히 돈 줄 때 당신도 한 자리에 있었으니까 가서 받아내....원금만 해도 큰 도움 될 거야.

혜주 줄 사람이 줄 생각을 해야지.

상준 거거든 일단 애들 데리고 처남 집으로 들어가 살아.

혜주 ??

상준 여유 방이 몇 개나 있는 집이라면서.

혜주 그거 다 모기지로 산 집이야. 계에속 갚아 나가야 하는 거라구.

상준 암튼...그건 처남 할 일이야. 당신하고 애들 그 집으로 들어가면 아파트 값 이천 오백 불은 안 들어도 돼. 일년이면 삼만 불/ 큰돈이야.

혜주 .....(보며)

상준 그거 싫으면 만들어 주겠지. 그렇게 말해. /우리 돈 만들어 낼 때까지는 그러라고/ 내가그러랬다고.. 갚을 능력 있는데 안 갚는 건 도둑이야. 꼭 받아내.

혜주 (보며).....

상준 당신 책임 느껴야 해. 당신 때문에 빌려준 거구 애들 위해서도 꼭 돌려 받아야 해..

혜주 (짜증 좀 나지만)알았어.

상준 (보며).....

혜주 정말 애들 이사 시켜놓고 올까봐..

상준 까봐가 아니라 해. 그리고 오는 거 서둘 거두 없어. 처가 다 거기 있구..친구두 많잖어. 운동두 실컨 하구 푸욱 쉬며 놀아...나때매 쌓인 스트레스 다 풀어.

혜주 왜 이렇게 너그러워 갑자기?

상준 (웃으며)모든 것이 다 내 탓이라 생각하니 편해져.

혜주 아주버님이 뭐라 그랬어?

상준 ……(보다가)뭐라 그랬어.

혜주 뭐랬는데?

상준 내가 나쁘다구..

혜주 (좀 웃으며)정말 나 보내줄 거야?

상준 가라구.

혜주 (일어나며)인터넷 들어가 좌석 체크해 봐야겠다.

상준 (끄덕이며)해‥해봐.

혜주 (아이 방으로 가려 소파 벗어나다가 갑자기 남편 옆으로 와 한 팔로 목 감고 뺨에 쪽 입 맞추면서)고마워 여보.

상준 (웃으며)으음.

혜주 (아이 방으로 사라지고)

상준 (그대로 가만히)……

　　　E 전화벨 운다

상준 (서너 번 울리게 두었다가 문득 느끼고 받는다)네에‥

상수 F 어때.

상준 아 예. 괜찮아요.

상수 F 뭐 좀 먹었어?

상준 찬이 엄마가 죽 쒀줘서요.

상수 F 제대로 먹었어?

상준 많이 먹었어요.

상수　F 속 편해?

상준　편해요‥

상수　F 약 먹구.

상준　예 그러께요.

상수　F 끊는다.

상준　예.

　　E 전화 끊어지는

상준　(귀에서 내려 송수화기 보면서)‥‥‥

S# 상수의 거실

상수　(전화 끊은 직후/ 탁자에서 일어서는데)

아내　(부엌에서 주스 병에 담긴 물과 컵 하나 받쳐 들고 나온다)

상수　죽 쒀줘 먹었대…속은 편하대.

아내　(안방으로 움직이며)다행이네 그냥 가라 앉나부네.

S# 안방

　　[들어오는 부부.]

상수　(파자마 입으려 하는)

아내　(컵에 물 따르며)그냥 다 포기하구 멍청이 모양 느그웃하게 그럼
　　좋을텐데‥

상수　‥‥

아내　(물컵 내밀고)

상수　(마시고 내주면)

아내　(남겨진 물 자기가 비우고 쟁반 치우면서)모레 아버님 제사 모시
　　구 여행가요 우리.

상수　??

아내　애들 돈 갖구 가는 건 좀 그러니까 장사장이 준 내 퇴직금으루 갑시다.

상수　어디가 가구 싶어 그래.

아내　아무데나….아가씨한테 가방까지 빌려다 놨으니까 속옷만 챙겨 들구 나서면 돼요‥어디 바닷가 갑시다 우리. 바닷가 민박집에 묵으며 한 사날 시워언하게 지냅시다. 맛있는 회도 실컨 먹구 응?

상수　바다 추울걸?

아내　세영이 사 온 옷 갖구 가지?

상수　(파자마 입는)

아내　그까짓 백만 원 한 장 풀어쓰면 실컨 놀다 오겠지.

상수　봇짱 커졌네.

아내　깔깔깔깔

S#　홍 소장의 마당(밤)

F.O

S#　홍 소장 마당에서 본 거실(밤)

　　[마루 문 열려 있고 거실은 화안하다.]

　　[거실 안.]

　　[거실에 꾸며진 제사상.]

　　[세일 부부/세영 부부/아내/금실/혜주/ 서 있는데]

　　[마서방 술잔 향에 돌리는 중. 술잔 놓고 상수 상준과 함께 이 배 반절한다.]

　　[절한 남자들 물러서고 다음 타자로 세일/안서방 들어서서 진행하는데]

상준　(슬그머니 현관으로)

상수　(시선이 아우를 따르고)

[세영과 수미 뭔가 귓속말 하고]

아내 (애들 건드리며 눈짓으로 나무래는)

금실 (소리 죽여)혼날 줄 알았다. 제사 모시는데 엄숙해야지

마 (오버랩의 기분)쉬 당신이야말루 조용해.

금실 (입 닫고)

아내 (금실 보며 웃는다)

S# 마당

상준 (평상에 앉아서)⋯⋯(조용히 눈물이 흐르고 있다)⋯⋯⋯

[배경으로 보이던 거실에서 불이 꺼진다.]

상준 ⋯⋯

S# 거실

[어둠 속에들 여자끼리 남자끼리 앉아서/⋯⋯잠시 사이 두었다가]

혜주 (작은 소리로) 나 내일 미국가요‥

금실 ??(같이 소곤대는)언니는 딱 요때면 미국 가구 싶어 몸부림이 나 나봐아? 안갈 듯이 그러더니요?

혜주 안 갈려구 했는데 애들 아빠가 굳이 가래서요. 애들 일 처리할 것도 있고…

금실 그래도 금년엔 용케 아버지 제사는 피했네요.

아내 (오버랩의 기분)아유 그냥 나는 뭣보다두 서방님하구 동서 서루 말도 하고 웃기두 하니까 마음이 그렇게 좋을 수가 없어.

마 예 정말요 정말 그래요.아 진작 좀 그러시잖구들 얼마나 좋아요 그게. 아마 장인 장모님두 오늘 밤은 특별히 더 맛있게 드시구 가실 거에요.(제상에 대고)장인어른 장모님. 많이많이 드세요오.

상수 (일어나며)조용히 해. 떠드는 거 아니야‥ (현관으로)

288

마   쉬이.조용히 조용히.

금실   당신이나 조용해애.

S# 마당

상수   (나와서 아우 찾고)……(잠시 서서 보다가 다가간다)…….왜애..

상준   답답해서요.

상수   우움. 너무 좁아…제수씨 미국 보내?

상준   네….

상수   한번 가면 꽤 있던데 아주머니두 없이…예 와 있어.

상준   그러던지요.

상수   집은 팔기루 합의봤어?

상준   아직은 준비가 안됐나봐요…천천히 하죠..

상수   난 또…집 파는데 합의하면서 화해했나 그랬지.

상준   나중에 팔죠..

상수   그래 천천히 해애..(하고 돌아보는 순간에)

　　[켜지는 거실 불.]

상수   불 켜졌다 들어가자.

상준   전 좀 더 있다가요.(하는데)

마서방   (마루에서 내다보며)들어오세요.

상수   알었어.. 상 보라 그래애.

S# 거실

마   (돌아서며)상보라십니다. 상 봐 여보.

금실   (혜주와 아내/ 함께 소쿠리에 전이며 과일이며 음식 정리해 내는데
　　서 다른 접시에 전과 나물 등 먹을 것 덜어 담으며)알았어 알았어 정신
　　없어 먼지 날리지 말구 어디 앉어. (수미는 며느리라고 부엌에서 수저

와 식접시들/소주잔들/쟁반에 들고 나오고 이어서 세영은 소주 두 병과 맥주 두 병 양손에 들고 나오고)

마   먼지는.

안   이리 오세요 고모부.

마   어 그래그래.(아이들 쪽으로)

아내   우리는 모레 여행갈 건데…

모두   (그쪽 보면서)

안   어디 해외여행가세요?

아내   해외는 무슨

금실   (오버랩의 기분)제주도 가신댄다 제주도··

아내   아니 랄랄라 강원도 갈 거에요.

금실   깔깔깔 언니는/랄랄라 강원도가 어디야 여보오?

마   나두 첨 듣는데? 아 그거 정말 잘 생각하셨어요··안 그래두 저 사람하구 얘길 했었어요. 장사가 전만 같아두 형님 퇴직기념으루 우리가 유럽까지는 못 모셔두 동남아는 한번 모시구 나갈텐데 그런 얘기 했었어요. 그렇지 여보.

금실   자기가 한 거처럼 그러네 내가 했어 내가.

마   아 당신이 나하구 눈 맞추구 하는데 나두 옳소 했지. 그럼 나두 한 거 아냐?

아내   말 만으루두 고마워요. 후후…

세일   그런데 엄마. 단풍 철이라 고생 많이 하실텐데요.

아내   으응. 그래서 산구경은 차타구 가구오며 하구 바닷가 가기루 했어.

세영   가구 오구 길에서 고생할 거라니까요?

아내   괜찮어. 니 아버지하구 같이 길에서 그 고생두 한 번 못 해 보구 살었어. 그거두 몇 년 뒤면 추억 아니겠냐구.

마   아이구우 추억은요오. 꽉 막혀 차안에서 고생하는 거 그거 추
억 못돼요오

아내   그럼 추억은 못돼두 얘기꺼리는 되겠죠.

마   그거야 되죠.

금실   오빠들 왜 안 들어와? 얘 며늘아. 너 좀 나가봐라.

수미   네에.(에서)

S# 같은 거실

    [교자상에 차려놓고 다 같이 앉아서 먹는데]

혜주   (전 하나 집으며)형님네 음식은 언제나 똑같은 맛이에요. 하다
보면 어떤 땐 이럴 수도 저럴 수도 있는데 신기해요.

금실   음식에는 귀신 다 된 사람 아니에요. 그러니까 그 솜씨에 자격
증까지 들구 이 십 년 넘게 돈벌이 했죠오‥그랬으니까 어머니 아버
지 두 양반 마지막/삼사년씩 병수발 하면서 애들 둘 대학공부두 시
켰구/애들 공부만 시켰나? 작은 오빠는. 장한 며느리에 장한 어머
니 상은 눈이 멀었어 우리 언니 안 주는 거 보면

아내   어이그그그/

금실   (오버랩의 기분)그만 먹어 당신.

마   (술잔 들고)이거 두잔 째야.

금실   거짓말하지 마. 네잔 쩬데 무슨 헛소리르을.

애들   (웃고)

마   무슨 마누라가 수다떨 거 다 떨면서 볼 건 다 보는데 사람 질려
버린다니까요 작은 형님.

상준   흠흠흠. 마서방 고생하는 거 우리 다 알어. 마셔

마　마시라 그러시는데?

금실　봐준다. 작은 오빠가 마시라니까 마셔.

마　(입으로 풀룩풀룩/흘기면서)

금실　입 가만 둬. 다 보여.

마　???저런다니까아 아아 나는 무서워 죽겠다 정마알.

애들　(한꺼번에 터져 웃어댄다)

S#　인천공항. 출국장

혜주　(상준에게서 기내 가방 받아들면서)갔다 올께‥

상준　천천히 와.

혜주　형님한테 가 저녁 먹어‥

상준　(끄덕이며)그러지.

혜주　전화할께요.

상준　움‥

혜주　(돌아서 두어 걸음 움직이는데)

상준　혜주야.

혜주　??(돌아보며)‥‥

상준　(다가서서)‥‥‥

혜주　(보며)‥‥‥내 이름 안 잊어 버렸어?

상준　내 이름은 뭐지?

혜주　‥‥‥(보다가)홍 상준.

상준　(쓰게 웃으며)찬이 놈하고 지니한테‥‥전해‥ 형편없는 아버지였
던 거 사과하고‥‥‥내가‥사랑하는 방법을 몰랐다고‥‥‥미안하다고‥‥

혜주　‥‥‥(보며)

상준　당신한테도 같아.

292

혜주　사과하는 거야?

상준　·····그래.

혜주　애들은 모르지만 나는 아직 당신 사과 안 받아줄래···두구 봐야
지 다 안 믿겨.

상준　····(보며)

혜주　애들은 모르겠다. 반응이 어떨지. 어깨 으쓱하고 말던지 아니면
리얼리? 그게 달 거 같은데.

상준　······

혜주　전해는 줄께··나 들어가.

상준　그래.

혜주　(출국 심사장 입구로 움직이는)····

상준　·····(보고 있는)

혜주　(그대로 사라져버린다/뒤 한 번 안 돌아보고)

상준　······(보며)······(한동안 서서)·····

S#　출국 건물에서 나와 건널목에 서 있는 상준·····

[신호 바뀌길 기다리는 사람들 속의 상준/건너편에서 잡은 화면/ 지나
가는 차들에 가려졌다 나타났다 하는 상준.]

S#　주차장

상준　(땅을 보며 빠르지도 느리지도 않는 속도로 걸어오고 있는/)············
(한참 동안 오다가 문득 느끼며 멈추고 서서 자기 차 주차한 방향을 찾아
다시 걷기 시작하는데/와 있는 지점에서 거의 거꾸로 다시 가야 한다)·····

S#　영종에서 서울로 돌아오는 도로를 달리고 있는 상준의 자동차·····

S#　운전대의 상준

S#　다리 건너는 자동차(차가 좀 튀는 색깔이기를)

S# 운전 중인 상준···· 거의 무표정··· 어찌 보면 담담하고······

S# 달리는 상준의 자동차

S# 상수의 안방

아내 (가방 벌려놓고 여행 준비 중····속옷들/양말. 긴팔 반팔 티셔츠. 가벼운 바지 등등. 세영이 사 온 옷도 방바닥에···입은 다물고 작고 가볍게 흥얼거려지는 노래. 옛날 곡. 연분홍 치마를 휘날리더라부터 시작하든지)····(그러고 있다가 문득 손 놓고 무릎걸음으로 움직여 서랍 하나 열고 약 챙기기 시작하며 혼잣소리)소화제····(대여섯 알)이거 가지면 되겠지. 설사병 나면···(정로환 작은 병 꺼내고)두통··(서너 알 잘라내 챙기고) 이거 두 필요할지 몰라.(밴드 대여섯 개. 꺼내 놓고)다 됐나? 더 필요한 거 없나? (하는데)

  E 밖에서 들어오는 기척.

아내 (돌아본다)······당신이에요?

상수 **E** 어엉··(비닐봉지 하나 들고 들어온다)

아내 샀어요?

상수 (봉지에서 운동 모자 두 개 꺼내며/검정 빨강)샀어.

아내 어디/(빼내서 써보며)제대로 샀나 모르겠네.(거울로 /비춰보며)비슷하네··여기가 높아야 모양이 나거든(이마에서 모자 정수리까지의 길이)

상수 (자기 것 쓰면서)비슷해?

아내 비슷해요. 얼마 줬어?

상수 주눈 만큼 줬어.(거울 비춰보며)괜찮아?

아내 멋있어. 흐흐흐

상수 (앉으며 상의 벗는다)상준이는.

아내 아니 아직 안 오네. 버섯 죽 쑤어 놨는데…

상수 올 때 됐잖어.

아내 글쎄··집으루 갔나아…전화 좀 해봐요.(약들과 작은 빈 통 집어내

가방 쪽으로 움직이며)

상수 (전화 들고 찍는다)

E 벨 가는 소리.

S# 빌라 거실

E 빈 거실에 울리는 전화벨··

S# 상수의 안방

상수 (전화 들고 있고)

E 전화벨 가는 소리

아내 (자기 일 하다가 문득 보며)아 안 받으면 끊어어…언제까지 그러

구 있을 거에요.

상수 (끊으며)안 들어 왔나봐.

아내 (도로 움직이며)그거 아는데 참 오래두 걸리네··

E 울리는 전화벨

상수 (받는다)예에 부암동. 어 니 집에 방금 전화했는데.

상준 F (오버랩의 기분)받으려는데 끊더라구요··

S# 빌라 거실

상준 지금 막 들어오는 길이에요. 네··깜박했어요. 죽 먹던 거 있어요

……알았어요 그럼…예…예(하고 끊고)·····(전화기 내려다보며 서서)·····

S# 상수 안방

상수 (전화 앞에서 돌아보며)저녁 상준네 가 먹읍시다.

아내 (자기 일 하며)그럽시다··

상수　·······(보다가)시장 가는 길에···박 창달이 갸 만났어··

아내　??

아내　아아 그 명절 죽어두 안 잊어버리는 사람? 지난 추석에두 갈비갖

　　　구 왔었어.

상수　오늘내일 우리 집에 올려구 했었대.

아내　왜애?

상수　나 퇴직했다 소리 들은 게 보름두 안된대··

아내　그래서.

상수　모래내 상가 일층 네 평 짜리 이달 말에 비운대··거기다 아무거

　　　나 해 보라구.

아내　????

상수　보증금이구 월세구 필요없다구/ 은혜를 갚는다나 뭐라나··

아내　???정마알?

상수　뭘 할 건지만 결정하면 내부 꾸미는 거두 다 지가 한다네··

아내　·······뭐랬어?(겁나며)

상수　말이야 고맙지만

아내　(오버랩의 기분)아이구우우 또 싫다 그랬구나아. 요즘 세상에 개

　　　두 안 물어갈 양시임.

상수　아 내가 한 게 뭐 있다구

아내　(오버랩의 기분)당신은 한 거 없대두 그 사람은 당신 때문에 인간

　　　됐다 그러잖어어어···

상수　아 그거야 애가 처음부터 싹수가 있는 애니까

아내　(오버랩의 기분)어쨌든 도둑질하다 잡힌 거 전과자 안 만들구

　　　자동차 정비 가르쳐 오늘날 사장 소리 듣게 성공시킨 거잖어어··그

거만 했어? 그 사람 집에 우리가 만 이년동안 양식두 팔어댔다.

상수　아 됐어.

아내　……(보는)…(야속하다)

상수　그런 녀석들이 한 둘이야?……뭐 바라구 한 거 아닌데 뭘‥그저 자리잡구 사는 친구들한테서 명절에 갖구오는 고기나 과일 좀 받아 먹구 한번씩 밥 대접이나 받구 그게 속편하구 좋아.

아내　(아예 앵돌아져 입 다물고 가방에 짐 넣는다)

상수　용돈 쥐어주려는 녀석들두 있어…

아내　……

상수　어떻게 말 듣자마자 널름 오냐 정말 고맙다 그래애‥

아내　……

상수　그 녀석….포기할 놈이 아니야…그렇게 물른 눔 같으면 성공두 못했어‥

아내　(솔깃해서 돌아본다)….

상수　상가 말구두 시장 점포가 몇갠데….

아내　……(보며)….

S# 빌라 주방

[셋이 앉아서 저녁 먹는…상준은 버섯 죽/둘은 밥.]

아내　우리 글피 오니까 그때부터 식사는 우리 집에 와서 하세요‥죽 넉넉히 쒀놨으니까 데워 먹으면 되구요 밥 먹어두 되겠다 싶으면

상수　(오버랩의 기분)우리 올 때까지는 그냥 죽 먹어‥다스릴 때 완전 히 다스려 놔야지 덧 들리게 말구.

상준　예…

아내　….(눈치 보다가)뒤에 산 좋은데 운동삼아 좀 걷구 그럼 좋을텐데….

상준 그럴까해요.(시익 웃으며)참 우습게 살었어요..주말이면 등산
객이 미어지게 찾는 산을 바로 뒤에 두구....여태 단 한 번두 산에
올라가 본 적이 없어요..

상수 그럴 틈이나 있었니 어디.

상준 글쎄 그럴 여유조차 없이 살아서 얻은 게…이꼴이에요..흠흠
흠흠..

상수 ……(보다가)우리 다녀오면 나하구 스을슬 산에나 다니자.

상준 그러죠.

아내 도시락은 내가 싸 주께요..

상준 좋쇼….

　　[대화가 끊어지고……잠시 두었다가 끝에 파도 소리가 잠깐 물리고]

S# 한적한 강원도 바닷가

　　[나란히 서서 바다를 보고 있는/ 바람에 머리가 날리고/]

상수 (찌그리고)……

아내 (눈 감고 바람 맞으며 시원하고 좋고)……

상수 (문득 돌아보고)뭘 혼자 히죽히죽 그래.

아내 너어어무 시원해애…살다보니 이런 날두 있네에에….(두 손
모아 입에 대고 있는대로 소리 지른다)바다야아아아 나 허영수우우
욱…(상수-? 해서 보고 있고) 홍상수 마누라아아아아

상수 뭐해애.

아내 (상관없이)홍세일 홍세영 엄마아아아. 알았지이이이이? 나 허
영수우우우우욱..(하고 남편 돌아보며)아아 시원하다…여기가 뻥
뚫렸어..

상수 (그냥 입맛 다시며)단풍 보러 가자면서..

아내　가야지..(하고 남편 팔 끼고 붙는다)우리두 그거 합시다 여보. 드
　　　라마에서 젊은 애들이 하는 거.. 발작 크게 넣게 뗘.이렇게 이렇게..

상수　(쑥스러우면서도 싫지는 않아)허허허허 나참. 이렇게 이렇게?

아내　ㅎㅎㅎㅎ..

　　　[두 사람 바람 맞으며 걸어가는]

S#　설악 단풍 구경.. 케이블카에서 내려다보이는 만산홍엽

S#　케이블카 안의 두 사람

S#　단풍 산길을 내려오는 두 사람

S#　설악산 큰길을 내려오는 두 사람

　　　[아마도 인산인해 속에 카메라 숨겨놓고 찍어야 할 듯.]

S#　민박집 마당..

　　　[두 사람 들어서는데/그 위에]

여주인　E 저 양반이지 싶소...

여주인　홍 선생이 맞지요.

상수　예. 제가 홍인데요.(하는데 벌써 기다리고 있던)

경찰　(아주 청년/경례 붙이며)안녕하십니까 속초 경찰서 김정철 순경
　　　입니다. 홍상수 소장님이십니까..

상수　(띠잉한 채로)그렇소만...(아내도 띠잉)

경찰　잠깐 드릴 말씀이...(하면서 먼저 밖으로 나가고)

상수　??...(따라 움직이는데)

아내　여보 무슨 일...

상수　나오지 마..(나간다)....

아내　(뭔가 불길하고)저기/무슨 일이래요?

여주인　모르지요..말 안 해요.

아내 무슨 일야 대체.(하며 대문 봤다 여주인 봤다 하는데)

여주인 죄진 거 없으면 떨 거 있나요.

아내 ??(여자 돌아보는데)

S# 밖에 좀 떨어진 위치에서

상수 (돌처럼 굳은 얼굴로 경찰 얼굴을 쏘듯이 보고 있는)

경찰 ....(보다가 괜히 제가 죄인인 듯 고개 떨구는)....

아내 E (화면 밖에서)....여보..

상수 (천천히 고개가 화면 밖 아내 쪽으로 돌아간다)....

아내 ....(보며)무슨....무슨 일이냐구요..

상수 (아내에게서 고개 딴 쪽으로 돌아가며)......

아내 ????

S# 한강변

   [사체 수색 작업 중인데]

금실 (상준의 구두 가슴에 껴안고 통곡하며 전화 받고 있다 엉엉거리며
   풀썩 주저앉으며) 틀림없어 오빠아아 엉엉엉..(마서방 옆에 있고)아
   냐아 유서는 없어 유서는 없는데 구두 벗어 구두 속에 신분증하구
   자동차 키 집어 넣어놨어 엉엉엉엉...세 시간 째 찾는데 아직 안 나
   와아 엉엉엉.

S# 공항으로 가는 경찰차 안

아내 (손수건으로 닦아내며 흐느껴 울고 있고)

상수 ...그래 지금 가...가구 있어..아니 비행기 탈 거야..그만 해..침착
   해 금실아..그놈 나쁜 놈이야..울 거두 없어..울지 마.(하고 끊어서 전
   화기 내려다보고 있다가 천천히 경찰에게 전화 넘겨준다)......

S# 운항 중인 비행기 안. 소형 국내 비행기

E 요란한 비행기 소음 속에

상수 (눈 꾹 감고 있고)

아내 (고개 꺾고)……(손수건 끝 만지면서)……

S# 한강 사고 현장…

[서울 경찰차 와서 멎는데 상수와 아내의 시선으로 보이는…]

[마악 인양이 시작되고 있는 찰나이다/구경꾼이라든지 구경꾼 막는

경찰이라던지/]

[통곡하며 그쪽으로 달려가려는 금실을 마서방이 껴안아 말리는 중

이고…]

상수 (차에서 내려 겁내듯이 주춤거리면서 현장으로 다가가는)……

아내 ……(뒤따라 내려 몇 발자국 처져서 따라가고)……

S# 배가 와서 멎고 들것에 덮인 상준 내려지는데……

금실 (와악 하면서 달려들려 하고)

마 (꽉 잡으며)가만 좀 있어! 형님 오셨어 진정해애!!

[들것 땅에 내려지고……]

금실 여행은 무슨 여행야 큰오빠는/여행은 무슨 여행야 엉엉엉엉…

[잠깐 사이 두었다가]

경찰 (상수에게)확인….해 주십시오 선생님.

상수 (끄덕이고)……

경찰 (한 무릎 세워 앉아 씌워진 헝겊 걷는다)

상수 ……(변동 없이 보는데)

금실 E 엉엉엉엉엉엉/(새삼스럽게/거의 발광 같은)

금실 (마서방 가슴에 얼굴 묻고 대성통곡)

아내 (가만히 보다가 스르르 무릎이 꺾이면서 주저앉는다)……

마서방 여보 가자.. 저기 차에 가 약 먹자 엉? 약 먹어야지 안되겠어

엉? 가자가자‥말 들어 옳지 그래 착하지 착하지…(금실 거의 기진한

상태다 /남편한테 끌려가고)

　　[인양 작업한 사람들과 경찰은 뒷수습 과정으로 할 일들 하도록 현장

　　자문 요청해서 진행시키면서……]

상수 ……(그들이 나누는 대화들 속에 우두커니 서 아우 내려다보다가

……어느 순간에 가슴 찢어지는 통증과 함께 상체가 약간 굽었다 펴졌

다 하면서 두 번쯤 하고 아우에게서 조금 돌아서며 다시 굽혔다 폈다 굽

혔다 폈다…다시 아우 쪽으로 돌아서며 터지듯 작은 소리)아아안되지

이‥이눔아…이러는 거 아니지이이‥아니지 아니지이 이눔아 이 못

생긴 눔아‥니가 나한테 어떤 아운데 이 자식아…나쁜 눔 ‥이 나쁜

눔‥‥이렇게 죽는다구 누가(왁 터진다)알어 줄 거라구 이 자식아.

이눔…(굽히며)세상이 그런 거얼‥‥(다시 굽히며)그런 세상이 됐는

거어얼…(굽혔다 펴며)상준아…(굽혔다 펴며)상준아아아‥(굽혔다

펴며)상준아 아눔아아아아아!!!!!……

　　[카메라 멀리 빠지며 계에속 상체 굽혔다 폈다 하는 상수와 주저앉아

　　있는 아내……]

　　　　　　　　　　　　　　　　　　　　　　　　　　　　〈끝〉

아버지가 미안하다
(2012)

| 등장인물 |

주요 인물

용만   62세. 퀵서비스 배달원. 동식 남매의 아버지.

순주   59세. 가사도우미. 동식 남매의 어머니.

동식네 가족

동식   39세. 용만 부부의 큰아들.

혜리   37세. 동식의 아내.

희숙네 가족

희숙   37세. 용만 부부의 큰딸.

영훈   40세. 희숙의 남편.

승우   희숙 부부의 아들.

시모   희숙의 시어머니.

동수네 가족

동수   35세. 용만 부부의 작은아들.

경애   32세. 동수의 아내.

희경   28세. 용만 부부의 막내딸.

한일   희경의 남자친구.

제1회

S# 강남대로 신호등에 멈춰 선 차량이 꽉 찬 세밑 거리 풍경

용만 (퀵서비스 오토바이 타고. 두터운 장갑에 다운 잠바, 헬멧, 목도리/차
량들에 끼어 신호 바뀌기 기다리고 있는)

　　　[신호가 풀리고 움직이는 차 사이에서 출발하는 용만……]

S# 이태원 어느 카페 안

희경 ……(광고 회사 카피라이터. 빈 커피 잔 놓고 탁자 내려다보며)……
(앉아 있는)……

종업원 (지나가다 보고)리필 해 드릴까요?

희경 ?? 네··(조금 웃으며)

종업 (커피 쪽으로 가고)

희경 (좀 전 상태로)……

　　　[따라지는 리필 커피··]

　　　[희경/천천히 마시고 있는……]

　　　[비워져 있는 찻잔/]

희경 (탁자 내려다보며)····

종업원　리필⋯⋯

희경　?? 아 아니에요⋯(소지품 챙겨 일어서 나가려다 보면)

한일　(말끔한 차림/ 제철 광고부/무난한 용모. 다가오고 있는 중)

희경　(서서 보며)⋯

한일　모델오디션이 좀 걸려서⋯(웃음기 없이/뭔가 어정쩡한)⋯

희경　(그냥 보며/선 채)⋯

한일　앉어⋯앉어요⋯

희경　⋯(시선 피하며 앉는다)⋯(소지품 무릎에)⋯

한일　(앉으며 잠깐 흘낏 보고 종업원 쪽으로 손 들어 보이고)

종업　(와서 서면) ⋯

한일　어어⋯저기 당근쥬스

종업　⋯(목례. 아웃 되고)

한일　⋯(희경 보는)⋯

희경　(시선 탁자에)⋯⋯

한일　(시선 돌려 괜히 실내 둘러보듯 하며 넥타이 좀 느슨하게 만드는)

희경　⋯(보는)⋯⋯

한일　(잠깐 보려다 눈 마주치자 얼른 시선 내리면서)⋯⋯⋯

희경　(가만히 보며)⋯⋯

한일　⋯⋯(그대로)⋯⋯

희경　⋯⋯(보며)

한일　⋯⋯(그대로)

희경　(제가 마시던 물컵 집어 들며)알고 있어요⋯

한일　(보는)⋯

희경　나흘⋯연락 끊겼었으니까⋯ 어떤 의민지 알아요.

한일　왜…왜 진작에 얘기 안했어요.

희경　….(보며)

한일　시청공무원 정년퇴직하고 그건…달라요..

희경　….(마시고 내리는)

한일　우리도 크게 내세울 거 없지만…그래도……

희경　….(보며)

한일　처음부터 솔직했어야 하는 문제를 거짓말했던 거 ··이해하기 힘들어요··

희경　…..(보며)

한일　생각했는데……(시선 내리고)

희경　알았어요.

한일　당황스러웠어요··

희경　…..(보며)

한일　배신당한 거 같은 느낌이기도 하고

희경　(오버랩)먼저… 일어나도 되죠··

한일　….(보는)

희경　(일어나 계산대로)

한일　(일어나 보는)

희경　(카드 계산하는)….

한일　(보는)

S#　카페에서 나와 걷기 시작하는

희경　(입 꾹 다물고/빠른 걸음으로 땅바닥 보며)…..

S#　건널목

희경　(사람들 사이에서 신호 기다리며)……..

S# 청와대 뒷길에서 세검정 넘어오는 도로를 제법 달리는 용만의 퀵서비스·······

[구정 전날 오후 두세 시쯤. 흐린 날씨의 회색빛 거리. 도로에 가득찬 차량들.]

S# 버스 안

희경 (고개 창으로 돌리고 무표정한 얼굴)·····

S# 평창동 쌍다리 절 건물 앞에 오토바이 세워놓고 통화 중

용만 예 절이 왼쪽이에요··예···예···오른 쪽으로 개인 주택··다섯번째·· 예··예 주소 있어요. 예 예 다왔어요.감사합니다.(끊고 부릉부릉 출발하는)

S# 어느 주택 대문 앞에 멎는 오토바이

[큰 개가 컹컹 짖는 소리 들리고··]

용만 (주머니 메모 꺼내 대문의 주소 확인하며 벨 누르고)········(오토바이 갈비 상자 풀어 들고 다시 대문 앞으로)

[철컥 문이 열리고 용만 대문 안으로 조심스레 들어서면서 개가 어디 있나 살피는/]

[묶여서 펄펄 뛰며 짖는 커다란 개 보고]

용만 (웃으며)나쁜 사람 아냐 나쁜 사람 아냐.

S# 평창동 다른 길을 달리는 용만··

[주택이 좀 뜸한 길을 지나 다시 주택 시작되는 쪽으로 오다]

용만 (멈추고 보는)···

[마침 어느 집 대문을 나서고 있는 아내 순주··핸드백이라기에는 큰 가방 들고··]

순주 (대문 나와 대문으로 돌아서 문 조심스럽게 닫느라 남편 미처 못 보

310

왔고/대문 닫고 돌아서 길로 나서다 보고 잠깐 멈추고)이 동네 왔어요?

용만　늦었네.

순주　꼭 이런 날 가외일 생겨.. 뒷곁 낙엽....며칠 전에 치웠는데 산동
네라 치워도 치운 티도 안나..

용만　차 시간 맞춰나온 거야?

순주　그러엄. 취 죽겠는데 (하는 데 저만큼에서 순환버스 나타나는)오네..

용만　(버스 쪽 보며)....

순주　(버스 서면서 길 건너 버스 쪽으로)일찍 끝내고 들어와요

용만　어엉..

　　　[순주 버스로 사라지고 버스 출발하고]

용만　(부르르릉)....(오토바이 꽁무니).....

S#　**이동 중.. 순환버스 안**

순주　(잠깐 있다가 문득 전화 꺼내서 거는)...

　　　[전원이 꺼져 있다는 메시지..]

순주　(전화 끄며)왜 또 꺼놨어어어 (중얼거리는)....(끊는)

S#　**서민 아파트 단지 전경**

　　　[전화벨/임재범 노래〈너를 위해〉/]

　　　[거친 생각과 불안한 눈빛과]

S#　**아파트 안**

　　　[그걸 지켜보는 너어..그건 아마도 전쟁 같은 사랑.(에서)]

경애　(시장 본 것 꺼내다 전화받는/보고)네 어머니..네.지금 막요..네
…아가씨 없는데요? 잠깐 나갔다 온다구/..네…네 알았어요 네..네
에..(끊고 쿠커에서 끓는 주전자 물 준비해두었던 커피 믹스에 부으면
서)떡 썰어 노라구..팔목 아프시데..

동수 파스만 갖고 안된다니까‥

경애 나물 다듬어.

동수 응.

경애 ‥‥‥(두 컵 물 붓고 우선 하나 저어서 남편 앞으로)‥

동수 (집어 후후 불며 마시고 아내 보며)이거 완전 중독이야. 왜 이렇게
맛있냐.

경애 (제 컵 저으며)정말‥할 거야?

동수 ?? 뭘‥

경애 (힐끗 옆눈으로)

동수 할 거야.

경애 (뿌우 보는)‥

동수 아예 미련 싹 잘라버리구 편하게 살자구.

경애 너무 실망하실텐데‥

동수 ‥‥

경애 명절에‥새해 시작에‥

동수 새해 시작된 게 언젠데‥‥‥(마시는)

경애 어머니 기제사 생일/ 다 음력으로 하시는데 뭐‥

동수 그래 엄마한테는 섣달그믐 마지막 날이니까 됐어. 그렇게 계산
하면 돼.(그냥 마시는)

경애 (커피컵 들며) 좀 있다가‥대보름 지나고 말씀드리지‥(안 보는 채)

동수 알아서 해‥당신은 그냥 입 다물고 가만 있으면 돼‥(마시는)

경애 (남편 보며)‥‥

동수 매맞아 치우고 말자구‥

경애 ‥(좀 뿌우)

동수   나물.

경애   응‥(나물 보따리 드는)

S# 서울 거리

　　[거리를 달리고 있는 용만의 오토바이.]

S# 서울로 오는 영동고속도로 마지막 휴게소(오후 네다섯 시)

동식   (매점에서 커피 사갖고 나오는 중.)

S# 주차장에 세워져 있는 차

동식   (자동차 뒷좌석 옆으로)

혜리   (유리 열고 컵 한 개 받아 들이고)

동식   (돌아서 뒷자리로)

S# 차 안

동식   (차에 올라 홀더에 컵 끼우고 벨트 빼 채우면서)금방 어둡겠네.

혜리   (컵 홀더에 제 커피 꽂으며)‥‥‥

동식   최소 한시간 반이야. 막히면 두시간 반도 좋구. 지금흐름 같아
　　선 괜찮을 거 같은데‥

혜리   오늘안으로만 들어감 되잖아.

동식   (커피 홀더에서 빼내다 흘낏 잠깐 보고 앞으로/한 모금 마시고)그
　　런 식으로 말하지 말라니까‥

혜리   아들이 하나 뿐인 것도 아니고.

동식   대한민국 장남이야‥

혜리   즐거운 일 아니니까.

동식   그렇다구 그렇게 표내야해?

혜리   내가 언제. 내내 잤는데‥고단해 죽겠어. 애들한테 시달리는 게
　　쉬운일야?

동식   (그냥 마시는)…

혜리   명절같은 거 진짜 싹 다 없어졌으면 좋겠어.

동식   (홀더에 컵 꽂으며)….

혜리   적응안돼 정말.

동식   (출발하며)고아 아니라 미안해.

혜리   (돌아보는)‥

혜리   ‥‥(보다가)삐지지 마‥불편하니까 그렇지‥이해 못해줘?

동식   이 아저씨는 뭐 하는 거야‥

혜리   십초만 참지‥

동식   (보면)

기사   (서두는 걸음으로 와서 운전대에 오르는)죄송합니다.

동식   가시죠‥

기사   예‥

S#   휴게소를 빠져나가는 동식의 차…

S#   고급 주택가(어두워진)

용만   (오토바이 세워 놓고/선물 상자/전화 중)‥‥‥(한참 기다리다가)

여자   F 여보세요.

용만   (반가와서)아 예 사모님 저 퀵서비스 /지금 댁 앞에 와 있는데요 댁에 아무도 안계신가요? 벨을 아무리 눌러도(몸에 밴 낮춤)

여자   F (오버랩)여섯시까지 온다 그러지 않았어요?

용만   예 죄송합니다. 길이 막혀서

여자   F (오버랩)그건 그쪽 사정이구 약속을 했으면 지켜줘야지 지금 오면 어떡해요.

용만   예‥예‥

여자 F 뭐에요?

용만 예?

여자 F 배달 물건이 뭐냐구요.

용만 예 저는 잘‥갈비같은데 풀어보기 전에는

여자 F 아저씨 갖고가 먹어요.

용만 F 예?

여자 F 그거 받자구 차 돌려 들어갈 수 없으니까 아저씨 갖고가 먹
으라구요.

용만 아 저 그럴수는 없는데요 사모님‥그럼 제가 (하는데 전화 끊어
지고)…(전화 거치대에 꽂아놓고 매달린 주머니에서 둘둘 말린 줄 뭉치
꺼내 상자에 묶기 시작한다. 입에서 김 푹푹 나오고 손은 곱고)‥(시간 약
간 경과)

S# 갈비 상자 먼저 대문 너머로 넘기고 줄로 대문 안에 집어넣고 있는 용만

S# 어느 모텔 입구

[자동차 전면 유리 통해서]

[팔 끼고 희희덕거리며 나오는 영훈과 여자의 모습]

S# 차 안

희숙 (헤드라이트 켜고 움직이기 시작)

[주차장으로 오던 두 사람.]

여자 뭐야아아.(눈 가리며)

영훈 무식하기는/(욕하려 자동차로 가는데)

희숙 (차 움직여 남편 앞에 스톱)

영훈 ??(뒷걸음치며)이게 미쳤나아(하다가)??

희숙 (운전대에서 내리는)

영훈   ???

희숙   ……(남편에게 시선/분노 같은 것은 없고 한심스런)

영훈   ??? (크게 당황한 건 아니지만 어쨌든/옆으로 붙는 여자를 밀어내 며)어 아..가..가가.가라구.

여자   (빠지면서)전화해요..

영훈   가라구우우..

희숙   (그냥 보고 있고)……

영훈   (여자 어느 정도 거리 벌리는 것 보고 아내에게)어어이 시이이

희숙   (그냥 보며)……

영훈   어머니한테 얼마나 터질려구 이 시간에 여기있으면 어떡해.차 례 안지내?

희숙   ……(그냥 보며)

영훈   이혼을 해주던지 날 포기하던지 둘중에 하나 골라잡으라니까 귓구멍이 맥혔냐?

희숙   ……(보며)

영훈   어어엉?!!!

희숙   해주께..

영훈   ???

희숙   해주께.

영훈   ???(믿기지 않는)

S# 근처 카페

　　[들어오는 두 사람. 빈 자리에 거의 동시에 앉으면서]

영훈   뭐. 로또 당첨됐어? ……남자 생겼나? 책임져 준대?

희숙   (다가온 종업원 올려다보며)얼음냉수랑……커피 주세요.

종업   예.(영훈 보면)

영훈   쌍화차.

종업   예.(아웃)

영훈   웬일야 엉?

희숙   (오버랩)오억만 내..

영훈   (타이 만지다가)????...무슨 풀뜯어먹는 소리야

희숙   ....(보며)

영훈   아주..개념이 없군. 그게 동네 개 이름이야?

희숙   ....(보며)

영훈   도대체 그게 어떻게 나온/ 무슨 계산이야..

희숙   (오버랩)십오년 인건비.

영훈   ???

희숙   신혼여행에서 돌아와 바로 어제까지...죽자고 일했어..

영훈   너 혼자 했냐?

희숙   당신은 가게 두 시간도 안 붙어 있었어.

영훈   남편 사업장에서 인건비 받구 일해?

희숙   ....(보며)

영훈   그동안 먹고 입고 쓴 건 뭐야.

희숙   .....(보며)

영훈   찢어지게 없는 집구석에서 데려다 호강시켜 줬더니 은혜도 모르고 한다는 소리하군 허 참 어이가 없어..

희숙   (보며)......

영훈   (주변 한번 둘러보고 소리 낮춰 달래는)엄마 모르게 옷 사줘 빽 사줘 구두 사줘 용돈 줘.그 동안 너 빼돌린 것도 수억이잖아..

희숙   (이 악물고 쏘아보는)

영훈   오억이 무슨.헛참··잠꼬대하네.

희숙   (오버랩)승우 교육비 생활비는 별도야.

영훈   ???

희숙   합의안하면 소송할 거야··

영훈   ??? ····(주변 한 번 더 돌아보고)소송/··소소옹? 하아 이혼 안해
       준대서 이러구 있는데 거꾸로 무슨 소송. 너 말 되는 소리냐?

희숙   ····(보며)

영훈   야 그리구 뭐 승우? 우리 엄마가 너한테 승우 넘겨줄 거 같아? 될
       법한 소릴해

희숙   (오버랩)변호사도 내가 유리하대.

영훈   ·····(보다가)니 사전에 이혼은 없다면서/··그냥 한번 해 보는 거
       야? ··엉?

희숙   ····(보며)

S# 운전 중인 희숙··

희숙   (입 꾸욱 다물고)·····

S# 용만 아파트 주차장(밤)

용만   (오토바이 몰고 들어와 자기 주차 자리에 세우고 쇠사슬 도난 방지
       열쇠 몇 개나 채우기 시작하는)

S# 아파트 거실

희경과 동수   (밥상 차리고 있는 중/동수가 날라 온 쟁반에서 희경이 차리는)

동수   쓸만한 카피 안나와 돌기 직전이라면서.

희경   ??(잠깐 보고 가만두고)

동수   장마다 꼴뚜기 나냐? 그냥 대박하나 나올려 그런가부다 염병

할 그러구 편하게 지내.꼭 사표 압력 받는 거처럼 그러지 말구‥

희경　내가 뭐.

동수　아 신경쓰여어어

희경　괜히 그래 왜.

동수　한집에서 아침 저녁 얼굴보는데 어떻게 신경이 안쓰이냐.

희경　그냥좀 디프레스 돼서 그래요.모르는 척 해줘.그러다 말겠지.(빈 쟁반/ 주방으로)

순주　(며느리가 썰어놓은 떡 건드리면서 꿍얼거리는)떡 써는 솜씨는 암 튼‥발전이 없어.(손목에 파스 감겨 있는)

경애　(고기 살전 양념해 주무르며/대접 칠부쯤 분량)열심히 썰었는데‥‥

동수　한 말씀 듣는다구 디이게 신경쓰던데 그랬어도 불합격이에요?

순주　(떡 비닐봉지 아구리 묶으며)머슴 떡국떡 만들어 놓느라 애썼다.

경애　‥(입 잠깐 나오고)

순주　(숫자대로 챙겨놓은 물컵에 물 채우고 있는 딸 돌아보며)너 회사‥‥

희경　(미처 못 느끼고)

경애　아가씨‥(엄마 뭐라시잖아요)

희경　??

경애　어머니 뭐라시잖아요.

희경　??(엄마 돌아보는)‥

순주　아니이‥회사가 머 불편한 거 아닌가 그래서.

희경　엄마 나 신경질날라 그래.

순주　그래 알었어‥그럼 됐어‥(떡 봉지 세 개 들고 냉장고로/ 두 개는 냉 동실/하나는 냉장실로)

희경　엄마는 그냥 제일 중요한 게 회사/돈이야돈.

동수 (방석/숫자대로 먼저 안 나게 돌려 놓는 중)돈 중요하지이이‥(팔걷으며)우리가 아프리카 밀림 원숭이두 아니구 아마존 강 악어도 아니고 돈으로 먹이 바꿔먹어야는 인간인데 돈보다 더 중요한 게 어딨냐.이름있는 회사쯤 다닌다구 고상한 척하지마라.바닥인생 오장 뒤틀린다.

희경 비약하는데는 암튼‥(중얼거리는)

동수 하하 그래서 내 이름이 최비약아니냐

　　　　[현관 다이얼 버튼 찍는 소리.]

동수 ??아버지세요?

용만 E 어어 그래애‥

　　　　[용만 들어오고 동수 현관으로/동시에 며느리도 주방에서 좀 나오고]

동수 (헬멧 /장갑 받아 신발장 위에 놓으며)추우셨죠‥

용만 (응)괜찮았어.

순주 빨리 씻어요 밥 먹게‥

용만 알았어.

S# 거실(시간 경과)

　　　　[식사 중 가족/용만 부부/ 동수 부부/희경/한동안 먹기만 하다가‥]

용만 큰애들은.

순주 (쭈그리고 앉아 딸 보며)오구 있겠지.

동수 형수님 이번엔 미국갈 핑계 뭐 없었나?

경애 사둔어른들 들어와 계신데 뭘‥안 들어오셨어두 그렇지.추석에 다녀왔는데 금방 또 어떻게에.

순주 애들 스키태우러 몽땅 용평가 있대‥그집은 신정세니까.

동수 그렇게 살아야 사는 거처럼 산달 수 있죠 흥‥(아무도 무반응)

320

용만 (고등어구이 접시 집어 희경 앞으로)

희경 ??

용만 고기 먹어. 먹구 기운내…

희경 (그냥 조금 웃는듯)….

동수 살짝 우울증이래요 신경쓰지 마세요..

용만 (그러니까) 먹고 기운 차리라구..

경애 후후 아버님은 고등어가 무슨/ 기운 날려면 고길 먹어야죠.

용만 (아내에게)고기 좀 해줘어.

순주 고기 못먹어 기운 없어?

희경 (약간 성가셔)신경꺼줘요 제발.

동수 신경쓰게 하지를 마..며칠째야..사흘이에요 나흘이에요(엄마
에게)

순주 아이구 몰라 내버려둬….생각없는 거.

희경 ??(엄마 보는)

순주 나이가 몇인데 뿌우우우/식구 다 지 눈치 보게 만들어

희경 (좀 짜증)아 그냥 기분이 나쁘다니까아.

순주 이유가 있을 거 아냐.

희경 미치겠어 진짜. 그냥 우울해..엄마두 한번씩 이유없이 심난하
고 우울하다면서 짜증 부리잖어.

순주 그건 그냥 덮는 소리지 이유가 없긴 왜 없어.

희경 나두야.그러니까 덮자구요..

순주 이유가 있구먼 그러니까.

용만 (오버랩)싫다는데 놔둬 그만해.

　　[잠시 사이 두었다가]

순주   다퉜지.

희경   아니라니까 엄마아안.(다분히 신경질)

동수   야아/

경애   여보

동수   어디다 성질을 피워어!!(버럭)

용만   밥상 놓구 복 날아가게 쫏..왜 소린 질러.

동수   싹수없이..

희경   (수저 놓고 물 마시는)

동수   마저 먹어.

희경   ....(그냥 일어나 제 방으로)

동수   저 기집애가

경애   아으 여보 왜 그래애애..

동수   아 나 인간 싸가지없는 거 못봐 야아!!

희경   (그냥 들어가버리고)

동수   저거저거 저게 (불끈 일어나려)

순주   (오버랩)놔둬어.

동수   (오버랩)엄마

순주   (오버랩)시끄러 골 흔들려 밥 먹자 응?

동수   (그만두고 수저 들며)막내라고 너무 오냐오냐해서 말이에요

용만   (오버랩)애 숭늉 좀 더 다우..(물컵 아닌/따로 더운물 대접이었다)

경애   네에에…(일어나는)

동수   (슬그머니 그만두고)

S# 희경의 방

희경   (선 채 휴지 팍팍팍 뽑아 눈물 닦으면서)……

322

S# 거실과 주방(시간 경과)

　[순주와 경애 동그랑땡 만들어 쟁반에…거실 탁자에서]

동수　(주방에서 주전자 물 녹차 잔에 부어서 들고 거실로 나오며)아버지!!

용만　E 그래 나가아…

동수　(탁자에 컵 들어 내놓는)….

용만　(실내복으로 갈아입고 나와 앉는)…(티백 집는)

동수　더 둬야해요..

용만　(도로 담그며 아내에게)늦는댔어?

순주　서울서두 환할 때 온적 없는 애들이 강원도서 온다는데 뭐..

용만　힘들면 이번에는 건너뛰라 그러지.사둔양반들도 오셨구

순주　(힐끗 보고)

용만　전화 내가 받았으면 그랬을텐데.

순주　(오버랩)애들 버릇은 당신이 다 망쳐놔(약간 구박)

용만　(그냥 피식 웃고)

동수　추석에두 미국 가 빠지구 그달 제사 두 번 다 빠졌는데 아버진.

용만　눈길에 운전 위험하니까..

순주　눈 온지 하안참 됐어.눈 없어.

용만　스키장은 그쪽은 여기 날씨하구 달러. 눈 많이 오는데야.

순주　(오버랩)추석전 미국 간다 잠깐 들리고 지금까지 한번 얼굴 봤어..그런 며느리가 어딨어..손주놈들 길에서 스쳐두 모르게 생겼다구.

동수　전 형 얼굴도 가물가물이에요.(티백 건지며)

용만　(티백 건지며)북치장단 넣지 마..가만 있어

동수　(피식 웃으며)그런데 어떡해요. 엄마..형대신 나래두 얼굴 안

잊어버리는 손주손녀 보게 해드려야 하는데…

경애 ??(정말 하려나 보네)

순주 애 스트레스 받게 쯧.생길 때되면 생기겠지.(동그랑땡 만들다
잠깐 흘기는)

경애 (순주 보고)

동수 예 그런데 사실은 엄마아버지한테 솔직하게 털어놓을 얘기가 있
어요.

순주 ??

용만 ??

동수 (바닥 보며)즈이한테서 ….손주 생기는 거 더 이상 기다리지 마
세요..

순주 ??

용만 ??

순주 그게 무슨 소리래?

동수 (엄마 보며)실망하실까봐 거짓말 했었어요..

순주 ??(고개 경애에게/니가 문제 있어?)

경애 …(고개 푹 꺾고)

동수 아니 엄마 그 사람 아니라 제가 문제에요..

순주 ??(아들에게 고개)

용만 ??

동수 뭐냐 저기 그게요(뒷머리 좀 만지며)나한테 애기 씨가 없대요.

순주 ……(뻐엉)

동수 거죽만 멀쩡하고 속이 비었대요.

순주 (오버랩)얘가 무슨 /(거실로 내달으며)애애애애기씨가 왜 없어.

324

너 군대/소소속속초서 애 만들어

동수 (놀라서)??? 엄마.

순주 (아차/경애 보면)

경애 ??(순주 보는)

순주 ....(경애 잠시 보다가 그대로 수습하려는)그 의사 돌팔이야.

동수 돌팔이 아니에요.

순주 돌팔이야 그럴 리가 없어.

동수 나름 유명한 비뇨기과란 말이에요 손님이 얼마나 많은데요 바
글바글이에요 엄마.

순주 ....(입 꾹 다물고 아들 보는)....

동수 .....(엄마 보다가)그래서 우리요 아이 포기하고 살기로 했어요.
포기할 수 밖에 없죠 뭐 내막이 그런데..

순주 그걸 믿으라구?

동수 아 사실이 그런데 믿어야지 그럼 어떡해요.

순주 (풀썩 앉으며)너 확실한 전과가 있는 놈이냐.

동수 아니 저 엄마.

순주 (오버랩)아 그래 내가 장항아리 깨..(경애 돌아보며)얘 전석 군
에 있을 때 거기 다방 마담 애 들어서게해서 내가 가 해결했었다.

경애 ...(보며)

순주 E (떵한 용만 위에) 늬 아버지두 모르는 일야.

동수 아으 참 엄마 그 얘길 하면 어떡해요.(낭패/좀 화내며)

순주 말이 되는 소릴 해야지.있던 애기씨가 어디루 갔단 거야.

동수 죽어버렸대요. 그런 경우도 있대요..제가 그런 경우라구요.

순주 돌팔이라니까. 검사 다시 받잔 말야.

동수 어으 시이.그렇다면 그런 줄 아세요. 이 얘기 하기가 얼마나 힘들었는데 엄만/ 판정난지 벌써 한참 됐어요. 혹시나 박씨나 병원 여러군데 다녔어요.다 똑같아요.우리도 지쳐서요 그래서 그만 포기하고 사실대로 털어놓는 거란 말이에요.

순주 (오버랩)나는 못믿어.

동수 믿으세요.

순주 못믿어.(고집스럽게)

용만 (아내 보며)믿어…

순주 못 믿어.

용만 E (아내 위에)병원에서 그랬다면

용만 믿어야지 못 믿으면 어째.

순주 딴 병원한번 더 가본단 말예요 내말은.

용만 즈들이 여러병원 다 다녀봤다는데

순주 (오버랩)종합병원 갈 거에요.제일 잘 본다는 대학병원.

경애 (오버랩)그만두세요 어머니.(고개 푹 꺾고)

순주 ??

용만 (경애 보는)

경애 동수씨는 이상없어요.저 때문이에요.

동수 왜 당신때문이야.

경애 내가 안되니까아··

동수 둘 다 이상없는데 무슨 까닭인지 안되는 경우라는데 왜 당신이 뒤집어 써.

경애 그만해··첨부터 나한테 문제 있었는데 뭘··약두 먹어보고 비방두 하구 기도두 하구 별별 짓 다해두 내가 안되는 건데 뭘.

동수 (오버랩)그러니까 내가 계소옥 난 자식 필요없으니까 스트레스 받을 거 눈꼽만큼도 없구 그딴 짓두 필요없댔잖아‥

경애 (울음 터지며 현관으로 나가는)····

순주 (경애 보며)

동수 (경애 보며)

용만 (탁자 보며)···

순주 (중얼거리는)누가 스트레스를 줬다구

동수 (버럭)스트레스 안 쳤어요?!!

순주 ??

동수 엄마서부터 온 집안 식구 몽땅 다 스트레스 안쳤어요?

순주 눈치만 봤지 나 스트레스 준 적 없다? 누가 스트레스 줄까봐 오히려 내가 눈 꿈쩍꿈쩍 막아주고 그랬는데

동수 (오버랩)저 사람한텐 그게 벌써 스트레스에요‥엄마 눈 꿈쩍거리구 저 사람 나오면 얼른 딴 얘기 하는 척/그런 모든 게 다요.

순주 결혼한지 십년이 목에 찼는데 나이 더 먹기 전에

동수 (오버랩)아 난 자식같은 거 안 생겨도 아아무 상관없는 놈이란 말이에요. 오히려 생길까봐 겁나는 놈이에요!!

희경 (제 방에서 나와 못 들은 척 주방으로/물 가지러)

순주 ??삼신 할머니 들으셔/(질색)그게 무슨 싸가지 없는 소리야‥

동수 집 한칸 없이 부모한테 얹혀 간신히 밥먹구 사는 주제에 자식이 무슨 해당사항이에요. 물려받을 유산없어

동수 E (용만 위에)학력없어 능력없어 빽도 없어 순전히 노동으로 먹고살 수 밖에 없는 인생/아버지랑 다를 거 눈꼽만큼도 없는 처지에 자식은 낳아서 뭐해요.(희경 움직이다 돌아보는)밥 세끼 먹여

주는 거 밖에 부모로서 해줄수 있는 게 아무 것도 없는데./

순주 (오버랩)개천에서 용두 나와‥누가 알아. 니 자식이 장관 /대통령이 될지.

동수 (오버랩)그런 시대 끝났어요. 엄마 아버지 죽을 힘 다해 열심히 살았어두 지금까지 이모양이구 나 역시 아무리 기를 써도 그저 그렇게그렇게 살다 죽어요. 내 자식도 그럴 거구요. 우린 인구조사 숫자 보태기 밖에 안되는 사람들이에요.자식 낳아봤자 그 숫자 한둘 보태는 일 밖에 아아무 의미없는 거구요.(남아 있는데)

희경 (오버랩)뭐가 그렇게 길어요.스스로를 그렇게 비하하는 게 즐거워?

동수 야 비하가 아니라 현실에 대한 인식이

희경 (오버랩)인구조사 숫자보태기 오빠만 해.오빠만 루저면 됐지 왜 아버지 엄마까지 실패잘 만들어?

동수 야.

희경 (상관없이)부모 잘 못만나 오빠 별볼일 없고 자식도 마찬가질 테니까 안낳겠다 /아버지 엄마 탓이다 그렇게 들려.

동수 내가 언제 그런 의미로(했어)/난 허황하지 않다/냉정하게 내 처지 알고 있다 그거야.

희경 그렇게 들렸어.

동수 니 귓구멍이 잘못된 거야 자식아.

희경 그렇다 치고 그만하라구요‥(물 마시고 동그랑땡으로)

동수 (불끈 일어나며)어쨌든 우리한테서 아이는 포기하세요‥만에 하나 생긴다 그래도 안 날테니까‥(일어나 제 방으로 들어가 아내와 제 것/걸칠 옷 들고 현관으로 나가고)…

328

순주 ……(보고 있다가 소리치는)입 방정 떨지 마..팔짜에 아들이 둘인데 왜 안낳아.

동수 (획 돌아보며)아 딴 여자 봐 낳아요?

순주 인공수정도 있어.

동수 그 돈이 어딨어요. 엄마가 대줄 거에요? 아니 글쎄 그렇게까지 해서 별볼일 없이 살다 죽을 인간하나 뭐하러 보태요. 엄마 나 내 새끼 딴 놈들한테 치어서 기 못피구 크는 꼴 가슴 찢어져 못봐요. (외치고 나가버리는)

순주 이눔 자식아!!(불끈 일어나려 하며)

용만 (아내 잡는)

순주 (남편 돌아보고)…

용만 (고개 젓는다)

순주 후후후후….(엉덩이 붙이며 한숨)….

용만 ……

순주 (남편 보고)……

용만 ……(티백 빼내고 마시기 시작하는)……

순주 ……(좀 더 보다가 일어나 주방으로)……(숟가락 들고 시작)

희경 (동그랑땡 만들며)….(사이 좀 두었다가)언니는..

순주 ……

희경 (숟가락 집으며)가만있지 왜 또오.

순주 구린입두 안 뗐어..

희경 어떻게 시작한 거야..

순주 지가 먼저 꺼냈어..지가 애기씨가 없다구. 개뼉다구 소리..눈가리고 아웅도 유분수지.

용만 (가만히 차 마시는)....

S# 아파트 계단

경애 (계단에 웅크리고 울고 앉아 있는).......

동수 (뒤에서 보고 섰는).....(옷 걸쳐주는)...

경애 (입고)

동수 (잠바 입으며 아내 옆에)갈데도 없으면서..

경애 .....

동수 확실히 못 박아 뒀으니까 엄마두 알아들으셨을 거야.

경애 ....

동수 생겨도 안 낳는댔어. 자식 필요없다구.

경애 사기꾼.

동수 뭐?

경애 아이까지 생기게 놀았으면서 내가 첨이라구..

동수 야 그건 그때 어쩌다 보니까

경애 (오버랩)딴 여자 없었다구 하늘에 맹서한다 그래놓구는.

동수 잠깐 술 취해서 말려들어/잠깐/ 그랬었던 거야..아아무 의미없는 상대였다구. 나이도 나보다 열 두 살이나 많은 아줌마였는데 뭘.

경애 ???(입 벌리며 돌아보는)

동수 옛날옛적 호랑이 담배먹던 시절에.

경애 기막혀.그렇게 늙은 여자랑/혹시 전문아니었어/?

동수 그런 건 잡아떼는게 기본이야. 당신 위해 숨긴 거라구..잠깐이었어.

경애 잠깐에 아이가 생겼어?

동수 재수없으니까 그게 그렇게 되더라구 참 어이가 없어..

경애 잠깐이 얼마.

동수 하..한달??

경애 지금 그애 어디서 크구 있는 거 아냐?

동수 아 엄마 얘기 못들었어? 엄마가 타일러서 해결 보셨었어..

경애 어떻게..병원 같이 가셨어?

동수 아마 그러셨을 걸? 우리 엄마 야무지시니까……

경애 그냥 낳아서 키우구 있는지 알게 뭐야..

동수 (보며..설마 했다가)야 그런 일은 있을 수 없어..서로 행복 빌어 주면서 얘기 잘 끝내구 그렇게 했어..착한 아줌마였어.

경애 착한 아줌마가 열두살이나 어린 남자 꼬여서 그런 짓 해?

동수 외로워 그랬겠지이..나한테 첫눈에 맛이 갔었다 그랬었어.. 나이 상관없이 남자 그 자체라구…. 엄청 좋아하구 엄청 잘해 췄었 는데..

경애 ??(눈이 튀어나올듯 노려보는)

동수 우후후후 아냐 아냐..놀리는 거야. 아냐..(어깨 안으며)당신이 최고야 당신 밖에 없어 흐흐흐흐.

경애 (팔 밀어내고 나가는)

동수 어디가아...여보..경애야..

S# 근처 편의점

　　　[스탠드 탁자에서 소주 나누어 마시며]

경애 머리 별로 안 좋은 줄은 알지만 자기 한 짓 있으면서 어머니한 테 그런 거짓말 왜 해.

동수 워낙 옛날일이구 기억하고 싶지 않은 사건이라 그랬는지 진 짜 깜박했었어..어어이 노인네는 어떻게 그걸 안 까자시구 들이

대냐..

경애 그걸 어떻게 깜박할 수가 있어. 머리 나쁜 짓 한거지.

동수 글쎄 말야.

경애 아버님 어머님한테 나 뭐가 돼..애도 못 낳으면서 남편한테 덤터기까지 씌울라 그랬달 거 아냐.

동수 뭐얼..끔찍한 부부애로 이해하시겠지..

경애 그렇잖어두 어머니 나 별로 안 좋아하시는데…

동수 ??왜 뭐어..

경애 ….

동수 엉?

경애 저번에…

동수 …..저번에..

동수 …응..

경애 아냐

동수 뭐야. 말해애애….하라니까?

경애 너는 남편 복 많아 좋겠다..동수가 너밖에 모르니..

동수 그게 뭐..

경애 애도 못낳는 니가 뭐가 그렇게 좋다구/비꼬시는 거잖아..

동수 니가 꼬인 거지 야 그걸 왜 그렇게 비틀어 받아들여.

경애 나한테는 그렇게 들려..

동수 그거 못나빠진 콤플렉스야. 그럴 필요 없다니까.

경애 여자로 태어나 엄마는 돼 봐야지..그게 며느리 의무고..

동수 아 깝깝한 소리 집어치워. 임재범 노래도 네 번까지야. 시끄러워.

경애 더 미워하실 거야.

동수 미워하기는. 당신 벌 받아. 우리 엄마 그런 사람 아니란 말야..

경애 속마음은 그러실 거라구. 어머니 뭐 특별히 훌륭한 분 아냐 보통이지. 나두 보통이구..

동수 눈꼽 떼. 뭐야 여자가 지저분하게.

경애 (얼른 손끝으로 눈머리 찍어내는)

동수 휴지 한 장만 주세요..

경애 나밖에 모르기는. 할짓 다하구는.. 순 사기꾼...이혼해.

동수 뭐?

경애 이혼하자구. 이혼하구 딴년 만나 애 낳구 신나게 살어. (울먹울먹) 나는 이제 당신 믿을 수도 없고 애도 못 낳고 아무 희망이 없어.. 절망이라구..

동수 절망은.. 걸핏하면 절망이냐?

S# 거실

[동그랑땡 쟁반 거의 다 채워지는 참이고....주방에서 하다가 자리 옮긴/ 앉아서 모녀.]

용만 (티브이 켜놓고 보며)......

[한동안 침묵....]

용만 (돌아보며)이부자리 준비해뒀어?

순주 에에.

용만 방 치워둬야겠네..(일어나며/다리가 좀 불편하다)

순주 작은 애가 청소 싹 해 놨는데 뭐..

용만 (안방으로)이불 꺼내놀게..

순주 (잠깐 돌아보고)

S# 안방

용만 (들어와서··한번 둘러보듯 하고 옷걸이에 걸린 퇴근 때 입고 들어왔
던 옷들과 아내 옷 서너 가지 떼어서 장 안에 /자기 옷은 그냥 넣고 아내
옷은 옷걸이에 넣으며)·····

S# 거실

순주 ···(거의 끝난 양푼 가장자리 숟가락으로 긁어모으며 중얼거리는)돌
대가리··

희경 (살전 하나하나 밀가루 묻혀서 놓으며 잠깐 보고)·····(그만두고 하
던 일 계속)

순주 에이고오오오(땅이 꺼지는 한숨)소경 개천나무래 뭐해.

희경 작은 오빠 발할 술 모르는데 뭐.

순주 말을 못해?

희경 아무 말이나 하는 거 말야··

순주 그러니 돌대가리지··

희경 ·····

용만 (문 열고)냄새 없애는 칙칙이가 안 보여··

희경 (일어나며)내가 어제 썼어요··(제 방으로)·····(들어갔다가 스프레
이 병 용만에게)

용만 (받아들고 들어가는)····

S# 안방

용만 (들어와 방 구석구석에 스프레이 뿌리는)····(뿌리다가 문득 자기 아
랫도리에도 뿜는다/ 칙칙칙)···(그러고 다시 방에 서너 번 더 뿌리고 병
들고 돌아서는)

S# 거실

용만 (나와서)이거 여기 뒀어··(병 적당히 놓으며)방바닥 내가 닦을게.

순주 (빈 양푼 들고 일어나는 참)에에..

희경 (전거리 쟁반 싱크대 갖다 놓으며 돌아보고)

S# 화장실

용만 (들어와 구석 걸레 그릇에서 걸레 두 개쯤 들고 나가려다 도로 놓고 변기 날개 올린다)....

S# 주방..

순주 (대접에 달걀 다섯 개 연달아 깨 넣어주는데)

희경 (쇠 그물망 조리로 받고 있다가 다섯 개 다 끝내자 나무젓가락으로 달걀 알끈 집어내는)....

순주 (프라이팬 쿠커에 올리면서)늙으면 입에 고무줄도 삭아서 헤벌레해지는 모양이야.

희경 ???(엄마 보는)

순주 (프라이팬에 기름 두르고 불 켜며)못 들었어?

희경 뭐..

순주 못 들었으면 됐어.

희경 뭔데..

순주 아 아냐...(프라이팬 지켜보며)

희경 왜 불을 벌써 켜..계란 풀지도 않았는데..(풀기 시작하며)

순주 (쿠커 끄며)잠깐 들어갔다 나오께..

희경 으응...

순주 (등이 아파 뒤로 두드리며 움직이는)

용만 (걸레 들고 욕실에서 나오고)

순주 (앞서 들어가고)

용만 (따라 들어가듯)

S# 안방

　　[들어오는 부부.]

순주　(풀썩 앉으며)아구 ..아구구구구...나 등좀..

용만　(걸레 적당히 놓고 아내 등 뒤로)

순주　(책상다리하고 앉아주고)

용만　(아내 한 쪽 어깨 잡고 주먹으로 허리께서부터 위로 힘주어 밀어올

　　리는)

순주　아그그그그그그 아으으으으..

용만　아퍼?좀 약하게 해?

순주　아니 그냥/ 괜찮어..

용만　(다시 밀어올리고)

순주　으으으으으으으..

S# 주방

희경　(불 켜놓은 프라이팬 지켜보고 섰다가/휴지 서너 장 한꺼번에 뽑아

　　프라이팬 들고 한차례 닦아서 휴지통에 넣고 프라이팬 얹고 불 줄여놓고

　　밀가루 묻혀놓은 고기살 전 계란에 담가 하나씩 올리기 시작하는)......

S# 안방

순주　......됐어..

용만　(떨어지며 걸레 집어 들고 쭈그리고 앉아 닦기 시작하는)......

순주　......(보다가)도나개나 지껄이는 눔인데 뭐..

용만　.....틀린 소리도 아닌데...

순주　틀린 소리 아닌 게 더 아프니까 말이지..

용만　.....(닦으며)

순주　(남편 보며)자식은 부모 몰라..

336

용만 (닦으며)입 다물기로 했으면 끝까지 다물어주지..풀쑥 그런 실수를 왜해..

순주 글쎄 말야..

용만 즈들일 즈들 알아서 하는 건데...

순주 (아)느닷없이 애기씨 없다는 게 말 돼? 내가 아는 게 있는데?

용만 지 처 탓 안 만들라 그런거 아냐

순주 탓이면 또 어때..즈들 팔자가 그럼 할수 없는 거지..애 못 낳는다구 내쫓자구 들거야 뭐..죽구 못사는 즈들끼리 죽구못살게 살면 되는 거지.

용만 (돌아보며)실수한 거라구.

순주 아 왜 생뚱스런 소릴 해. 가슴 쿵 내려앉는바람에 나도 모르게 샜단 말야..설마 그런 일두 있을 수 있나

용만 (오버랩)쯔쯔쯔쯔...그런다면 그래라 놔둬..

순주 조근조근 지 서방 잡드리 하느라 안 들어오구 있지 이거..밴댕이 소갈딱지.

S# 아파트 현관 앞

[경애 팔짱 끼고 서서]

경애 어떻게 생겼어.

동수 아 몰라아 까마득한 옛일인데 (팔 잡아 들이려 하며)어떻게 생겼는지 알게 뭐야.

경애 (잡힌 팔 흔들어 거부)한달이나 놀았다면서 얼굴도 생각 안나? 눈 감고 놀았어?

동수 생각 안나는 걸 어떡해.

경애 한달이라는 거 정말야?

동수 그래 그쯤 일 거야.그렇게 오래 아니었다니까.

경애 감쪽같이 속여놓고 그걸 믿으라구?

동수 그저 믿어 믿어..믿고 잊어버리는 게 건강에 좋아.

경애 이뻤어?

동수 몰라. 생각 안나. 내 기억에 없어.

경애 끌리는데가 있으니까 어울렸을 거 아냐.

동수 그 나이에 남자는 더구나 술 취했을 땐 그냥 여자기만 하면 되는 그런 부분이 있어어..몰라? 절구통에 치마만 둘러노면

경애 (오버랩)한달동안 내내 술 취해 있었어?

동수 아으 아으

경애 당신 그때 몇 살이었어?

동수 그게…스물 둘?

경애 그럼 그 여자 서른 넷이네. 여자 서른 넷 괜찮지 뭐..나 아직 이십대 후반으로도 봐주는데..이뻤어? (희숙 차 들어와 주차하는데 두 사람 무심하고)

동수 ….(보며)

경애 이뻤냐구.

동수 (아)이뻤으면 어떡할 거구 안 이뻤으면 어떡할 건데에..

경애 궁금해.

동수 왜 궁금해 왜. 뭐할 건데

경애 할 거 없어. 그냥 궁금해.

동수 아으 별 거두 아닌 거에 목숨 거네 이 아줌마.

희숙 (오버랩/화면 안으로 들어서며)춘데 왜 나와 있어?

동수 어 누나..

경애 형님 웬일이세요?

S# 주방

[희경 전 부치고 순주는 삼색 나물 재료 씻는 중··물 빼서 봉지에 담아 뒀다 이튿날 아침에 만들 것.]

[잠시 말없이 사이··]

순주 전화 좀 해봐.

희경 (돌아보고)

순주 안 들어오고 뭐해. 전화하라구.

희경 놔둬··바쁘지도 않은데 뭘.

순주 니 오래비 잡목졸르구 있을 거란 말야. 얼른 불러들여 됐어 내가 하께(주방 나서는데)

동수 E (문 열고 들어오며)누나 왔어요 엄마··

순주 ??

희숙 (들어서는)엄마··

순주 ??····(현관 쪽으로)웬일이야?

희숙 (올라서며)그냥··준비 일찍 끝나서 잠깐···(코트 벗으며)저 왔어요 아버지.

용만 (티브이 켜놓고 밤 껍질 벗기던 중)으응··오랜만이다··주서방은.

희숙 (코트 처리하며)혼자 왔어요··

순주 (오버랩) 뭐하러 명절 전날··내일 같이 잠깐 왔다가지··승우 할머니 아시면 또 한 소리 들을려구.

희숙 (코트 주머니에서 반으로 접힌 봉투 꺼내며)군은 살 배겨 아무렇지도 않아요.신경쓰지 마세요.

순주 (투덜거리는)죽으면 모를까 어떻게 그래··

[한편 동시 진행.]

[경애는 주방으로 가 희경 부침질 이어받고]

동수　제가 하께요.

용만　다 했어..

동수　주세요.(칼)

[칼 넘어가고 동수가 껍질 벗기는]

용만　(그저 보고 있고)

희숙　(엄마 앞치마 주머니에 봉투 넣어주며)내일 못 올거 같아서..

순주　(보는)

희숙　주서방 약속있다 그러구요..오늘 때울래요

순주　으으응(그런 사정이구먼)

희숙　희경아 나 얼음 냉수 좀.

희경　어엉..

희숙　(아버지 쪽으로/앉으며)오빠네 아직 안 왔나보네..(엄마에게)

순주　(주방으로 움직이며)오고 있는 중이야

동수　용평 스키휴가중. 귀족이잖우.

희숙　아버지 저랑 소주 한잔 해요..

용만　먹구 싶어?

희숙　네..엄마아..

순주　알았어..

희숙　(일어나며)희경아 나 옷 좀 줘..

희경　(얼음 냉수 갖고 나와 탁자에 놓던 참)옷 달라 소리 안해서 금방
　　갈건줄 알았더니.

동수　차 안갖구 왔어?

340

희숙 (핸드백과 코트 챙기며)왜애애(갖고 왔어)

동수 그럼 최소한 두시간이요‥

희경 별 걱정을 다해‥(희숙 따르며)

순주 오징어 두루치기 하까?

동수 누나 어제 육회꺼리 좋은 거 보냈다며요 육회 무쳐주세요‥

순주 형 오면 먹어.

동수 엄마 저도 똥꼬 아니구 입이에요.

용만 (오버랩)전 몇 개 줘‥

동수 형은 날마다 존 거 먹는 사람이구 우리 집 육회쯤 아아무 감동 없는 사람이에요.

용만 가만있어

동수 엄마 아버지 모시는 건 나에요. 미련끊으라구요.

순주 (좀 팩해서)아 시끄러워. 쟤 나가 술 먹었어?(경애에게)술 먹여 들어왔니?

경애 아니에요 술은‥

순주 그런데 왜 초저녁부터 게걸거려.

동수 (웃으며)하이구 참 게걸거리는 게 뭐에요 엄마아아아‥

S# 희경의 방

희숙 (추리닝 바지 끌어 올리면서 동생 보는)…

희경 (상의 들고 서서)‥‥(뿌우)…

희숙 생각해봤는데…꼭 다 털어놓을 거 없을 거 같아‥(보던 것 그만두고 움직이며)

희경 ‥‥(보며)

희숙 자신없으면 딴 핑계 대서 헤어지는 게 나…힘들게 털어놨는데 안 받아들여지면 상처만 받는 거 아냐.

희경 (상의 내밀고)

희숙 (입으며)처음부터 솔직하지 .. 쓸데없는 소리지만.

희경 어떻게 발전할지도 모르는데 처음부터 뭐하러··것도 웃기는 거지 뭐.

희숙 그렇긴 하지만.(바지 허리끈 조이는)

희경 양쪽 회사에 소문나 챙피만 당하구 끝이면 어떡해··어떤 사람 인지도 모르면서 댓바람에 뭐어··

희숙 ....(허리 끈 묶는/그렇게 생각할 수도 있다)

희경 했어··

희숙 ??(멈추고 보는)

희경 해버렸어··

희숙 ....(그래서)··

희경 까였어··

희숙 ....(보며)

희경 나흘 동안 전화 안 받더니 오늘···삼십분이나 늦게 나타나서 정 식으로 깠어.

희숙 뭐라면서.

희경 충격이었대·· 왜 거짓말했냐구 배신감 느꼈대.

희숙 담엔 털어놓고 시작해. 그편이 나아··(다시 묶는)

희경 털어놓고 시작하자면 평생 연애는 커녕 두번데이트도 못해보 고 끝날 거야.

희숙 우리보다 더 형편나쁜 남자면 문제 안되잖아··(추리닝 후드 정 리하는)

342

희경 나 이러이러한 조건인데 나랑 사귀고 싶은 사람 손들어신문에
광고내야겠네

희숙 (핸드백에서 통장 도장/서너 개 넣어진 비닐 주머니 꺼내 서랍에 넣
으며)보관해.

희경 뭔데··

희숙 통장··

희경 왜애··

희숙 미영이가 맡아뒀던 건데 걔네 남편 승진해서 울산으로 이사가.
승우아빠 보여주기 싫어서··

희경 알았어··

희숙 (나가려)

희경 얼마나 돼?

희숙 다 합쳐 칠천 좀 넘어··

희경 도둑들면 어떡해?

희숙 비밀번호 있어야하니까 상관없어.

희경 어어(참)

희숙 (문 열려 하다 돌아보며)그런 인간 너도 필요없다 생각해··

희경 (끄덕이며)그러고 있어··걱정마.

S# 거실

　　[안주 간단히 놓아져 있고/깍두기. 전 몇 쪽.]

　　[나오는 자매··]

동수 옷 갈아 입는데 뭐 그렇게 오래 걸려.술따러놓고 제사지내는
중야

희숙 (자리로)먼저 시작하지.

동수   누나 나와야된다 그러시잖아‥난 우리 집 찬밥 아냐.

희숙   (술잔 들며)아버지‥

용만   웅‥(술잔 들고/동수도 들고)

   [가볍게 부딪히고 각각 마시고 용만 깍두기, 희숙 김 한 장 집어 들고]

동수   (전 집으며)갈비 많이 팔았어? 설 선물용.

희숙   그럭저럭. 아버지 바쁘셨죠.

용만   웅 선물 배달이 많은 때니까‥

희숙   (따르다가)그래도 아버지 건강하세요

용만   흐흐 그 복은 타구 났어. 니 엄마가 골골해 걱정이지.

순주   (주방에서 일하며)골골은 누가‥

용만   심심하면 감기아냐.

순주   감기만 안 걸리면 뭐해‥여기저기 맨 쑤시구 아프면서‥

용만   그거야 평생 써먹은 몸뚱이 훈장같은 거구 허허허.

희숙   노래방 오늘 놀지?

동수   오늘 하루 놀지‥

순주   걔 술 많이 먹이지 마라.

동수   이제 시작이에요.

순주   먹고 들어왔잖어.

동수   두잔 먹었어요 딱 두잔‥어어이 엄마 진짜 그러지 마세요. 지금 저 기분 그다지 좋지 않아요. 자극하지 말아주세요(반 농담 반 진담)

순주   내 기분도 쌤쌤이야. 건드리지 말라구.

동수   낄낄낄 우리 엄마 참‥

희숙   기분이 왜.

동수   아 엄마가(하는데)

344

[현관 벨 소리.]

동수 예에에에.(일어나는)

순주 (동시에)큰애 왔다..(주방에서 나오는)

동수 (현관 앞으로)형이에요?

동식 E 그래애..

동수 (문 열어주고)어서옵쇼오 어서 오세요 형수님.

혜리 (동식은 양손에 이것저것 선물 상자들)안녕하세요..즈들 왔어요 어머님. 아버님 안녕하세요?(용만-어서 오너라.) ??아가씨 웬일이세요?

희숙 (일어나 서 있다가)잠깐 들렸어요..(하며 앉고)

순주 (오버랩)애 애들은..

혜리 (오버랩)아 네 어머니..작은 게 어제 야간스키 하면서 감기가 잔뜩 들어서요

동식 (오버랩)할머니 할아버지도 계시고 오늘은 즈이 둘만 왔어요.

동수 엄마 애들 길에서 스쳐두 몰라보겠다는데 웬만하면 데려오지.

동식 명절 지나고 하루 데려올께요..(탁자로)

순주 (꿍얼거리며 돌아서는)어떻게 단속을 했길래..적당히 놀리지 쯔쯔..

혜리 (옷 벗는 중)어머니 저 뭐할까요?

순주 할게 뭐 있어..가로거치기나 하지. 저녁 상 차려라.

경애 네에..

혜리 (오버랩)저희들 저녁 안 먹어도 돼요 어머님..늦은 점심 먹고 출발했어요/차에서 케익도 먹고요. 민이아빠도 저도 다이어트 중이에요.. 차리지 마 동서.

경애 네에..

순주 다이어트할 게 뭐가 있어서

혜리 (오버랩)이이 고지혈이에요. 오킬로 감량하라고 닥터 처방 떨어졌어요.

동수 (오버랩)형 술잔하구 젓가락이나 갖고 오세요 형수님.

혜리 네에…

순주 (챙겨주며)늬 집안이 너머 육식이라 그래..식단을 신경써야지 뺄 데가 어디있다구.

혜리 체질이에요. 같이 먹어도 전 고지혈 아니에요.

동식 빨리 주세요오오

혜리 아가씨 오랜만이에요(희경 얼굴 들여다보듯)

희경 네에에..(시원찮지만 웃으며)

순주 그럼 육회는 안되는 거네

혜리 아으 네 안돼요 어머니

동수 (저쪽에서)엄마아아/(나 있어요오)

순주 아그래 알았어. 꺼내..(고기)

경애 네에..(냉장고로)

혜리 (술잔 젓가락 들고 남편 옆으로 /앉으며)아버님 건강하시죠?

용만 (벌쭉)그러엄..오느라 고생했어..

혜리 제가 한잔 따러 드릴께요..(술병 들며)

용만 애비 먼저 줘..나 천천히 마셔야 해.(차 있는 술잔)

혜리 (술병 들고 눈 맞추는)

동식 (술병 빼내 따르면서)일주일만이야.괜찮아.

동수 술도 끊어야 하나?

동식 먹지 말래.

346

동수   하하…술 취미 없는 사람도 아니고 사는 재미 영 없겠네.

동식   (웃으며)확실히 재미는 좀 없다‥

동수   우린 그런 거 없잖우. 아무리 퍼먹다가두 사흘만 딱 쉬어주면 금방 어린애 간으로 회복되니깐 뭐.

희숙   좋아할일 아냐. 너 술 좀 줄여야 해.

동수   술도 음식이야 누나.

동식   힘들지 않으세요?

용만   힘들 게 뭐 있어.

동식   그만두고 쉬셨으면 해요‥

동수   아 오토바이 바꾼게 이제 두달이요.새 오토바이 수명 이년까지는 계속하실건데 뭐.

동식   어머니도 그렇고 이제 그만(하는데)

　　　[순주의 전화벨(오버랩)탁자에서 울리는]

용만   엄마 전화 갖다 줘

희숙   (일어나 전화 집어다 주방 엄마에게)엄마‥

순주   누구야…(받는)네에 여보세요.

희숙 시모   F 스스스승우에미 거기 가 있어요?

순주   아 아이구 사부인 안녕하세요.

희숙   (거실로 나가다)??

순주   E 예 에미 바꿔 드릴께요. 에미야.

희숙   (받는)네에‥

시모   F 머머머뭐? 이이혼?

희숙   ‥‥‥‥

시모   F 오오오억내고 이혼하자 그랬냐? 엉?

아버지가 미안하다   347

희숙　……

시모　F 왜 대대답을 못해.사실이냐 말야아!!

희숙　네 그랬어요··

시모　F 저저저정신병자!!니까짓 게 뭔데!!!

희숙　····

시모　F 너너너 뭐한 게 있다구 오억/오오억? 어디서 건방지게

희숙　(오버랩/터지는)정신병자는 어머니 아들이에요!! 네 건방지게 이
　　혼해요!!(끊는)

순주 희경 경애　???

　　　[서실 사람들 모두 수방 보고 있고/]

순주　이 이이게 무슨 그게 무슨 소리야?

희숙　··(전화 싱크대에 놓고 그냥 나가려는)

희경　언니··

희숙　(거실 탁자로 나가 앉으며 소주 마시고 내려놓는)·····

용만　····(보며)

동식　···(보는/혜리 옆에서)

동수　····(보며)

순주　(지글거리는 프라이팬 불 끄고)

희경 경애　(순주 보고)

순주　(거실로 나와 딸 건드리며)들어가 나하구 얘기해···

희숙　(엄마 손 비키면서 울음 터지기 직전)끝내구서 얘기할 참이었는
　　데···뭐··좋아. 어차피 다 알 일이니까··(술 따라 소주잔 채워 들고)···
　　···(내려다보다가)죄송해요 아버지 저 이혼해요··(마시는)

모두　···(희숙 보는)

348

제2회

S# 거실과 주방‥

　　[주방에 경애와 희경/경애는 소리 안 나는 일하는 척]

희경 　(거실 보고 있는)

　　[거실의 가족들 시선 한꺼번에 받고 있는‥]

희숙 　‥‥(입 꾹 다물고 흐르는 눈물 손바닥으로 연신 닦아내는)

용만 　(두루말이 휴지 집어 끊어서 희숙에게)

희숙 　(받아서)‥‥

동식 　왜‥

희숙 　‥‥

동수 　왜 누나‥왜가 있어야지/ 갑자기 무슨 뚱딴지/자형 바람났어? 딴
　　여자 생겼어?

희숙 　(오버랩/감정 억누르면서)소송해야할 거 같아‥(동식 보며)이혼
　　전문 변호사‥‥(울컥하는 것 누르며)돈 잘 받아내는 변호사 찾아줘‥

동식 　‥‥(보는/ 혜리/ 옆으로 남편 보고)‥‥

희숙 　이혼에는 여자변호사가 낫다 그러든데 ‥

동식   주서방 딴 짓해?

희숙   딴짓/(고개 잠깐 옆으로 들며)허..딴 짓…(고개 앞 아래로)결혼해
서… 둘이 산거 몇 년 안돼. 내가 아는 것만도 다섯이야..

희숙   E (아연한 가족들 위에)싸우고싸우고싸우고……참구참구참구
……이제 더는…도오저히 그 인간보다 내가 더 한심해서…더 살다
가는 아무래도 돌아버릴 거 같아서…죽이고 수갑찰 거 같아서…그
러던지 집에 불내서 같이 타죽구 끝장내던지…

용만   (오버랩)희숙아..(그런 말 하는 거 아냐)

희숙   (오버랩)별별 독한 생각을 다…별별 막생각을 다하면서..응응..
꼬리 밟힐 때마다 이혼하자구..남자 그럴 수도 있지 시어머니/입
에 못담을 온갖 욕 퍼붓고 의부증 환자 /정신병원처넣는다구 그
동안 당한 일 책으로 쓰면 열권도 모자라.심심하면 돈보고 시집온
년/구멍구멍 돈 빼돌려 친정갖다주는 거 다 안다 그러는데

가족들   ??

동수   등신같이 그걸 왜 참구 살어 왜애애!!

희숙   E 오기나서!! 시어머니 영원히 사는 거 아니구 그 인간 안 늙을
거 아니구

희숙   그때까지만 견뎠다가 본격적으로 재산 빼돌려 알거지 만들어
놓자

동수   (오버랩)무슨 말도 말도 안되는 소리야 누나!!

순주   (오버랩/터지는)그러구 살면서 어떻게 그렇게 (목메어)입 꼭 다
물고!! 에미 뒀다 뭐해!! 국 끓여먹을라 그랬어?

희숙   (오버랩)나 왜 보냈어어..가기 싫다는데 왜 가랬어어어.

순주   그눔/너한테 미쳐 애걸복걸 죽네사네/ 시어머니 재목도 달라

구 매달리구 / 그래서 평생 돈 걱정할 필요없이 살라구 그랬지 /

희숙 엄마 나 십오년 종살이했어. 승우 낳고 한달 쉰 게 전부야.

순주 (그래 알어)시집가면서부터 일 시켜 먹어 왜 약속이 틀리냐 그랬더니 주서방 그놈 그게 결국 늬들 식당이다/종업원 아니구 부사장이다 어쩌구 / 그두 틀린 말 아니다 넘어갔는데..일에 치어 살한점 못 붙구 사는 거 속은 상했지만 그래두 재산 늘궈가며 의좋게 사나부다 했지 에미 뒀다 뭐할라구우우(울음이 터지는)우우우우

희숙 ....(보다가 터진다)엄마가 알아서 뭐하게에..놀구 먹는 안방마님두 아니구우우우...

동수 그러니까 누나

희숙 (오버랩)그러니까 나한테 참으라 소리 /그냥 살라 소리하지 마.

순주 새끼가 있는데 새끼는 어떡해애애..

동수 아 됐어요 엄마(길게 얘기할 거 없어) 치워 누나. 살지 마. 끝장내. 그런 상놈의 집구석에서 더 이상 썩어줄 거 없어..누날 얼마나 뼈빠지게 부려 먹었는데!! 식당 그거 주방에서부터 호올/종업원 관리 세금문제까지 누나가 다 꾸렸잖아.남편이라는 작자 건성건성 들락거리면서날이면 날마다 골프 낚시 사냥다니구 그러면서 뭐 바람질까지? 능력도 좋네. 어어 끝내준다아!!

동식 야

동수 돈을 빼돌려? 옘병할. 누나 돈 빼돌려 뭐했어 어따썼어 엉?

희경 좀 가만 있어.(주방에서)

동수 (상관없이)나 모르게 아버지 우리 누나 덕 본 거 있어요? 우리 모르게 받아 챙긴 거 있어요? 가락동 시영아파트 누나한테 받아 샀어요?

순주 무슨 개코같은 소리야 이눔아..

동수   아니이이 빼돌렸단까아 빼돌려서 다 뭐했냐 말이에요 내 말 으은.

순주   (오버랩)일년에 서너차례 오만원 십만원 용돈 받은 거 말구 받은 게 있으면 내가 우리 아버지 딸 아냐/

희경   (거실로 나서면서)오빠 그런 뜻 아냐. 덕본 거 눈꼽 만큼도 없는데 무슨 헛소리냔 뜻인데 엄만 뭘 그걸 정식으로 들어..

순주   가락동 아파트

희경   아우 참..빨리 정정해애.

동수   아 엄마 그 인간들 무슨 베락때릴 소리 하구 자빠졌냐 뜻이에요.

순주   그걸 왜 그렇게 말해애!!

희경   말할 줄 모른다 그랬잖어..엄마는 들을 줄 모르구우우..

순주   이게 다 우리가 없이 산다구 깔봐서 깔 보는 거야 이게 다..

동수   없이 살면 깔봐두 된다 누가 그랬어요. 우리요 엄마 나 벌어 내 밥 먹구 살어요오.어디서 개애...어으 순 상것들/살지 마. 엎어. 종쳐. 내가 책임질테니까 끝내버려!!

희경   그만 좀 해. 시끄러워 죽겠어..

동수   피가 거꾸루 도는데 너 기 안 막혀?

희경   나 너무 기가 막혀 아무 말도 안나와. 거기는 미친 사람들이구 언니는 바보천치야.그게 다야..(하고 제 방으로 들어가버리고)

   [잠시 사이 두었다가]

순주   새끼한테는 그래두 아버지 엄마가 같이 있어야지이이..

동수   (오버랩)이혼한 사람들 매앤이에요. 괜찮아요 상관없어요.

동식   (오버랩)너 입 좀 다물어..

동수   ??…알았어요..

352

동식　어디까지 한 거야..이혼하자고 정식으로 얘기했어?

희숙　응..

동식　언제..

희숙　아까...두시간 전쯤..

동식　결심은 언제했어..어떤 계기로..

희숙　E　(탁자 내려다보는 용만 위에)모텔 들어갔다는 연락이 와서...수상해서 며칠전부터 누구부쳐놨었어...거기 가 나올 때 기다리면서...더 이상은 그만하자.....그랬어..

희숙　사고칠 때마다 이혼하자구...이혼을 해주던지 자길 포기하고 내버려두던지 하라 그러더니..하자니까...(쓴웃음)로또 맞었냐구..남자 생겼냐구..

순주　저런 나쁜 눔..

희숙　그냥 한번 해보는 거냐구..비웃으면서..

동식　.....그래서

희숙　오억 내구 승우 교육비 생활비 내랬더니 ..잠꼬대말래....수억 빼돌렸잖냐구..정말 치가 떨려..정말 죽여버리구 끝내구 싶어....

동수　여태 사고 안 친게 장하다 누나.

희숙　승우도 못준대.자기 엄마가 승우 줄 거 같냐구..

동수　안 준다면 말아 까짓.. 누나 아직 젊어..혹 달린 이혼녀되지 말고 오억 챙겨서 누나만 빠져나와.

동식　(오버랩)어떻게 생각한 오억이야.

희숙　내 인건비..한달 이백만 쳐도 삼억 육천이야....열시 출근해서 밤 열시까지 열두시간꼬박..나 오백만큼 일했어.

동식　이혼 소송이라는 게 너...소송중에도 제일 치사하고 더러운 거야..

희숙　(끄덕이는)그렇대..

동식　너하고 결혼후 승우 아버지 앞으로 늘어난 재산 있지

희숙　의정부에 건물이랑..지금 가게 옆 건물 양쪽으로 그것도 사놨구

동식　(오버랩)그럼 니가 그동안 일해서 기여한 거 인정받으면 위자료하고 별도로 재산분할 청구도 들어갈 수 있어.

순주　(오버랩 한무릎 나앉듯 하며)아니이이..이혼은 언제해두 할 수 있는 거구..생각을 좀...자식을 어떡해 에미야..

동수　(오버랩)아 엄마 그러지 마세요 좀. 둘이 살아본 적 별로 없다면 말 다한 거지 뭘 더 생각할 게 있어요. 거기다 죽어라 부려먹으면서 돈 빼돌린다는 소리까지 들어가며 살았다는데 나 성질 대로면 당장 처들어가 박살내고 인생 땡칠 일이에요.

경애　(아으으으) 당신 흥분 좀 하지 마아아..

동수　우릴 얼마나 깔보구 무시하면 그딴 (개소리와 함께/탁자 주먹으로 쾅 치며)개소리에요!! 솔직히 누나 시집갈 때 나 솔직히/ 누나가 부자한테 시집가니까 그 덕 좀 보나 그랬어요. 최소한 엄마 아버지 뜨듯한 오리털 파카/ 털신이라도 얻어 입겠지 에? 최소한 희경이 대학등록금은 좀 보태주겠지 에? 솔직히 우리/ 집도 없었잖아요.아버지 벌구 엄마 벌어두 반 이상 할아버지 병원비로 꼬라박구 그것도 모자라 간신히 붙잡은 이집 잡혀 쓰고 우리 빈민이었잖아요에? 빚없이 밥 먹구 사는 게 얼마나 됐어요 불과 오륙년 밖에 안 돼요.

동식　왜 이렇게 장광설이야.

동수　누나 덕본거 쥐뿔두 없다 그거야.

동식   그거 모르는 사람 여기 누구야.

동수   그러는 형은 (뭐 한 거 있어)

용만   (오버랩)동수야..

동수   ?? 예..

용만   ....(보는/쓸데없는 소리 왜 해.)

동수   예... 알았어요..

용만   (아내에게)육회 어떻게 됐어..

순주   지금 육회가

용만   (오버랩)(일어나며)해줘..먹고 싶다는데...(화장실로 들어가고)

순주   (경애에게)얘..

경애   네에(깨끗한 도마와 칼 내놓고 냉장고에서 살짝 언 육회 고기 꺼내

       랩 벗겨 놓는)..

동식   더 마실래?

희숙   (고개 젓는데)

       [혜리 핸드백에서 울리는 전화벨..]

동식   (혜리 보고)

혜리   (일어나 핸드백으로/ 전화 꺼내 보고 남편 돌아보고/전화 가리키며

       어떡하지?)

동식   (잠깐 희숙과 동수 눈치 보는)

동수   (마시며)내 말 고까와하지 마..내가 뭘 바래서가 아니라..우리

       받아먹은 거도 없이 억울한 소리까지 들으며 누나가 얼마나 힘들

       었을까 그래서

희숙   (오버랩)알아..신경쓰지 마..

혜리   네...네 잠깐만요..(하고 안방으로 들어가는)

동수 ??(잠깐 보고)

동식 (술 따르는)

S# 안방

혜리 (들어와서)응 엄마..아니 아직...지금 상황이 좀 그래요...아니
이..좀...나중에 얘기할게..응...애들은...기어이 또오?...아이구 못
말려....알았어요...알았다구우우..응..네...

S# 화장실

용만 (우두커니 서 있는/ 타일 바닥 내려다보며)......

S# 거실

동수 (소주 반 잔에 술 떨어지고 술병 들고 일어나며)여보 술..

경애 (육회 썰다가)그만해애애..(작게)

동수 기별도 안갔는데 무슨..전 바꿔줘. 다 식었어..

경애 ...(불만이지만 전 새 접시에)

동수 ....(잠깐 엄마 눈치 보고 전 담는 것 보고 있는데)

희경 (파카 입고 희경의 코트 팔에 걸고 나오며)잠깐 나갔다 들어오자
언니

동수 (돌아보고)

희숙 (돌아보며)어디..

희경 새로 생긴 까페 있어..커피도 맛있고 분위기도 좋아..

동수 추운데 뭐하러..(전 접시와 소주 한 병 받으며)

희숙 (일어나는)

동수 나가요?

희숙 ...(희경이 입혀주는 코트에 팔 넣는)

혜리 (안방에서 나오다 보고)가시게요?

356

희숙   아뇨··잠깐 바람쐬러···

혜리   답답하죠오··내 가슴도 이렇게 답답한데 답답할 거에요.

희숙   ···

동수   (탁자로)무슨 비밀 전화에요?

혜리   비밀은 ··그런 게 어디 있어요··

동수   보나마나 애들일텐데 굳이 방으로 들어가셔서요··(용만나오고)

희경   아버지 우리 잠깐 나가서 커피 마시고 들어와요··

용만   어어 그렇게 해··

혜리   (앉으며 남편 보는)····(어떡해)

동식   ···(아내와 눈 맞추고)저기요 아버지··

용만   응··

동식   이 사람···보내야 해요··

용만   ??

동수   (소주병 따 아버지 잔에 따르다)?

    [현관/ 자매 신 신다가???]

순주   (주방으로 움직이다가)??(돌아보고)

경애   (육회 썰기 시작하다 돌아보는)?

용만   가야 해?

동식   작은 놈이 감기가 잔뜩 들어서 아무래도 에미가

순주   (오버랩)애 간난쟁이두 아니구 다 큰 녀석들 할머니할아버지
    두 계신데

혜리   (오버랩)저기요 어머니 엄마도 아직 여독이 안 풀려서 컨디션
    이 안 좋아요··

동수   (술병 든 채 보고 있고)

동식 뉴욕서 여기까지 장거리 비행에 지치신데다 피로도 풀리기 전에 곧장 용평 가셔서 많이 힘들어 하셔요··잠시도 가만 안 있는 애녀석들 쫓아다니시기에는 무리예요.아버님 당도 많이 올라가 있는 상태고 그래서

동수 (오버랩)뭐하러 오셨어요? 아예 오지를 말지 뭐하러

혜리 아으 어떻게 명절인데에/와서 아버님어머님께 인사라도 드리고 가야죠 서방님

동수 (오버랩)형수님이 언제 명절 상관있는 분이세요?

동식 동수야

희경 (오버랩)오빠.(거실 중앙으로 빠르게)

동수 지난 추석에 미국가셔 추석차례/추석 뒤 연달아 제사 다 빠지구 형제 다같이 한자리 이거 얼마만인데 해도해도 너무 하시는 거 아니에요?

동식 야사정이

동수 (오버랩)언제는 그럴듯한 사정 없었어 염병할?

희경 (동수 등 픽 가볍게 때리고 팔 끼어 일으키려 하며)일어나 일어나 빨리.

동수 아 놔둬 이 기집애야.

희경 일어나자니까아··나가서 바람 쐬구 들어와 응?

동수 아 놔두라구우우!!(하는데)

경애 E 아아아!!

모두 (그쪽 보고)

순주 왜 그래··

경애 (왼쪽 검지 오른손으로 싸쥐고)베베었어요.

358

동수 (후닥닥 뛰며)어으으 드응신 얼마나아아..

순주 아이구 얘 피 많이 나아..꽉 눌러 꽉..이리 나와 얼른. 얼르으은.

동수 어디 봐 보자구.(손 떼면 핏줄 주르르/꽉 쥐며)살점 떨어진 거 아
냐 이거? 고기 모자라 보냈냐? 어이구 등신. 조심하지이/

경애 귓청 떨어지겠어..소리 좀 지르지 마아아.

동수 (경애 끌고 나와 제 방으로 아웃)

순주 (아들 내외 들어가는 것 보고 있다가 주방으로 돌아서서 투덜거리
는)시집온지가 언젠데 (어이그으) 어설픈 거엇...(육회 자기가 썰기
시작하는)...

희경 (현관 돌아보면)....

희숙 (나가고 없다)....

희경 (현관으로 나가고)

S# 아파트 현관 앞/길

희숙 (먼저 나서 돌아보며 기다리는)......(찬 바람에 코트 깃 올리고)

희경 (나와서 옆으로)

희숙 (걷기 시작하며)많이 벳어?

희경 몰라..걸핏하면 베는 사람인데 뭘..일하기 싫어 그러는 거 같아.

희숙 시누이 모략하지 마..

희경 호호호 그래..맞어..(언니 팔 끼고)....

　　[잠시 그대로 걷는 자매..]

희경 갈비집 노동이 너무 고된가부다...그랬었어..

희숙 .....

희경 만년종업원 데려갔냐구 주씨한테 내가 여러 번 뭐랬었잖어.

희숙 새언니랑 오빠 심한 거 아니니?

희경 뭐..며느리들인 게 아니라 데릴사위 준거 된지 오랜데 뭐.

희숙 아들없는 처가 아들노릇하는 그럴 수도 있는데 그래도 우리한
      테도..성의는 갖춰야지 형식만이라도.

희경 아버님 어머님 아가씨 서방님은 날아가게 하잖어. 생각하면
      큰오빠가 머저리거나...아니면 싸가지거나 둘중에 하나야..

희숙 과분한 처가에 /어쨌든 아들아니구 사위니까..그 처지에 자기
      목소리내기 어렵겠지.

희경 처가 비위 맞추며 찌그러져 사는 건 좋아. 뭐 자기 인생이니까.
      자기가 선택한 거니까..그런데..우리를..엄마아버지 처량하게 만
      드는 건 열받아...우리 집에서 제일 혜택받은 사람 누구야.

희숙 ....

희경 언니랑 작은 오빠 대학도 포기했잖아..

희숙 혼자 머리가 좋았어..

희경 언니도 그만큼은 됐어..작은 오빠는 공부 별로였지만 지금은
      막노동이라도 해서 졸업할 걸 후회되나봐..그럼 지금 고등학교 체
      육선생인데 노래방 실장하구 있다구..

희숙 할아버지 쓰러지셔 병원들어가셨었어. 공부도 학운이라는 게
      있어야 한다드라..나도 동수도 그게 없었겠지...너는 있어서 갔고..

희경 언니는 그런 거 없는데 작은 오빠는 학력 콤플렉스 있어

희숙 나도 있어..

희경 ...(보는)

희숙 미화원 아버지....가사도우미엄마...그 콤플렉스도 있구..

희경 그건 나두 있어..

희숙 ....

희경   ….

S# 거실

　　[말없이 뿌우 앉아 있는 동식 혜리/ 용만.]

순주   (뿌우우 육회 양념해 묻히는)….

　　[경애와 동수 방에서 나오는 경애는 주방으로/전 부처러]

동수   물일 시키지 마세요 엄마..

순주   ….(대답 안하고)

용만   많이 다쳤어?

동수   (와서 앉으며)물 들어가면 안되니까요.

순주   (서랍에서 손가락 장갑 꺼내 놓으며)껴..

경애   네에..

순주   (육회 들고 거실로/ 육회 접시 내려놓고 일어나는데)

용만   에미 가라구 해…

순주   (돌아보는)….

용만   보내..

동식   (아버지 보고)

용만   애 어이 가..일어나 엉?

혜리   죄송해요 아버님..

용만   아냐..가..괜찮아.

　　[동수는 육회 먹기 시작하고]

혜리   그럼..(하고 일어서서)아버지 엄마 출국하시면 애들 데리고 찾

　　아뵐께요..

용만   응 그렇게 해..

혜리   (돌아서며)어머님. 죄송해요..저 먼저 가요..

순주 .....

　　[동식/ 혜리에게 코트 입혀주고 백 집어주고 하는데]

순주　E (오버랩)너 차암 너무한다..

부부　???

순주　다른 날두 아니구 조상 차례 모시는 설이야. 차례올리고 금방 뜨면 열두시 한시면 도착할텐데 그 안에 무슨 큰일 생길까봐 기어이 가..하루 밤도 못 자?

용만　사부인 편찮으시대애

순주　아픈 건 작은 놈이고 사부인은 여독이래요.

용만　어쨌든

순주　늬들 재운다구 방 닦구 칙칙이 뿌리구 이부자리 내놓구 아버지가 다 하셨어. 너 여기서 자는 거 얼마만이야..작년 설에두 늬들 애들 데리구 늬집가 자구 와 차례지내자마자 용평 되들어갔어… 늬들때매 아버지가 몇시간을 보일러 돌렸는데두 애들이 춰한다구우..

혜리　어머님

순주　(오버랩)하룻밤도 못자?

동식　어머니

순주　왜 우리 집에 귀신나와?

동식　그런 게 아니잖아요 어머니..작은 놈이 아프고

순주　(오버랩)눈밭에 풀어논 놈 감기가 뭐 대수야..그걸로 죽어?

동식　왜 이러세요.

순주　(오버랩)장인장모만 대단하구 늬아버지랑 나는 헛짜배기야? 깔아뭉개두 돼?

동식 무슨 그런 말씀을 하세요오

순주 너 하는 짓이 그래 이눔아. 아무리 내논 자식으루 치부하구 살지만 엇쩌면 이렇게 우리한테 인색해 이 자식아.

동식 어머니이이/

순주 니 동생이 이혼한 대·· 천덕꾸러기 좀도둑 취급받고 살다가 이혼을 당한다는데 이 판국에 그래 지 새끼 감기좀 들었다구 지 장모 여독이라 그냥 간다구 일어나?

동식 에미만 보내요 저는 안가요.

순주 장인장모만 대단해? 늬 아버지가 변호사래두 너 이럴 수 있어?

동식 그게 무슨 무슨 말씀이세요 도대체에.

순주 에라이 무녀리같은눔 이런 취급 받을라구 늬아버지랑 천지에 없는 자식 떠받들듯 등신 짓 안했어.

동식 그러신 게 뭐 있어요. 특별히 저 때문에 저한테 더 하신 게 뭔데요.

순주 뭐뭐 뭐뭐라구? 뭐라구?

용만 (오버랩)그만해.

순주 여보 이눔 말하는 것 좀 봐.

용만 그만 하라니까(조금 크게)

순주 여보.

동수 (불끈 일어나며/오버랩)엄마 가만 계세요. 저 나가요 ··하실 얘기 있으면 저 나간 뒤에 하세요··가만 계세요 가만요.형도 가만 있어요. 나 나가면 계속해요··가만있어요.

　　[문 닫히자]

순주 마암대로 하고 싶은대로 해··제사고 명절이고 오지 마··싫어싫어하면서/뻐언히 보여.고맙지두 반갑지두 않어..

혜리   어머니 그건 오해세요오.

순주   (휙 돌아보며)애..나 천치 아냐..늬 아버지 바보 아냐아아..

용만   당신 오해야.

순주   ??

용만   왜 오헬 해애..형편따라지..늬 어머니(일어나며)희숙이 때문에
          예민해서 그래..종로서 뺨 맞고 한강에 발길질하는 거 그런거..허허..
          가야겠으면 늦기 전에 가..보내 엉? (안방으로 들어가고)

부부   ……

순주   (자기 할 일)….

경애   (전 부치며 할끔할끔 동식 부부 보는)…

혜리   (희경의 방으로 들어가고)

동식   …(잠시 보고 있다가 따라 들어가는)

경애   ….(보며)

S# 희경의 방

혜리   …

동식   (들어와 보는)….

혜리   당신집 식구들 너무 꼬였어..

동식   …(보며)

혜리   어머니까지 그러신 줄은 미처 몰랐어..왜 엉뚱한 사람한테 화
          풀이/ 아가씨 이혼이나 하구 무슨 상관인데.

동식   ….(침대에 걸터앉는)

혜리   (마주 서며)거짓말하구 빠져 나가는 것도 아닌데에..

동식   ….

364

혜리 얼굴 뵙구 인사드렸으면 됐지..왜 꼭 다같이 자야해. 난민 수용
소처럼 이방 저방 마루까지.

동식 우리한테는 안방 내주시잖아.

혜리 그거도 불편하다니까?

동식 ....

혜리 방바닥 잠은 얼마나 힘든데.. 화장실 갈려면 아버님어머님 주
무시는 마루 통과해야지 방에서 냄새는 나지.

동식 그만한 불편쯤으로 하루 밤에 안 죽어. (불쾌해서)

혜리 ???(이 남자 누가 죽는댔어?)

S# 동네 입구 카페··(이름만 카페/그래도 커피 메뉴는 다 있다)

[자매/ 각각 커피 마시면서·····사이···]

희숙 (커피 조금 남은 것 내려놓으며)맛있네.

희경 그렇다니까?

희숙 그래도 나는 가게서 빼먹는 자판기야··

희경 흐흐 작은 오빠도 그래.

희숙 결혼하지마.

희경 ....성공한 사람들도 있잖어.

희숙 있지··많지··그런데 내막을 누가 알겠니··나는 성공한 결혼으
로 보이는 사람들 순수하게 다 안 믿어··무슨 사연을 감추고 있는
지 어떻게 알어··남들한테 보이는 게 전부가 아닐 거야···나도 남들
한테는 그 집 복덩이 며느리로 불렸어··시어머니하구 그 인간/남
보는데서 얼마나 쇼를 잘하는데···실제는 똥 취급하면서.

희경 어떻게 견뎠어··바람질도 도둑고양이 취급도···끔찍한 치욕
인데··

희숙 (쓴웃음)난 니가 아닌데 뭐…아무 능력 없으니까 비굴해도 그 냥 뭉갰지..

희경 오억…왜 오억이야. 십억쯤 때리지.

희숙 (쓰게 웃으며)올리까?

희경 이십억쯤 청구해..어차피 깎일테니까..

희숙 오억이면 돼..시장 입구에 갈비탕 냉면집 낼 거야..

희경 (보는)‥‥‥

희숙 갈비 세대 넣는 거 네 대 다섯 대 너 주면서 자신있어. 그집 맛내 기 노하우 다 알거든

희경 승우는‥

희숙 데려와야지..거기 두면 애 그 사람들 판박이 될거야..무서워..

희경 디엔에이가 앞 아닌가?

희숙 아직 순진하고 착해..내가 키우면 문제없어..내 쪽인 거 같아.

동수 E 나 사이다 주세요.(둘 고개 돌아가고/)

종업 E 네에..

동수 (와서 아무렇게나 푹 앉는다)

희경 어떻게 알었어?

동수 새로 생긴 까페(랬잖어)

희경 아아. 왜 나왔어?

동수 그냥 있다간 형 먹살잡는 불학무식한 놈 될 거 같아서.

희숙 왜애.

동수 형수우..차례 생략하고 용평 가야한다구 일어나더라구.

희경 ??그 언니는 참..너무한 거 아냐? 왜애.(희숙은 그냥 보고)

동수 작은 녀석이 감기고 사부인 여독 안풀리고

366

희경 (오버랩)기막혀..번번이 참 핑계도 잘 만들어낸다.

동수 으ㅎㅎㅎㅎ

희경 ??(왜 웃어?)

동수 오면서 생각해보니까 엄마 나 때문에 선수 치신 거 같아. 그래서 웃는 거야..스을슬 히팅이 되는데 엄마가 갑자기 빡 올라서 형 다리 잡으시더라구.

희숙 엄마가?

동수 장인장모만 대단하냐구.변호사 집안만 제일이냐 우리는 사람 아니냐구.

희경 엄마가 웬일야.

희숙 오빠 뭐래.

동수 자기는 억울하다는 거지 뭐. 잘못했습니다로 수습하지 형 자꾸 토달구 나서서 거깄다가는 어떻게 될지 몰라 나와버렸어..(놓여지는 사이다. 집어 올려 마시는)

희숙 잘했어..잘한 거야..

희경 아버지는..

동수 아버지 뻔하잖어. 오냐 가.가 가라구.

희경 ...(한심한 숨 짧게 내쉬고)갔어?

동수 갔겠지. 중간에 나왔다니까.(아예 컵 비우고 내리며)뭐 더 끌겠냐? 우리 엄마로서는 그야말로 필사의 용길 내신 건데.. 아버지가 수습하셨겠지..

희숙 니 댁 손은..많이 벳어?

동수 (제 검지 보며)여기 끝마디 세로로 스윽/꽤 볐어. 괜찮아. 처치 제대로 했어..

S# 거실. 주방

경애 (전 부치기 거의 마무리)·····

순주 (탕국 안치는 중)·····

용만 (꾸부리고 앉아서 멍하니 그냥 티브이 보는 건지 안 보는 건지)···

　　[술상은 그대로···]

　　[희경의 방에서 나오는 동식 부부··동식/혜리의 코트 핸드백 들고 안방

　　으로 들어가고]

혜리 (주방 쪽으로)····

용만 (아들 내외 나오자 멍엉하니 보는)····

순주 (늘어서는 혜리 흘낏 보고)

경애 (보고)

혜리 저 안 가요 어머니··잘못했어요··

순주 올때부터 갈 참으로 갈아입을 옷도 안 갖구 왔는데 너 안 간다

　　구 내 기분 니 기분 좋아질 거도 없구···가기로 했으면 가··

혜리 엄마하고 통화했어요··차도 보냈구요···안가도 돼요··

순주 ·····

혜리 (경애에게)내가 하께··이리 내··

경애 다 했는데···

혜리 (경애의 뒤지개 빼내 프라이팬 앞으로)···

순주 녹두 전 부칠 김치 꺼내 머리 잘라 놔··

경애 네에··

순주 (안방으로)

용만 (움직이는 아내 보고)

S# 안방

순주   (들어오는)

동식   (마침 나가려다 주춤)..

순주   (서랍에서 자기 실내복 이것저것 꺼내보는)…

동식   (보며)…..

순주   (이게 나을까 저게 나을까)…

동식   왜/그렇게까지 심하게 말씀하셔요

순주   …..

동식   어머니.

순주   멀쩡한 자식 처가에 뺏기고 얼굴구경도 못하는 부모 맘…어떨
        거 같어.

동식   뺏기기는 그런 게 어디 있어요.

순주   느이 장인장모 외국 나들이 아닐때는 그 노인네들 아침저녁
        보구 사는데 우리는

동식   (오버랩)그거야 처가에 사니 어쩔수 없는 일이죠오

순주   (약간 또 불쾌해지며)주말여행 휴가 너 우리하구 보낸 적 있어?

동식   어머니 아버지는 주말도 휴가도 없는데 (그럼 어떡해요)

순주   (오버랩)오냐 그런 거두 없이 일해서 늬들 키웠어..변호사까지
        만들어놓고는 며느리 집에서 날름 집어가 우리는 우리는 뭐야…개
        밥에 도토리지.

동식   ….(보며)

순주   한달에 백만원 그래 엄청 고마워..고마운 일이지 안 고맙다는
        거 아냐.

동식   ….

순주   일원도 안 쓰고 차곡차곡 모아두고 있어. 늬 아버지랑 나 병들

어 일 못하면 병원비할라구. 끄응 (일어나 나가는)

동식　.....

S# 거실 주방

순주　(나와서)얘 비싼 옷 버리지 말구 이거 갈어입어 희경이 들어오면 찾아주라 그럴게.

혜리　괜찮아요 어머니..이 옷 안 불편해요.(아무 일 없었다)

순주　아 너 어느핸가 실크브라우스 눌궈서 버렸잖어..여러 말 말고 갈아 입어..

혜리　네에..(불만이지만 옷 들고 안방으로)

동식　(안방에서 나오며 보고)

혜리　(옷 들어 보이며 입으로 풀풀풀)

　　　[동식 아버지 옆에 앉으려는데]

　　　[현관 벨..]

경애 순주　？？

경애　네에에..

동식　내가 하께요..(현관으로) 네 누구세요..

영훈　E 아 형님 저 주서방입니다아..(동수？？)집사람 와 있죠?

용만　？？

경애　？？

순주　？？(주방에서 나서고)

동식　(문 열어주고)

영훈　(들어오는데/양손에 명절 선물 보따리/꾸뻑)안녕하세요 오랜만에 뵈요 형님.(넉살 좋게 들어서며 꾸뻑꾸뻑)별고 없으시죠 아버님.. 저왔어요 어머님..안녕하세요?(하다가 보면 기색들이 다르다)… 이

370

사람…승우 에미..안 왔/ 안왔나요?

모두 …(그냥 보기만)

영훈 여기 온 줄 알았는데….(우물쭈물..선물 상자 적당히 놓으며)별건
아니구요 장모님..

순주 (오버랩)필요없어.

용만 E (오버랩/동시에)너 이리와.

영훈 (돌아보고)네..

용만 이리 와..

영훈 예…(용만 쪽으로 움직이면서 모두에게 변명하듯)그 그사람이 뭐
라 그랬는지 몰라도 별일 아닌 걸로 / 된통 크게 싸웠거든요..결혼
하고 처음 그렇게 크게 싸웠는데.

용만 (주먹으로 호되게 얼굴 갈겨버린다)

영훈 윽(한쪽 눈 두 손으로 감싸고)

모두 ??

용만 (두 주먹 움켜쥐고 전신을 부들부들)니가..니눔이 내 새끼!! 이날
까지 조옹 부려먹듯 부려 먹구우!! 쌀 곳간에 쥐새끼 취급에 뭐 기
이집질까지이이?!!!(가슴이 찢어져)

동식 (아버지 한 팔 잡는)진정하세요.

용만 (오버랩)세에상에 그 착한 걸 그 용해빠진 걸 데려다 그런 천덕
꾸러기 만들어?

동식 아버지.

용만 (눈 싸쥐고 있는 영훈 멱살 한꺼번에 잡아 발코니 쪽으로 끌면서)이
눔 이 나쁜눔 천하에 불상눔 이눔.

동식 아버지 아버지.

용만   (아들 발로 차면서)비켜 비켜어어!! 이눔 자식 죽이구 나 죽으
       면 그만야..나 비록 아무 것도 아아무 것도 아닌 못생긴 애비지마
       안!!나 이눔하구 같이 죽는다. 그래 죽어 죽자구우우!!

순주   아이구 여보(부르르) 이이가 미쳤군 미쳤어..미쳤어어
       어!!!(머리로 남편 가슴 밀듯 달라붙고)

동식   (아버지 꽉 잡으며)아버지 아버지.

경애   (다리 한 짝 붙잡고 주저앉으며)아버님 아버니이임..

혜리   (안방에서 순주의 작업복 몸빼 바지에 조화 안되는 티셔츠 입고 튀
       어나오고)????

용만   놔 놔아아!! 이거 놔아아!!

동식   법으로 해요 법이 있어요.

용만   법이 내 분풀이 대신 해줘?!!!

혜리   (나서며)하지 마세요 아버니임..폭행으로 고소하면 걸려요오오.

영훈   아니 이게 무슨 왜 때려요 왜 때립니까..덮어놓고 왜 때리냐구요!

용만   E 고소해 이눔아 고소해애애!!!

동식   (오버랩)(버럭)아버지 이러시는 거 희숙이한테 도움 안돼요!!!!
       너 나가..나하구 얘기해..나가..

영훈   퉤/(아무렇게나 침 뱉어내며)좋아요 이혼 간단해요까짓 거. 나
       두요 정신병자 데리고 사느라 죽을 맛이었어요.(순주 우르르 프라
       이팬으로/프라이팬 집어 들고 영훈에게/바닥에 떨어지는 동그랑땡)

경애   ???

영훈   (연결)자식새끼 때문에 이 악물고 참았지 아니었으면 벌써 예
       엣날에 (순주 한쪽 겨드랑이 냅다 갈겨버리고)???

순주   (거의 눈이 뒤집힐 지경)나가 아눔아..나가..작은 놈 들어오기 전

372

에 나가 이눔아. 그눔 들어오면 너 성한 다리루 못나가. 나가 빨리 나가아아아!!!

경애 (발 구르며)빨리 가세요오오. 우리 그이 들어오면 진짜 큰일 벌어져요오오.

영훈 (그건 그렇다/그래도 넥타이 만지며)나참 어이가 없어서..퉤.

혜리 어디다 자꾸 침을 뱉어요오오 길에서 침뱉어도 경범죈데!

영훈 피 뱉는 거에요 에?

동식 명절 지나고 정리하자 가라 응?..

영훈 오억은 커녕 오백만원도 못줍니다. 오십만원은 줄수 있어요.

순주 야 이 눔아아아!!(다시 덤벼들며)

경애 어머니어머니

순주 저눔이 승우 애비 맞냐? (경애에게 잡혀서)저눔 승우 애비가 맞어?

경애 맞어요오.(저도 믿을 수가 없어요오오)

영훈 (이거/맞은 거)고소할 건지 넘어갈건지 생각해보고 결정할 겁니다.

순주 해 이눔아 해애!!

영훈 (현관으로 움직이며)우리 엄마가 이거보구 가만 있을 사람이 아니에요.각오하는 게 좋을 거에요.

경애 아 빨리 나가요오오!!

영훈 (신 신으며)오억 좋아하네..미친 거..퉤/(침 뱉고 나가는)
    [모두 아무 말도 없이 있다가…]

순주 (울음 터뜨리며)세에상에 저눔이 어떻게 우리 사위야 여보오.어떻게 이렇게 감쪽같이 속아아아..당신하구 나하구..한강 나가 빠져 죽자아아..저런 놈을 사위라구..사위자식두 내 자식이라구 아

이구 무서워라아아. 아이구 아이구 인간 무섭다아아아아..아이구
우리 새끼 저런 눔하구 어떻게 살았을까아아..아이구 어머니 어머
니이이(주저앉으며)

경애 (옆에 쭈그리고 앉으며)어머니이이(울먹)

혜리 (휴지 뭉치로 영훈이 뱉은 침 찾아가며 닦는)…

용만 ……(아내 내려다보고 있다가 천천히 움직여 테라스쪽 창 열고 나간다)

S# 테라스

용만 (나와서 거실 창은 닫아 주고 발코니 막아놓은 창문 한쪽 여는)…
……(잠시 있다가 입 모아 한꺼번에 내뿜는 한숨)후우우우우우우우우…
……(머엉하게)……

S# 거실/ 주방··

[동식과 혜리 탁자 치우고 있고]

경애 (하던 일 하며 순주 흘끔거리고)

순주 …(하던 일하면서 울컥울컥/ 올라오는/ 부엌 행주로 눈물 훔치면
서)….

S# 테라스

용만 (굵은 눈물 줄기가 지이이이 흐르고 있는)……

동식 (뒤에서 거실 창 열고 보는)……

용만 ….

동식 ….아버지….

용만 ….어….

동식 …들어오세요··감기 들어요…

용만 어어……

동식 ……네?

용만   알았어…들어가…(창 닫으려)

동식   (돌아서는)

용만   (두 손으로 얼굴 한꺼번에 닦는데 큭 울음이 치받는다/얼른 닫던 창
    더 열면서 크으으윽….큭큭)……

S# 거실··

동식   (탁자 가까이에 서서 아버지 기다리는)…..(발코니 쪽 보면서)

순주   (껍질 까 물에 담가 놓은 밤 그릇 들고 나와 탁자에 놓고 돌아서는데)

동식   아버지…

순주   (돌아보는)

동식   날씨 춰요··(발코니 보며)

순주   놔둬…안 죽어··(주방으로 몇 걸음 옮기다 멈춰서)…..(잠시 생각하
    고 발코니로/거실 창은 동식이 열어놨고)….(등 보이고 있는 남편 잠시
    보다가)아 춰어··들어와요.

용만   (뒤로 들어가라는 손짓)……

순주   …..(보다가 발코니로 나가 거실 창 닫고 남편 옆으로 가 서며 한 팔
    잡는데)

용만   (아내에게 안 보이려 얼굴 돌리고 발코니 창문 닫고 등 보이는 채 얼
    굴 수습하는)…..

순주   …(보며)…..

용만   들어가 들어가자구…

S# 거실··

    [순주 먼저 들어오고 용만 들어와 곧장 욕실로··]

동식 순주   (보고)

S# 욕실

용만   (세면기 마개 막아놓고 물 틀고 곧장 푸푸 세수로)·····

S# 거실 주방

　　　[물소리 듣고 순주 동식 움직이는데]

　　　[들어오는 동수와 자매··]

동수   (혜리 남편에게 녹차 갖다 놓아주는데)어 형수 안가셨어요?

혜리   (돌아보며 그냥 웃고 주방으로)

동수   (주방 보며)우리 엄마 장하시네··허허··그런데 그냥 가게 두지 엎드려 절받기 아니에요? (아무도 대답 안 하고)

　　　[한편 희경은 희수 코트 벗겨들고 제 방으로 가다가 혜리 옷 보고]

희경   언니 그거 뭐에요?(동수 희숙도 보고)

혜리   어머님이··

순주   (오버랩)니옷 잘못 건드렸다 욕먹을 거 같아서··한벌 찾아줘.

희경   추리닝이지 뭐.크크 언니 재밌네··들어오세요.(제 방으로)

혜리   편하기는 한데 웃기죠(따라 들어가고)

동수   아버지는/(탁자로)

동식   씻으셔.

동수   (아아 앉으며)육회요 엄마. 건드리다 말았는데··

경애   또 마실라구?

동수   언제/ 먹었냐?

희숙   (냉장고 야채 박스 들었던 귤 봉지에서 귤 꺼내 담는중)

동수   빨리빨리 내와··빨리··

경애   어으으으···

S# 희경의 방

희경   ??? 아버지가요?

376

혜리 (옷 받아들고 서서 보는/고자질 중)네에 말리는 사람 없었으면 정말 큰 사고 날 뻔했어요..아버님 주먹이 얼마 센지 금방 오분도 안돼서 부풀어 오르더라구요.

희경 (후닥닥 나가는)

S# 거실

희경 (나오면서)형부 아니 승우아빠 왔었다면서요(동식에게)

동식 …

희숙 ??(귤 갖다놓고 앉았다가 동식 보고)

동수 뭐?

희경 더럽게 나오더라면서요? 아버지가 두둘겨패줬다면서?

동식 한 대 치셨어

동수 아버지가? 우리 아버지가?

희경 (오버랩)어떻게 뭐라 그래.

동식 별일 아닌 거처럼 지나가는 부부싸움 정도로 시작하는데 아버지가 불러 세우시더니 댓바람에 갈기셨어.

동수 더럽게 나와서 패셨다면서.

동식 맞고 나서. 너 의부증 환자라 그러더라.

희숙 정신병원 집어 넣는다 소리 수 십번 들었어.

동식 오십만원 준대..

동수 이런 개애애…그 자식 하늘이 도왔네. 내 손에 걸렸으면 반 죽였다 내가.

경애 (육회와 술상 다시 봐 갖고 오면서)당신 들어올까봐 얼마나 조마조마했는데에에에..

희경 (오버랩)오십만원 준대요?

동식 바닥 내 놓더라..

경애 완전 딴 사람이더라구요오오.정말 놀랬어요…인간 무섭다 그 러시면서 어머니 대성통곡하시구

동식 길고 지루한 싸움 각오해야할 거 같다..원래도 그리 격이 있다 고는 생각 안했지만..

희숙 (오버랩)격같은 거 없어..양아치야.

동수 그런 인간하고 어떻게 지금까지 살았어.

희숙 나도 반 양아치돼서..

용만 (욕실에서 나오는)

　　　　[아들들 일어나고..]

동수 아버지 인격이 변하셨어요? 하하

용만 (오버랩)너 승우는 어떡하고 온 거야..

희숙 승우

순주 호주 어학연수 갔다 그랬는데 저인

용만 어어..

순주 밤쳐요..

용만 (앉는)

동수 (아버지 잔에 따르며)저 부르지 그러셨어요.

용만 (대꾸 없이 밥 그릇 당기고 칼 들고/연습 좀 하세요)

동수 헛손질하신 거 아니에요? 제대로 맞긴 했어요?

경애 (주방에서)그러엄 나갈 때 보니까 한 쪽 눈께 맞은데가 뵜던데? 권투 선수처럼?

동수 정마알? 하하하하 하하하하 (웃다가 동식과 눈 마주치고)뭐요.. 아 웃음 나잖아요. 우리 아버지 주먹질도 우습고 아버지한테 맞어

봤더라는 것도 재미있고.

동식 (못마땅하지만 그만두고)손질은 안했어?(희숙에게)

희숙 그 버릇은 없어.

동수 드세요 아버지.

용만 (밤 치기 시작했다)생각없어.

희경 내가 먹으께..(홀짝 마시는데)

동수 야 부엌에좀 가봐아..니 올케 물일 하면 안돼애.

희경 ???

동수 다친 사람이야 뭐 왜.

희경 바보처럼 굴지 좀 마.

동수 형수님 뭐하느라 안나와?

S# 희경의 방

혜리 (추리닝 갈아입고 앉아서 전화 중/소리 반으로 줄여)차례 지내자마자 출발할게....여기 어머니 설겆이 나한테 안 시켜 걱정마...못하니까 안 시키지 흐흐..해봤어야 잘 하지....엄마가 그렇게 키웠잖어....엇 참 엄마..애들 우유 먹였어?...이도 딱고?...피곤해 죽겠는데 먼저 잔다 그럴 수도 없고 이 집 식구들 언제 잘지 몰라. 오면서 잠깐 졸긴 했어..그래도 피곤해..응..응..

S# 거실. 주방··

[순주 경애/각각 일하고 있고/희경/프라이팬에 녹두 빈대떡 부치고 있고··]

용만 (밤 치고 있는)

동수 (술 마시면서 육회 먹으며 있다가 일어나며 티브이 켜놓고 서서 보며 스트레칭 시작)

동식 (술잔 비우고 탁자 아래 있던 월간 교양지/월간 신동아나 월간 조
선/꺼내 넘기기 시작/ 한 대목에서 멈추고 읽으려다 둘러보며)불이 너
무 침침해요 아버지··

동수 전기요금좀 내놓고 가쇼./환하게 해줄 테니까··우린 늘 이렇게
살아요. 환한데 가면 눈 아프다니까··(불 더 켜주고)아아 눈 아퍼.

동식 (무시하고 그냥 책 보는)····

동수 (스트레칭 계속 하면서)법으로 언제 끝내애···질질질 끌려가면
서 사람 진 다 빠지고 해결날 때까지 뭐보고 뒤 안 닦은 거 모양 그
럴 텐데··

　　　[아무도 내답 안하고]

동수 내가 해결하께 누나.

희숙 (주방에서/ 못 들은 척)···

순주 무슨 쓸데없는 소릴 하구 싶어서 또오··

동수 아 시이··나 알잖아요··애들 몇놈 데리고 가서 앉혀놓고 조용히
해결 보라고 점잖게 타이르면 돼요.

동식 야.

동수 큰 소리 낼 거도 없어.

동식 까불지 말고 넌 빠져. 저쪽에 빌미 줄 일은 안돼.

동수 아니이 그냥 점잖게 조용히 조요오옹히 간이 벌렁벌렁하게
만들어주면 돼요. 그거 간단해요. 성질 급한데 소송 그거 언제 정
리되냐구.

동식 일만들지 마라 어? 그러다 사고쳐 들어가면 그 뒷수습 누가 해
야하는데. 너 작년 초에 나 경찰서 들락거리게 한 거 벌써 잊어버
렸어?

동수 아 무혐의로 바로 나왔잖어..남 시비가려주다 뒤집어쓴 건데 그걸 사고친 걸로 매도하면 안되지이이.

동식 어쨌든/ 어쨌든 가만 있어. 내가 알아서 해..정상적인 방법으로 풀면 돼. 법이 그래서 있는 거야..

동수 위자료 안 줄라고 미리미리 재산 명의 바꿔놓고 나 한푼도 없다아아 그러기도 한답디다.

동식 내가 바지저고리야 임마?

동수 ?? 아 왜 핏대는 세워어. 나 변호사씩은 못되지만 나도 내 식으로 보다 간단한 해결방법 내 놀 수 있는 거 아뇨. 어이 시 변호사 아니면 형제 일에 발언권 없어?

동식 또 시작이다 이 자식.

동수 왜 욕이야아

동식 너 하는 소리가 그게 말이 된다고 생각하는 거야?

동수 아 시이 말 안되거든 그래/ 형 수준에서 영 못들어주겠다 그렇거든 그냥 허허 웃으면서 편안하게/ 야야 그건 아냐 나한테 맡겨 동생아. 그럼 안되는 거야? 댓바람에 까불지 말고 넌 빠져/식칼로 무 내려치듯/거기다 작년 사건까지 들이대면서 어으 말하다보니까 열나네.

동식 그만 해.

동수 형 맨날 그러잖아 맨날. (오른다)

희숙 동수야.

동수 아 형이 나한테 어떡하는지 모두 알잖아. 염병할 내가 아무리 별볼일없어도 그래도 형하고 한 어머니 아버지로 세상에 나온 형제요 형제 엉? 적어도 우리 다 모였을 때는 그거 하나로 모두 다 평

등하다구. 형은 손꼽는(손가락 꼽으며)로펌 왕초 사위고 나는 미장 공 사위지만 /이 집에선 /여기서는 형 혼자 특별할 거 없다구 왜 이 래 정말.

동식 왜 그렇게 꼬였어 이 자식아.

동수 꼬이게 하는 건 형이야..우리 무시하잖아. 아버지 엄마 누나 희경이 나 몽땅 다 무시하잖아.

희경 왜 이래 또오.

동수 또라니 이 기집애야. 너 다 봤잖아.

희경 원래 그게 큰오빠 스타일야 이제 그 시비 좀 그만 걸어.

동수 나도 사십이 낼 모레야. 왜 내가 입만 열면 재갈 물리냐 말야.

동식 불필요한 말 하지 말구 필요한 말을 해 그러니까!!

동수 나 형만큼 못배워 필요한 말 불필요한 말 분간안가 그래요.됐 어요?

동식 (일어나며)내가 언제 무시했어..언제 어떻게 무시했어!!

희숙 왜 이래 오빠.(오빠까지)

동식 내가 뭘 그렇게 잘못한 게 많아 나만 보면 생트집이냐 말야.내 가 언제 누굴 무시해애!!

동수 우리 다. 우리 몽땅 다아..

동식 이 자식이 그런데 너 이 자식 너 때문에 집에 오기가 싫어 알아? 나만 보면 이기죽 거리구 깐족거리구 시비걸구 임마 변호사 니 덕 에 됐어?

동수 내덕도 있지 그럼.형 고시 삼년째 미끌어지고 할아버지 약값 에 형 고시원 생활비에 내가 왜 대학 때려쳤는데!!

동식 말 똑바로 해!!! 너 공부 싫어 때려친 놈이야. 할라구 들었으면

알바해가며 휴학해가며 얼마든지 가능했어

동수 나 알바 안했어?

동식 걸핏하면 때려쳤잖아

동수 형은 알바가 뭔지도 모르는데 왜 난 알바야.

순주 (프라이팬 싱크대로 탕 내려놓으며)차례 그만두자. 그만둬. 이렇

게 쌈질들하구 올리는 차례 조상님들 기분좋게 드시겠다. 그만둬.

다 그만두자구.

희경 다 했어 엄마

순주 (거실로 나서며)아아니 왜 눈만 마주치면 울그락푸르락이야아.

무슨 웬수들두 아니구 형제끼리이이..내가 정말 속상해 못 살겠다.

하나 못살겠다구 와 있는데/보태줄 게 없어 형제 쌈질야? 아버지

앉혀놓고 이게 무슨 짓들야..언제 철들 날거야 이 망종들아!!!!

　[엄마 서슬에 모두 잠시 침묵…]

동수 알았어요 잘못했어요..(탁자로)그만둡시다..미안해요..

동식 (앉으며)(고개 조금 희숙에게/보지는 않고)미안하다

희숙 내가 미안하지 뭐..미안해..미안해요 아버지..(울컥 울음 터지

며)/결혼할 때는 설마 우리 집에 얼마쯤은 도움이 되겠지/그래준

다구 약속도 했었구 그래서 갔는데..도움은 커녕 억울한 소리에 멸

시만 받구 흐으윽..(두 팔꿈치 탁자에)흑흑 흑흑흑

용만 (찢어지는 가슴으로 딸 보며)….

희숙 응응응응

동수 됐어요 울지 마 누나. 됐어.미안해.그만둬.

희숙 엉엉엉엉(울며 일어나 희경의 방으로)

희경 (일하던 것 놓고 따라 들어가는)

동수   (소주병 나꿔들고 제 방으로)

경애   그만마셔어어..

동수   (버럭)얼마나 먹었다구 그래애!!

S# 희경의 방

희숙   (울며 들어와 걸터앉는)

혜리   (희경 침대에 잠들어 있는)

희경   (들어와 보는)

희숙   (소리 내어 우는)

희경   (울지 마)언니가 웃어도 속상할 판에 (뭐 울기까지 해)

혜리   (부시시 일어나며)어머 나 잠들었나봐..

희경   (그냥 언니 보면서)….

희숙   휴지 좀..(애써 진정하면서)

희경   (휴지 뽑아주고)

희숙   (눈물 닦는데)

혜리   괜찮아요. 재혼 잘하면 돼요..

희경   ??(올케 보고)

혜리   새출발 얼마든지 가능해요(해요에 물려 입 막고 하품하는)

희숙   …..(휴지 구겨 쥐고)

희경   필요한 거 없어?(역시 올케 묵살하고 나가는)

희숙   냉수..

희경   (나가고)

혜리   (도로 엎어지고)….

희숙   (돌아보는)…..

S# 거실··

384

희경   (나와서 주방으로 움직이는데)

　　　[현관 벨]

동식   ??(현관으로 고개)

용만   (밤 치고 있고)

순주   (탕국 솥에 불 줄이고 있고/가스 불 들여다보면서)

희경   내가 나가요··(현관으로)네에

경찰   E 실례합니다··최용만씨 댁 맞습니까?

희경   네.

경찰   E 최용만씨 계십니까?

희경   계신데 누구세요?

경찰   E 지구대서 나왔습니다··(희경 남자들 쪽 돌아보고)

동식   ??

용만   ??(고개 현관으로)

경찰   E (두 남자 위에)문좀 열어주십시오.(동식 일어나 움직이는)

순주   누구야?

용만   (엉거주춤 일어나는)

동식   무슨 일이십니까··

경찰   E 문을 여십시오. 잠시 들어가겠습니다··

동식   (뒤의 아버지 잠깐 돌아보고 문 연다)

경찰   잠시 실례합니다.(마루로 올라서서 경례부터 붙이고)

　　　[지구대 소속 아무아무갭니다. 주영훈씨가 최용만씨를 폭행으로 고발
　　　하셔서 확인조사차 나왔습니다.(희경 빠르게 제 방으로/순주/?? 해서
　　　나서고)]

경찰   E 최용만씨가 어느 분이십니까.

용만   나요 나에요.

순주   저저저저런 나쁜 놈··

동수 부부   ???(해서 나오는)

동수   뭐에요··

동식   가만있어.

동수   고발했다는 거에요?

　　　[희경 희숙 나오는]

경찰   E 맞습니다.

동수   이 똥만도 못한 인간/

동식   가만 있으라구(버럭)

동수   (형 보고)

동식   일 키우지 말고 저리가 있어.(경애 남편 밀어서 떨어지게 하고 동
　　수 별수 없이 밀리는)

경찰   (돌아보고 현관문 열고 문 밖으로)주영훈씨 들어오세요··

영훈   E 아 나 또 맞을까봐 겁나 못 들어가요.(오기 창창)

경찰   (약간 강압 냄새/장인을 고발하는 놈)들어오세요··들어오셔야 합
　　니다··

영훈   ····(들어온다/맞은 쪽 눈이 거의 붙어 있는/)···

경찰   올라오세요··

영훈   (흘낏 부자 보고/염병할 그래./ 마루로 오른다)

경찰   얼굴 저쪽으로 돌리세요··(부자 쪽으로)

영훈   (돌리고)

부자   ···(보고)

희경   ??(그 정도인 줄은 몰랐다)

동수   하하 하하하하 아버지 솜씨맞어요? 하하하하

동식   ??(동수 째려보고)

동수   그래서 노인네 고발했다구? 뭐야? 고발을 해?!!(경애 들러붙고)

순주   (경애와 함께 아들 가슴 밀어대는/사고치지 마)

동수   (밀리면서도)이게 어디서 운틴 건줄도 모르고 까불구 자빠졌 어어!!

동식   동수야!!

경찰   (동시에)가만 계십쇼!! 업무 중입니다. 협조하세요.

영훈   원래 깡패에요 조폭.

동수   ??뭐?··뭐야 이 새끼야?!!(여자들 털어내며 우르르)

경찰   (동수 막아서며)사건 키우지 마십쇼··

동수   ····(보며)

경애   (남편 가슴 두 손바닥으로 밀어 떨어트리며)아이구우우 차아아암...

동수   (팔 털어 뿌리치며 탁자 쪽으로)

경찰   최용만 선생이 주영훈씨에게 폭행한 거 맞습니까?

용만   예.

경애   (부르르 나서려하며)한대에요 한 대애애··(동수가 아내 팔 잡아들이고)

경찰   주영훈 씨는 최용만씨를 처벌하기 원하십니까?

영훈   예에에.(그렇다니까요)

경찰   장인과 사위라는

영훈   (오버랩)처벌을 원한다구요 에?(뭐 말이 많아)이제 장인 사위 그런 거 아니란 말입니다. 끝났단 말입니다.

경찰   최선생님 파출소로 동행하셔야겠습니다. 옷 입으십쇼.

용만 그러죠‥

순주 아이구우우 (남편 따르며)이게 무슨 일야 이게에에/.

동수 별일 아니에요 엄마. 형 있잖아요.

순주 (돌아보며)저런 호로자식 같으니라구. 야 이 눔아아아(와르르 달려들려)

동식 (엄마 잡으며)제가 같이 가요‥걱정 마세요 어머니

희숙 (나서며 오버랩)너 이 자식 제대로 한번 망해볼래?

영훈 뭐?

희숙 당장 취하 안해? 세무조사 한번 당해 볼래?

영훈 ??? 무슨 개소리야 이게.

희숙 그냥 빈손으로 나올 줄 알았어? 나 무지랭이 등신 취급했지? 지난 오년동안 당신 가게 허위신고 탈세 자료 나 다 갖구 있어!!

영훈 ???

동수 내외 ??

희경 ??

동식 ??

희숙 당장 취하해‥

영훈 거짓말이지‥거짓말이지‥

희숙 취하해‥취하하구 일주일 안에 오억 만들어 와‥

영훈 이런 순 악질 날강도 같은 거/뒤통수를 쳐도 유분수지

희숙 (오버랩)안해??!!‥못해??

영훈 ‥‥(얼어서 머엉)‥‥

S# 거실‥(시간 경과)‥

　[용만 동수 (같이 탁자 들어 옮기는)‥‥‥]

[주방에서는 순주 경애 부엌 일 마무리 중‥]

동식 (안방에서 나와 주방으로)달걀 두 개만 주세요‥

순주 ??뭐할려구.

동식 배고프대/배고파요‥괜찮을 줄 알았는데‥

순주 후라이해줘?

동식 주세요‥제가 해요‥

경애 (달걀 두 개 꺼내 놓아주고)

동식 프라이팬.

경애 (꺼내 놓아주며)해 드릴께요.

동식 간단한 건데요 뭐‥

경애 (불 켜주고 기름병 놓아주고)

동식 (기름 조금 두르고 달궈질 때 기다리는)

순주 에미는 뭐하구.

동식 (좀 웃으며)얼굴 팩 붙였어요‥

순주 끄으응 끙끙‥

동수 (이부자리 펴놓고 아버지 겉옷 벗는 거 거들어주면서)‥‥‥

용만 ‥

동수 (아버지 벗은 옷 적당히 접어 한옆에 치우면서 괜히)후후후후 어떻게 그렇게 정통으로 갈겼어요? 아주 정통 맞은 거든데요?

용만 ‥‥

동수 우리 아버지 주먹 그렇게 쎈 거 정말 몰랐네‥혹시 아버지 젊은 날 이것 좀 쓰셨던 거 아니에요?

용만 커텐 닫어줘.

동수 예‥(거실 커튼 닫아주고 도로 아버지 옆에 앉으며)그런데 아버지‥

또 주먹 날리실일이야 없겠지만 어떤 상황이든 무조건 참으세요..

순주 (오버랩)별 쓸데없는 소리..아까는 늬아버지 돌았었어..평생
한번 돈 거야..

동수 글쎄 말예요 엄마 저 그거 알거든요? 그런데 아까 그 인간 눈
팅이 보고 순간적으로 휙 지나가는 생각이요 엄마..와 우리 아버지
밖에서 사고치구 경찰서 들어가 계시는 일 생기면 그건 거북한데
에 그랬어요.하하

순주 그눔자식 왜 나는 고발 안한 거야..나두 고발하지.

동수 엄마 왜요.

경애 프라이팬으로 한방 갈기셨었어.

동수 에?...어디를.

경애 등어리.

순주 아냐 옆구리야..

동수 아하하하 하하하하 하하하하

S# 거실…(시간 경과)

　　[등 돌리고 누워 있는 용만 부부…]

순주 (눈 뜨고)……

용만 (눈 뜨고)……

S# 안방

혜리 (동식 팔 베고 폭 싸여서 자고 있고/동식도 자는 중)

S# 동수의 방

동수 (아내에게 치분거리고)

경애 (거절하는 중)

S# 희경의 방..

[희경 침대 희숙 바닥…]

[불은 꺼졌고…사이 두었다가]

희경 (언니 쪽으로 돌아누우며)자?

희숙 …왜…

희경 어떻게 그거 모아둘 그런 생각을 다 했어….언니같은 사람이..
미영언니가 충고해줬나? 그 언니는 내막 알지?

희숙 대충은…

희경 역시 내 짐작이 맞았구나… 코치 받았어..

희숙 그런 거 없어..

희경 ??(상반신 일으킨다)

희숙 …어쨌든 애 아빤데…그런 칼 갈면서…그건 좀 그랬어..내가 너
무 징그러운 사람 같구…

희경 그럼 아까 그 소리는.

희숙 (희경 쪽으로 돌아누우며)나도 모르게 튀어나왔어..아버지 경찰
서 끌려가시게 할 수는 없잖어.. 머리에서 번개쳤어 /나도 모르게
그래지더라..

희경 파랗게 질리던데 언니 봤어?

희숙 봤어. 나 참 멍청해. 진작 그럴 걸..

희경 계속 갖고 있는 걸로 밀고 나가..소송까지 갈 필요없겠어..

희숙 승우를 어떻게 해…승우 안 내놀라구 할 거야..

희경 ……

희숙 ….

희경 (누우며)승우 포함 오억이라 그래. 칼자루 언니가 쥐었어…협
박 왜 하는지 알겠다..

아버지가 미안하다 391

희숙   ……

S# 거실

    [누워 있다가 일어나 앉아…]

용만   (가슴 손바닥으로 누르고)……

순주   ??(일어나며)

용만   ….(가슴 옥죄이는 고통)…..

순주   (앞으로 옮겨)(손바닥으로 가슴 마사지 해주면서)…..병원에 가자

    니까아아..

용만   …..

순주   말 참 안 들어어어어…

용만   …..

순주   (마사지 하며)……

제3회

S# 거실

    [불 켜져 있고··]

순주   (물 대접 들고 주방에서 나와 남편에게)···

용만   (물 마시는···두 차례 마시고 대접 내리는)

순주   (받아 들고 보는)·····

용만   ······(안 보는 채)

순주   얼마만인데···

용만   ??(보는)

순주   언제 그러구 하는 거냐구.

용만   좀 됐어··

순주   (대접 치워 놓으면서)내 말이 맞어··그러다 갑자기 죽을 거야··

용만   죽기는···

순주   심장이라 그런다니까··평창동 사모님 접때도 병원갔다 왔냐구 챙기던데··

용만   ····

순주   무심하다 야단 먹었어..과부돼도 상관없나보라구.

용만   어쩌다 한번 씩 그러는 건데 뭘..

순주   고장났다 빨리 손 써라 신호보내주는 거야...

용만   오래 써먹었어.

순주   그러니까 수리들어가자구.고쳐서 좀 더 써먹어야 하는 거 아
      니냐 말야.

용만   큰 탈 난 거면 어떡해..(안 보는 채)

순주   ...(보며)

용만   돈 많이 잡아 먹는 거면..

순주   그서 무서워 죽는다ㅓ.

용만   죽긴 누가 죽어..

순주   그러다 죽는 거야..왜 그렇게 미련해..큰애가 있는데 설마 지
      아버지 그 감당두 안해줄까..

용만   ....

순주   애들한테 얘기할래.

용만   (오버랩)하지 마..

순주   (보며).....

용만   하지 마..괜한 신경쓰게 뭐하러.

순주   왜 괜한 신경이야. 자식 됐다 뭐해.당연히 알어야지.

용만   아냐..괜찮어.....(누우려 이불 들치는)

순주   .....(보며)

용만   (누우려다 말고).....

순주   .....(보며)

용만   알았어 적금 붓는 거 끝나면 병원가..다 됐어.

순주　그 안에 무슨 일 생기면..세번 더 넣어야하는데.

용만　병원갔다 큰 탈난 거면 어떡해..천만원이 천만원 들면 어떡해.

순주　적금깨면 돼.

용만　수술받다가 못깨나구 죽으면..그런 사람들두 있다는데..

순주　....(입 벌리고 보는)

용만　겁나...아직은 안 죽구 싶어..불꺼..

순주　어이구 어이구우우우우 (불 끄려 /대접 들고 주방으로) 술먼저
　끊어야해.

희숙　(나오는)..아직 안주무서요?

순주　왜..

희숙　그냥..녹차 마시자 그래서요.

순주　잘 자리에..그거두 잠 안오던데..

희숙　휴일인데 뭐..

희경　(나온다)

순주 희숙　(돌아보고)

희경　비스켓 남은 거 있어 언니..

희숙　어디..

희경　내가 찾을게.

용만　나는 감기약 한봉 데워줘..

순주　?? 알았어..

희숙　어딨어요.

순주　(움직이려는데)

희경　내가 꺼내..(비스킷 꺼내던 중/냉장고 야채 박스에서 한약 팩 꺼내고)

순주　(싱크대 아래서 알루미늄 냄비 꺼내 물 받는다/ 한약 중탕할 참)......

희경 (엄마가 냄비에 물 채워 나가면서 찻물 끓일 주전자 들이대는데)....

용만 (이부자리 좀 밀어 치우면서 자리 만드는).....

S# 같은 거실

[오래된 소반에 자매는 녹차와 비스킷.]

용만 (한약 컵 비우고 내려놓고)

순주 (물 집어 주고)

용만 (조금 입가실 정도 마시고)

희경 (비스킷 내민다)

용만 아냐..

희경 (그 비스킷 엄마에게)

엄마 (받아먹는)...

용만 ...(차 식히며 마시는 희숙 보며).....

희숙 ....

용만 왜 그렇게 오래 참았어..우리가 밥은 먹여줄 수 있는데..(안 보
　　는 채)

희숙 (용만 보고)

희경 미련해서지 뭐..

희숙 승우 때문에...

희경 핑계라니까..모자라서라니까.

용만 내가 무식하구 머리나빠서...사람 볼줄 몰라서...진실한 놈인
　　줄 알았어.그렇게 나쁜 놈인지 몰랐어..

희숙 사오년은 괜찮았었어요..승우 할머니하고 싸워주기도 하고..
　　그러더니 조금씩 변하더라구요 아버지..

순주 한눈팔면서..

희숙 (끄덕이는)

용만 엄마 원망마… 엄마는 썩 내켜안했었어··내가 고집했었어

순주 그눔이 혼을 빼났지··신주보따리 위하듯··위하구 살 줄 알았지
그런 개차반한테 속는 걸 누가 알았어··

용만 (오버랩)좋아해주는 남편에 등뜨시구 배부르게 살수있으면 더
바랄 게 있나 그랬어··

희숙 (쓰게 웃으며)배 곯지는 않았어요··춥게 살지도 않았구··

용만 내가 너무 힘들게··늬엄마하구 늬들 고생시켜서 그때는 지금
보다 훨씬 더 힘들 때라 너래도 편하게 살라구 그랬었어··

희숙 알아요··

용만 (오버랩)내가 못나서 부족해서 실수한 거야.

희숙 아버지

희경 (오버랩)뭐어 결국은 자기 선택였던 건데. 죽어도 싫은데 한 거야?

희숙 아냐.

희경 언니두 괜찮아했어··마구마구 선물 공세 좋아라했었어.

희숙 그랬어··

희경 막판에는 거만해지기까지 했었는데 뭐.

희숙 내가?

희경 언니 그랬었어.

희숙 기막혀(그냥 좀 웃어버리고)

희경 엄마도 동네방네 자랑 심했고··

순주 오냐 그래 돈에 포원이 져/ 있는 집에 보내는 게 자다가도 웃음
이 났었어··

용만 (오버랩/아내 돌아보며)잠깐 문 좀 열지··공기가 답답해··

희경　진짜 엄마 더워.(일어나려는 순주/제가 일어나며)

순주　(엉거주춤)보일러 그만 끄지 여보.

용만　큰애들 추워..

순주　(앉으며)덥다는데 무슨..

희경　(마루 창 한 짝 열어놓고 서서)..바깥 별로 안 춰지나봐..

순주　푹해진다구 했어..

희경　(가족들 자리로)...(앉는데)

희숙　(일어난다)

희경　들어가?

희숙　전화오는 거 같아.

　　　[그러고 보니 방에서 전화 오는 소리.]

희경　열두시 넘었는데?

희숙　승우할머닐 거야..(들어가며)

희경　받지 마. 꺼버려..

S# 희경의 방

희숙　(들어와 전화 찾아내 보고/잠시 망설이다 받는다)이시간에 무슨
　　　용건인데.. 난 할 얘기 없어.

S# 거실

　　　[열려 있는 방문/]

희숙　E 들을 얘기도 없구...당신이라는 사람하고 더 이상 말 섞고 싶
　　　지가 않아...아아무 말도 하고싶지도 듣고 싶지도 않아..

S# 희경의 방

희숙　나 이렇게 만든 사람 누군데....아니 필요없다니까..

S# 거실

398

희숙 E 심심하면 이혼하자던 사람 소원 들어주는데 고맙다 그러고 내 말대로 처리 해. 아니면 소송 들어가면서 국세청 고발 같이 들어가. 누가 이기나 해보자구‥

S# 희경의 방

희숙 당신 인간 아냐‥‥‥(듣다가 열받아)나한테 어떡하구 살았는데 한 대 맞았다고 경찰데리고 와? 우리 아버지 법없어도 살 양반이야. 생전 고함한번 칠줄 모르는 분이 얼마나 분하고 억울하셨으면!! 무슨 짓 할지 몰라. 나 건드리지 마.

S# 거실

희숙 E 맞어 나 돌았어. 환장했어. 그러니까 건드리지 말라구.(끊고)

  [잠시 후]

희숙 (내다보며)희경아 자자‥

희경 어엉‥(소반 들고 들어가다가 아버지 약 컵과 물컵 싱크대에 내놓고 제 방으로)‥‥

  [부부‥자리 만지고 순주 불 끄고 제자리로]

용만 ‥‥(앉아서)

순주 누워요‥

용만 누워‥

순주 (이불 들고 다리 넣으며 궁시렁거리는)저 못되라구 그랬나

용만 ‥‥

순주 희경이 말마따나 우리가 목줄끌어다 팔아먹은 거두 아니구‥

용만 공부 제대로 시켰으면‥우리가 살만했으면 스물 둘에 시집‥안 갔을 거 아냐.

순주 그것도 지복이구 지 팔자야‥어떡해‥그거밖에 안되는 부모한

테 태어난 걸‥

용만   ‥‥‥

순주   (끄응끙 거리며 눕고)

용만   ‥‥‥‥

순주   아 청승떨지 말고 자아아?

용만   ‥‥‥

순주   ‥‥‥

용만   ‥‥‥

S# 한밤중 아파트 전경에서 이튿날 10시쯤으로 밝아지고‥

S# 거실 주방‥

[차례 지낸 병풍은 아직 안 치워진 채/향 그릇/술잔 같은 것들도 한구석에/ 차례상으로 썼던 탁자에 가족들 아침 먹을 음식이 차려지고 있는 중/]

동식   (탁자 행주질하고)

동수   (주방에서 받은 음식 쟁반 들고 와 기다리는)

희경   (솥에 떡국 떡 집어넣는 옆에서 떡국 대접 챙겨내고 있고)

경애   (떡국에 넣을 달걀지단 썰고 있는 중)

동수   (음식들 옮겨 탁자에/ 문득)형수님 뭐해요.

동식   애들하고 통화하나봐‥(안방 잠깐 보면서)

동수   (혼잣말)들어간지가 언젠데‥

동식   (흘낏 보고 말고)

희숙   (음식 쟁반 들고 나오며)아버지.(아버지 왜 안 보여)

동수   아버지이이…

S# 욕실

400

용만 (쭈그리고 앉아 타일 닦고 있다)········(구석구석/거친 철 수세미로)

　····(물 끼얹어 가면서)

동수 (문 열고)아우 아버지 뭐하세요··

용만 ····

동수 나가세요 나가 제가 해요 나가세요 에?

용만 다 했어··(씻어내기 시작)

동수 ····(보다가)참 아버지도 정월 초하루 차례 모시고 제일 먼저 하

　시는 일이 화장실 청소에요? 새해 테이프를 변소 청소로 끊어요?

용만 ···

동수 저한테 하라 그러심 되잖아요.

용만 들어온 김에 하는 거야··

동수 드럽지도 않드만···다 차렸어요··

용만 (금방)나가아··

S# 거실

동수 (욕실에 떨어져 움직이며)당신 화장실 청소 언제했어.

경애 ···(멍하니 보는)

동수 자주자주 좀 해애. 아버지 청소 강박증 있는 분이잖어··

경애 나도 놀고 먹는 사람 아냐.(약간 부어서)

동수 뭐 말대답야··아침 설거지 엄마가 하는데 얼굴 찍어바르는 시

　간 줄여 마트 출근 전에 하면 되잖아.

순주 정월 초하루부터 웬 잔소리야··

동수 아 아버지가

순주 (오버랩)심심하면 쓸고 닦는 사람인데 뭐 일난 거처럼 왜그래··

　(꿍얼거리는)갑자기 큰 효자난 거 모양.

동수 에? 뭐라구요 엄마? 나 효자 아니에요?

순주 오냐 효자 다 죽고 너하나 남았다더라··

동수 어으 참 엄마··사람 등신 만드는데는 암튼··

순주 떡국 떠(뜰 거야)··아버지 그만 나오라 그래··

동수 예에··

동식 (안방 문 열고)아침 먹어야지··

혜리 (방에서 나오며)열이 안 내린대··(소곤거리듯)

동식 됐어··

용만 (욕실에서 발에 물 닦으며 나와 식탁으로 움직이는)···

S# 거실(시간 경과)

[먹고 있는 중··]

[잠시 사이··]

순주 전만 한 접시 쌌다··(음식 집으며)식당에서 잠깐 데워달라면 해
주겠지.

혜리 안 가져가도 돼요 어머니.

순주 애들 동그랑땡 잘 먹어··갖다 먹여.

혜리 기름 안 좋아서 될수 있으면 안 먹여요.

[동수 흘낏/자매 못 들은 척/용만도 못 들은 척/경애는 빤히 동서 보고]

순주 E 좋아라 먹드만 유난도 떤다.

혜리 그러니까 애들이죠 해로운 걸 더 좋아해요

동식 (오버랩)내가 먹을게.

혜리 ??(남편 보고)

동식 너는/···희경이

희경 ??

402

동식 사귀는 친구 있다면서··

희경 (엄마 돌아보고)

순주 ····(모르는 척)

희경 얘기하지 말라니까··

동수 우리 다 아는데 형만 바보 만들순 없지

희경 엄마가 하두 볶아서 그랬지 사귄다는 소린 안했었어··

동수 몇 달 계속 만나는 거 사귀는 거 아냐?

경애 기회 놓치지 말고 꽉 잡아 결혼해요··더 난 사람 없나 애매하게
　　　그러다 노처녀되지 말구요.

혜리 뭐하는 사람인데요?

경애 회사원. 제철회사요.광고하다 만났대요.

혜리 괜찮겠네요.

희경 (오버랩)그만뒀어요.

혜리 ??

순주 뭐?

희경 응··

순주 왜··

희경 그냥··

순주 E (보는 용만 위에/물론 희숙이만 빼고 모두 희경에게 시선)그냥··
　　　··그냥 왜··

희경 성격차이(웃으며)

동수 성격차이를 뭐 몇 달씩이나 걸려 아냐?

희경 언니는 십오년만에 파토내는데 뭐.

경애 나도 결혼하고난 뒤에야 당신 이상한 거 알았어·· 그럴 수 있

어요.

동수 니가 까낸 거야 까인 거야

희경 아무래도 자신없어서 그만두자 그랬어.

동수 무슨 자신.

희숙 뭘 꼬치꼬치 ·· 그렇게 됐구나 그리고 말아.

동수 좀 살어?

희경 (보고)

동수 형수님네 정도 돼?

희경 다른 얘기로 넘어가··

동수 그 자식 형편없구나.여자가 뒷걸음친다구 그럼 그러자 그래?
몇 달이나 만나놓고?

희숙 팔년 십년 만나다 접기도 해.(뭘 그 정도로)삼십년 살고 갈라서
기도 하고.

동수 어디까지 갔는데··

희경 (오버랩)그만해··(좀 예민해지며)내가 알아서 해.

동수 ·······얼마나 사는데··

희경 (오버랩)우리아버지 시청 공무원이었다 그랬었어.

용만 (딸 보고)

모두 (희숙만 알고 있는 사실. 시선 희경에게)

희경 E 말통하고 능력있고 매너 좋구·· 괜찮아서. 어떻게 잘 해 볼려
구.(그랬어)우리 아버지···그 소릴 어떻게 해.지금도 퀵배달한다 소
릴 어떻게 해.그런데

희경 자기 집에서 환영은 안하겠지만 그래도 결혼하고 싶다. 그래서···
(얘기했어/ 바꿔서)사실은 공무원 아니었다 털어놨어.끝까지 사기

칠 순 없잖아. 언제 들통나도 날텐데.

동수 직업에 귀천 없어!! 왜 거짓말을 해애 (좀 올라서)

희경 머리로는 나도 그래. 끊임없이 세뇌시켜. 우리끼리는 우리 아버지 안 부끄러워. 그런데 솔직히 다른 사람한텐 아버지/ 감추고 싶어. 쭈욱 그랬어..

동수 ??

희숙 (오버랩)희경아(하지 마)

희경 (오버랩)(울음 터지며 제 방으로 아웃)

용만 ·····(순주···동식, 혜리, 동수, 경애)

희숙 철없어 그래요··막내잖아요.(아무도 안 보면서)

용만 ·····

희숙 (희경의 방으로)

희숙 E (들어가며 작은 소리로 나무라는)너 미쳤어? 제정신 아냐?(하면서 방문 닫히고)

S# 희경의 방

희숙 그런말을 어떻게/무슨 생각으로 /그럼 어떡해애.

희경 (울면서)나만 그런 거 아니잖아.

희숙 ····(보며)

희경 다 마찬가지면서 뭘. 입 다물고 있어도 속으로 하는 생각은 다 똑같잖아.

희숙 잘했다는 거야? 아버지 면전에 그거 잘했다는 거야?

희경 ····

희숙 아버지도 어쩔 수 없었던 거 아냐. 취미생활하신 거 아니잖아.

희경 누가 그거 몰라?

희숙 몇살야..(쥐어박는)

희경 ….

희숙 너까지 진짜…그래두 넌 아버지엄마 덕으로 대학 나와 좋은 회
  사 취직해 잘나가면서..할말 안할말 구분이 있어야지….한심해 말
  이 안 나온다..

희경 (울며)으으응(눈 가리고 우는)

S# 거실

모두 (먹다 멈춘 채로)……..

용만 ….(가만히 다시 먹기 시작하는)….

모두 …(눈치 보면서 각각 먹기 시작)….

순주 (혼자 그냥 입 꾸욱 다물고 식탁 내려다보고 있다가)…..(일어나며)
  떡국 더 먹을 사람..

경애 (일어나며)제가 해요.
  [두 여자 가족들 보며 서서 대답 기다리는데…아무도 가만히…]

순주 (주방으로 돌아서는데)

동수 저요.. 반대접만요..

순주 (주방으로)

경애 (따라가고) …

순주 갖다 줘라..

경애 네..(남편 떡국 뜨는)

순주 (냉장고에서 소주 한 병 꺼내 마개 열어 병째 벌컥벌컥 세 모금 마시
  고 내리는)

경애 (입 조금 벌리고 보고)

순주 (소주병 들고 유리컵 꺼내 반쯤 따라 들고 거실로. 소주병은 두고)

406

순주　(남편 앞에 놓아주고 자기 먹던 자리로)

용만　···(그저 덤덤하게 먹는)····

　　[혜리 전화 메시지 들어오는 소리···]

혜리　(얼른 전화 꺼내서 보는)

　　[문자 도착해 있습니다··(소리로 나올 필요 없음)]

혜리　(남편에게 슬그머니 보여주는)

동식　(흘낏 보고 그만두고)···

혜리　(알았어요 답 써서 보내고 전화 치우는)

동수　뭐에요?

혜리　차···와 있다고···

동수　으으응···

나머지　···(모르는 척)

경애　(남편에게 떡국 반 대접)····

S# 거실 주방/시간 경과

　　[희숙 경애와 설거지 중··]

순주　(탁자에 큰 접시 놓고 과일 깎는 중.)····(흘낏 남편 보면)

용만　(티브이 켜놓고/구정 특집 오락 프로쯤/무슨 설 명절 토로트 특집이
　　던지)·····(보고 있는 것처럼)····

S# 희경의 방

동수　(소리 나직이 혼잣소리처럼)정월 초하루 댓바람에 아버지 맥
　　살 떨어지시게···(엉덩이만 침대 걸쳐 앉아/고개 틀어 보며)말을 안할
　　뿐이지 우리 다 알고 생각하는 거 아냐··우리 아버지도 좀 났었으
　　면/ 적어도 아버지 뭐하시냔 질문에 망설임없이 대답할 수 있었으
　　면/···(그거)

희경 ....

동수 용케 교도소 들어갈 사곤 안치고 넘어갔지만 흐응 엄마 천우신조라 그러잖아..내가 생각해도 기특하긴 해..그렇지만 어쨌든 우리 집에서 사고라면 최동수 아니냐..그 이유가 결국 따지고 보면 기 못 피고..늘...항상..뭔가 떳떳치 못한 환경에 대한 불만의 반작용이었을 거야..

희경 ....

동수 그랬으면 형 말대로 알바 죽어라 해서라도 머리 악쓰고 공부 했었으면/ 판검사 변호사까지는 아니래도 노래방 고용살이하면서 형만 보면 속 뒤틀어지는 못난이는 안돼 있겠지.. 자업자득이지 뭐..

희경 ....

동수 얼른 나가 잘못했다 그래..잠깐 정신이상 됐었다..그 자식한테 너무 분통이 터져서 말이 헛나갔다

희경 (오버랩)(가만두지)왜 꼬치꼬치 자꾸 말 시켜.

동수 ???내 탓이냐?

희경 자꾸 건드렸잖아.

동수 내가 언제 건드렸어어어

S# 거실

용만 (티브이 보는듯. 아내가 찍어준 과일 한 쪽 그냥 무릎에 얹은 손에 들려져서)....

순주 (식혜 공기 사람 수대로 갖고 나와 탁자에/삼분의 일 잔 얼음 식혜.)

동식 (욕실에서 씻고 나오는)....(안방으로)

순주 나오라 그래..

동식   네‥

S# 안방

동식   (들어오는)

혜리   (순주 거울에 머리 손보다가 화장 케이스 안에서 동식 스킨 꺼내 뒤로 내밀고)

동식   (받아서 얼굴에)‥‥

혜리   얼른 옷 입어‥(소리 작게/밖에 신경 쓰여)

동식   ‥‥

혜리   응?(돌아보는)

동식   설거지도 안 끝났어.

혜리   열한시야. 길이 어떨지 두시까지 못댈 수도 있어‥

동식   ‥‥(스킨 병 화장 케이스에 넣는)

혜리   애들하고 같이 점심 먹기로 했어‥

동식   ??(돌아보는. 언제)

혜리   조금 아까‥‥경포대 쪽 거기 호텔 비후까스 먹고싶대‥

동식   그렇게 빨리 못간다구 할아버지할머니하고 가 먹으라 그래.

혜리   ??

동식   코트 벗어두고 나와 (돌아서며)

혜리   왜애애

동식   (돌아보며)이런 분위기에 어떻게 벌써 간다고 나서‥

혜리   애들이

동식   (오버랩)아버님어머님 계신데 뭘 걱정해. 몇시간 늦는다구 큰일나?

혜리   우리 더 있어 도움 될 것도 없는데

동식 (오버랩)상황이 상황아냐.

혜리 상황 뭐..밤낮 그런 집인데..처음부터 끝까지 편안해본 적 있
어? 서방님한테 우린 언제나 적군 어머님도 비슷하시고 아가씨 역
시 우리 안 좋아하고

동식 어쨌든 지금 못가..그런 줄 알아

혜리 (오버랩)나 힘들어 여보오. 화제는 대충 다 불편하고 내가 낄 입
장도 아니고 나만 물에 뜬 기름 이단자야.

동식 (나직히 쌀쌀하게)지금 꼭 가야겠으면 혼자 가.

혜리 ??

동식 나는 내일 들어살게.

혜리 ???

동식 당신 이래서 나 점점 더 나쁜 자식돼..

혜리 ???

동식 혼자 가. 난 지금 못가..(나가고)

혜리 ....

S# 거실

　　[용만 부부/순주/식혜 마시고 있는]

동식 (나와 앉는데)

순주 에미는..

동식 갈 준비해요..

순주 (식혜 그릇 내주며)차 기다리지 참....나가는 길은 안 막히지?

동식 들어오는 거보다는 덜 해요.

순주 애 얼른 와..나중에 마저 해.(경애)

경애 네에에

410

희숙 (일하던 것 놓으며)먹구 하자..

경애 네..

둘 (거실로 움직이는 것과 동시에)

동수 (희경 방에서 앞서 나오고 방문 연 채 기다리고)

희경 (나오는)

　　[네 사람 탁자 쪽으로..희숙 먼저 앉고]

동수 (앉으며 희경 건드려 앉히는)

희경 (앉으며 엄마 보는)…

순주 (모르는 척)

희경 (아버지 보고)

용만 (희경 보고 있다 가만히)……

희경 (시선 내리며)너무 속이 상해서..

용만 (오버랩)희경아..

희경 (고개 떨군 채)….

용만 내세울 거 없는 아버지..쭈욱 늬들 맘 괴롭게 한 거 알어..

동수 어어이..그런 말씀 뭐하러

순주 못나고 싶은 부모가 어딨어..(울먹해서)다아 잘나고 싶지 잘나내 새끼 남부럽잖게 키워내고 싶지 그렇게 못하구 사는 맘/얼마나 한심하고 비관스러운지 그걸 늬들이 어떻게 알아.

용만 (오버랩)그래도 늬 엄마 만나..같이 죽어라고 일해서 이만큼이라도 사는 거..나는 고마워….부모로서 안 굶기고 밥은 먹였다 그뿐이지만…. 그래도 크게 아픈 사람없이 잘 커 어른 됐고 고마워 ….아직 일할 수있는 거도 고맙고..나는 그저 다아 고마운 일 뿐인데…남한테 내놓기 힘든 아버진 거는/… 그건 어쩔 수가 없어..내가 그거는

어떻게 못해··

희숙 아버지(그러지 마세요)

용만 ·····

경애 네에 아버님··

용만 (식혜 그릇 들며)내 팔짜가 /내 분수가 그저 딱··요만큼이니까 어떡해··

순주 그만해요··

용만 그런데···(두어 모금 마시고 내려놓으며)이말만 하께··(목이 메어오면서)늬들은 내가 부끄러워도 나는··· 나 안 부끄러워·· 게름 안피구··나쁜 맘 안 먹구··그렇게 살았으니까··

동수 어으으으 참 속상하게 왜 그러세요오!! ··어린 마음에 충분히 그럴 수 있어요. 집안 빵빵한 상대한테 솔직하기 쉽잖은 일이에요 아버지.

동식 (오버랩)그래서 정말요 지금 일하시는 거····

용만 (아들 보고)

모두 (동식 보는)

동식 그만두세요··

용만 (보며)···

동식 (오버랩)그만하세요··

용만 (그저 보는)

순주 E 그만두고 뭐 하라구··

동식 어머니도요··이제 그만 쉬셔도 돼요.

순주 얘 난 끗덕없어··아직 얼마든지 괜찮아.

동식 제 앞가림들은 하잖아요··아버지 어머니 할일 다 하셨어요.

412

순주 몸 성할 때 한푼이라도 더 벌어 쥐고 있어야지 무슨 팔자에..

동식 (오버랩)평생 고생하신 거 알아요. 그만하세요.

순주 신경쓸 거 없어. 늬 아버지나 나나 될수있는대로 자식들한테 부담되지 말구 벌수 있는데까지 벌자 그래

동식 (오버랩)즈이들 위해서도 이제 그만하세요..아버지 어머니 아직도 거친 일하고 계신거 자식들 불편해요. 더구나 저/나쁜 놈 만들지 마시구요.

동수 (오버랩 꿍얼거리듯)무슨 보장이 있어야지 엄마 아버지 월수입 책임져 준다든지 년 얼마 씩 지원하겠다든지 보장 먼저 내 놓는 게 순서지 덮어놓고 다 그만두라면 돼? 천원 이천원도 무서워하는 양반들/ 식비 빼고 거의 전부다 적금 붓구 계시는데 당장 그건 어떡하구

동식 (오버랩/언짢아지며)입 다물고 있어.

동수 ?? 또 그런다 또..아 말하라고 달고 있는 입아뇨..

동식 (좀 높아지며)대안없이 시작했을까봐?

동수 대안을 내 노라니까 글쎄..대안 먼저 내 놓고 하는 게 맞는 순서 아니냐구..변호사가 어떻게 선후도 못 챙겨요. 그러고도 핵심 멤버요? 그거 장인어른 파워아뇨?

동식 (화나서)이기죽거리는 거 빼면 어디 덧나?!!

동수 유머로 못 넘어가는 거 보니 사실인가보네.

동식 너 그거 아니었잖아.

동수 아 나 참..꽤앤히

희숙 (오버랩)가만 있어..

동수 (누나 보고)

희숙 옆길로 새게 만들지 마..얘기 중인데..

동수 내가 샜어? 형이

희경 (오버랩)그만해..

동수 (희경 보고 그만두며 투덜거리는)알았다..알았소. 계속하쇼 형님.

동식 궁색하지 않을만큼 제가 보조해 드릴께요.

동수 얼마나.

동식 (힐끗)

동수 구체적인 액수가 나와야지 궁색하지 않을만큼이 얼마 막연하잖아..

동식 적금 내가 붓고 생활비 내노면 되잖아.

동수 그렇지 최소한 그건 보장돼야지. 그런데 형수님 결재 받은 거요?

동식 내가 해.

동수 형 꼼짝 못하잖아.

용만 동수야(나무라는)

동수 네에..

용만 (그러지 말라는 눈짓)

동수 (알았어요)

동식 E (동수 위에)솔직히 저요..

동식 아버지 저희 사무실에 나타나실까봐.. 신경쓰여요..

용만 (보고)....

순주 (보고)...

동수 경애   (보는)

희숙 희경   ...(보는)

희경 나두 그래..

동수 경애 희숙   (시선 내리고/이해할 수 있다)

순주   ??(희경에게 고개 돌아가는)

희경   같이들 점심 먹으러 나가는데 퀵 오토바이 보이면 덜컥 그러고…

순주   (고개 남편에게)…

용만   (시선 내리고)그건…그건 걱정 안해도 돼..아직 늬들 회사 갈 일
　　배당 받은 적 없지만 받아도 내가 피하면 돼

동식   아버지(오버랩)

용만   (오버랩)갈 사람 가고….(무겁게 일어나며)물통 줘..

순주   아직 한통 있어..(올려다보며)

용만   비워…갔다올게..

순주   (일어나 주방 다용도실 향해서)….

동수   (아내 쿡 찌르고)

경애   ??(놀라서 일어나 주방으로)

　　[모두……(한동안 사이)]

　　[다용도실에서 물통 비우는 소리 들리고…]

　　[빈 물통 두 개 들고 나오는 순주/손 내미는 경애 비켜 그냥 거실로/]

용만   (현관으로)운전 조심하고..

동식   (일어나며)네..

순주   여보..옷 입어야지..(물통 놓으며)

용만   어…어…

순주   (안방으로)

S# 안방

순주   (들어오다 보면)

혜리   (방바닥에 코트까지 입고 앉아 핸드폰 문자 찍고 있다가)??

순주 (말없이 장에서 파카와 목도리 꺼내고 장갑도/문으로 움직이며)아
　　　버지 약수터 가신다..늬들 떠야할 거 아냐..

혜리 (일어나며)네..

S# 거실

　　　[나오는 순주와 혜리..]

　　　동식과 동수 현관께 서 있고/희숙 주방에서 커피 물 끓이려..경애는 탁
　　　자 치우는 중. 희경은 탁자 쪽에서 보고 있고.

혜리 (따라 나와서)아버님? 약수뜨러 가세요 (날아가는)

용만 (좀 웃어주며)그래..

순주 (장갑은 넘기고 파카 입히고 목도리 둘러주는데)

혜리 오시는 거 못 뵙고 출발해야겠네요..지금 인사드릴께요..아버
　　　님 거언강하세요..일간 애들하고 뵈러 올께요.

용만 웅 그렇게 해..(장갑 끼며)

혜리 잡숫구 싶은 거요..준비해 올께요..

용만 그런 거 없어..

순주 (털신 내주고)얼음 피해서 잘 걸어..사고치지 말구..

용만 걱정 마.(큰아들 보고)가..

동식 (제가 드린 말씀요) 아버지

용만 아냐아..아직 한참 더 일해도 돼..

동식 아버지.

용만 (오버랩)서울이 얼마나 큰데 만날 일이 뭐 있어. 그래두 내가 알
　　　아서 조심하께. 그럼 돼..(현관으로 돌아서는/나가고)

　　　[잠깐 사이 두었다가 순주 빼고 다 같이 돌아서는데]

혜리 어머님 그럼 즈이는 그만 출발해도 되죠?

416

순주 (현관에서 돌아서 탁자로)…(주방 돌아보며)치웠니?

경애 네에…

순주 그럴 땐 동작 빨라‥얘 내 식혜 갖구와.

경애 버렸는데…

순주 아깝게 그걸 왜 버려.

경애 조금 밖에 안 남았었어요‥새로 드릴께요.

순주 됐다 놔둬….(안방으로 들어가려다가 돌아보며)너는 방에서 뭐
     겨우 문자질 하느라 안나오고 있었던 거야?

혜리 애들하고

순주 (오버랩)너 언제까지 손님 노릇할 거야‥

혜리 …(보며)

순주 밥만 딱 먹고 들어가 코빼기도 안 보이고 니가 맏며느리긴 한
     거야?

혜리 동서랑 큰 아가씨가 둘이한다구

순주 어으 어으으으으…(방으로)

혜리 ???(괜히 그러셔/남편 보는)….

동식 …(바닥 보며)…

동수 (주방으로 움직이며 작은 소리)실수했어요.

동식 ??(보는)

동수 (그냥 지나쳐 주방 가까이)나 물 좀 줘‥(해놓고/ 희숙이 만드는 커
     피 기다리고 있는 희경에게)넌 가만 있지 왜 너까지 거들어.너 한번
     했음 됐지.

희경 ….

동수 아버지는 아버지 부끄럽지 않다구 그러셨잖아. 상처받으셨단

소리아냐. 어떻게 생각이 없어…나이 어디로 먹은 거야.

희숙 (희경 커피 놓아주며)너도 마찬가지야. 저는 뭐 그렇게 생각있게 군다구.

동수 난 대놓고 아버지 창피하단 소린 안했어 누나.

동식 내가 언제 창피하댔어!!

동수 그말이 그말 아냐..아버지 회사 나타날까봐 겁난다.

동식 신경쓰인댔어. 겁난다고 안했어.

동수 헛참 그게 그거 아니냐구.

동식 어디서 콧방구야!!!(버럭)

동수 ??

동식 넌 도대체 내가 왜 그렇게 못마땅해. 이유가 뭐야. 사업자금 안 줘 그래?

동수 치사하게. 그게 언제쩍 얘긴데!!

동식 너 한결같이 작정하고 나 물고뜯는 놈이잖아.

동수 내가 뭐얼.

동식 니깐 눔이 뭔데 나한테 기어올라. 넌 뭘 그렇게 잘하구 산 게 있는데!!

동수 (열받으며)나 눈꼽만큼도 잘하는 거 없어요. 잘 할 게 없어. 잘 할 주제가 못돼 못하고 살아. 그런데 형은 나하고 다르잖아!! 잘났고 잘 나가고 멋있잖아!! 너무 멋있어서 이러구 사는 우리가 귀찮잖아.

동식 이 자식이?

동수 결혼하고 일년 한달에 두 번은 들여다봤어 이년 삼년 되면서 한달에 한번 간신히.이젠 무슨 날 아니면 얼굴 구경 못해.

418

동식 일이 얼마나 많은데!! 날이 갈수록 일에 치어서 파김친데 어떻게 그런 기운이 남아돌아..

동수 형이 못오면 형수라도 좀 보내면 안되는 거요? 형수는 놀고 먹는 사람이잖아. 오죽하면 애들 얼굴 잊어버리겠단 소릴 해요. 형수 며느리 노릇하는 게 뭐가 있어. 오천년만에 한번 얼굴보이면서 그릇 하나를 안 닦고 가는 사람인데. 저 여자 혼자 정승 집 종년처럼 다 하는데..

희숙 왜 이래 너 쓸데없이

동수 (오버랩)나때문에 오기 싫다구? 아버지 엄마는 형이라면 덮어놓고 황송할 따름이고 희경이 저기집애는 신경안쓴다주의구 그래도 나 한놈은 살아있다 그래서 그러는 거요.

희숙 동수야(달래듯)

동수 원래도 뭐 그렇게 인간미있는 사람 아니었지만 그래도 최소한의 자식 노릇은 해야 그게 인간의 도리지 감기 좀 들어서 애놈 죽어요? 여독은 시간 지나면 풀려. 아버지 엄마 손주 온다구 흥분해 기다리시는데 그 핑계로 둘이 왔다가 그날로 가야한다고 나서?

혜리 아빠는 있고 나만 간다고 했어요오.

동수 마찬가지에요.형이 모자라 형수님 관리 제대로 못하는 거니까.

동식 너 나가서 나랑 얘기 좀 하자.

동수 아 뭐 상관없어요. 나갑시다.

혜리 출발해야 하는데 어딜 나가아아.

동식 (오버랩)지금 당장 안가면 난리 쳐들어와?!!!

혜리 ??

동식 그렇게 가야겠으면 혼자 가. 어제부터 혼자 가라 그랬잖아!!

혜리 여보..

동식 고충없이 사람 누가 있어 이 자식아. 늬 형수 나 대신 내 역할 해줄만한 사람 못돼..나도 알아. 우리집 불편한 거 우리 식구들하고 어울려지지 않는 거 알아. 너만 불만 아냐 나도 불만야.

혜리 ??(남편 보는)

동식 그렇다구 살지 마? 이집에 맞는 여자 찾아 다시 시작해?(하는데)

순주 (방문 차듯이 나오며)가라는데 왜 안가구 이래. 가 다 가라..다 가.. (악은 쓸 필요 없어요)

희숙 엄마

순주 너도 가고 니 일 너 알아하고 (희경이) 너 원룸나가고 싶댔지 너 도 가.

동수 에이 엄마아아

순주 늬들두 나가 엉? 월셋방이라도 얻어 나가..나가서 느이끼리 오 붓하게 살아

동수 엄마아.

순주 필요없어 다 나가. 자식 없다 칠테니까 늬들두 부모없다 그러 고 각각 살아.

희숙 엄마

순주 (오버랩)늬아버지랑 내가 어떻게 살아왔는데에..손가락에 지문이 안남아나게 남의 집 일하는 지에미 들으라고 지 여편네 아 까와 버럭거리고/ 배운 거 없구 운없어 평생 막노동으로 늙은 지 아버지 남한테 들킬까 무섭다 소리나 하구 /자식 앞에 걸림돌이나 되고 창피나 되는 부모가 뭐에 쓸데가 있어..늬들 우리 쓸데없고 우리 늬들 쓸데없어. 그러니 ..다들 가..다 나가..

동수　저기요 엄마

순주　(오버랩)나가서 모른 척 각각 살아..그럼 형제간에 으르렁거릴
　　것두 없구 편켔지..(하며 방으로 들어가고)‥‥

　　　[각각 할 말이 없는 채‥‥‥‥]

혜리　‥먼저 나갈테니까‥‥화장케이스하고 핸드백 갖고 나와..

동식　‥‥‥(안 보는 채)

혜리　(나가고)

동식　(한숨 짧게 내쉬며)‥‥(고개 좀 틀고)

동수　‥가쇼‥‥

희숙　‥‥가 오빠..

동식　(안방으로)

S# 안방

동식　(들어오는)

순주　(양반다리 아래 두 손바닥 집어넣고 완전 꾸부리고 방바닥 보며)‥‥‥
　　(눈물이 툭툭툭 떨어지고 있는)‥‥

동식　‥‥‥(보다가)(장에서 옷 찾아 입고 화장 케이스와 핸드백 집어 들고)
　　‥‥가요

순주　‥‥‥

S# 거실 주방

동식　(나와서 희숙에게) 전화하게..

희숙　(끄덕이고 신발 꺼내주러)

동식　제수씨 수고하셨어요.

경애　아니에요..

동수　(화장 케이스에 손대며)줘요.

아버지가 미안하다　421

동식 놔둬. (현관으로 돌아서는데)

순주 (문 확 열어제치는 소리와 함께)이 싸가지 없는 놈··

모두 (돌아보고)

순주 (문에서 앞으로 내달으며 두 주먹 파들파들)엄동설한 칼바람에 오토바이 타구 다니는 게 자식으로 속상해 싫으니까/사고나면 어떡하나 그만두라구는 못해? 사무실에 나타날까 무섭다구? 그러니 그만둬?

동식 자식으로 속 아픈 건 기본이에요.

순주 그만 둬 이 자식아!! 니눔 쌀쌀맞은 거 내가 몰라? 내속으로 난 자식인데 내가 몰라? 그래도 이눔아 니눔이 첫째였어. 저것들 신경쓰는 거 다합쳐도 너 하나한테 들인 정성 못따라가.

동수 어어 이제 자백하시네 우리 엄마··(별로 심각하지 않게)

희숙 얘얘(나무라는)

순주 (자기 말에 연결)너 그럼 못쓴다아아 너 그럼 못써어··늬들 신세 안 질라고 죽으면 썩을 몸 애껴 뭐하냐 늬 아버지두 나두 늬들이 무슨 생각을 하고 있는지도 모르고오.니 아버지 심장아퍼 이눔들아··가슴속에서 쥐가 난대.

모두 ?? (자연히 좀 모여들게 되는)

순주 그러다 심장마비로 죽는 거래서 병원가라아가라 그래두 큰돈 들어가는 병일까봐 돈 아까와 버티는데/

동수 언제부터요.

순주 자식 다 무슨 소용야 무슨(소용야)

동수 (오버랩)아 엄마 그걸 진작 얘기했어야지 우리 다 죽일놈 만들라 그래요? 도대체 왜 그래요 에?!!

422

순주   필요없다 필요없어어(들어가는)다아 필요없어. 하나도 필요 없어어!!··응응응응

　　[모두 침묵···엄마 방 보며········]

동수   아아 정말 노인네들······당신도 몰랐어?

경애   내가 어떻게에···

동수   ·····

희숙   ···

희경   ·····

동식   예약 잡아놓고 내가 모시고 간다 말씀드려··

동수   형이 해야지 그럼 누가 하겠어요··

동식   ····(현관으로)

동수   (따르며)아무리 바빠도 미루지 말고 해요··

동식   (구두 신고)···(가방 들고 나가는)·····

동수   ·····(보다가 돌아서는)

　　[안방으로 들어가고 있는 희숙]

동수   너는 어떻게 그런 것도 모르고 있나

경애   어머님 말씀 안하시는데 어떻게 알어··괜히 구박이야··

희경   (마시던 컵 들고 제 방으로)

동수   자알 했다··

희경   (그냥 들어가버리고)

동수   정월 초하루 일진이 뭐 이래··금년 한해 험난한 거 아냐?

경애   ·····

동수   설마 심각한 건 아니겠지··그런 거면 일을 어떻게 하구 다니셔. 엄마 부풀리시는 거 아냐?

경애 인터넷 찾아봐.

동수 (제 방으로 가며)쥐는 다리에 나는 거 아냐? 심장에 쥐난다 소리는 첨이네.

경애 찾아보자구우…(남편 따르며)

S# 안방

희숙 ….(보며)

순주 …..

희숙 어떻게 아프신 건데..

순주 쥐가 난다 그런다니까..쥐어짜 비트는 거 같대..숨을 못쉬게 아프대…

희숙 짐작이 안돼 그래..

순주 사모님 동생이 수술 날짜 받아 놓고 등산 갔다 산에서 죽었대…

희숙 ??

순주 우습게 생각하지 말고 빨리 병원 가래..

희숙 그런데 그렇게 가만 있으면 어떡해..동수 말처럼 우리 다 형편 없는 자식들 만들려구.

순주 니 아버지가 말 들어?

희숙 동수가 한 마디 해 뒀어..금방 모시고 갈 거야..

순주 (보는)

희숙 아무리 바빠도 미루지 말라고..

순주 …..

희숙 그 말이 그 뜻이에요..이제 고생 그만하라는…..오빠가 책임진 다는데 뭐…아버지랑 같이 스을슬 산에나 다니구…그럼 좋지..

순주 늬 아버지하구 나는 이게 분수야..팔자에없는 호강하면 귀신이

424

빨리 잡어가‥

희숙　그런게 어딨어…쉬다가 나 식당열면 도와주면 되겠다. 엄마 아 버지‥

순주　당장 적금 들어가는 거 어떡하구.

희숙　오빠가

순주　(오버랩)아이구 치사해‥

희숙　‥‥(보며)

희경　(희숙 전화 들고 문 연다/내밀며)안끊어‥

희숙　(받아보고 끊어버린다)

희경　영화보러 안갈래?

희숙　??

희경　예매해둔 건데‥혼자 가긴 그런데…

희숙　난 아냐‥

희경　취소하자.(나가려는데)

　　[희숙 전화 울리고‥]

희숙　‥‥(보고…생각하다가 받는다)여보세요…‥난 할 얘기 없어…‥??어 딜 들어와…‥(상대가 길게 지껄이는)…‥

S#　아파트 현관 앞‥

영훈　‥‥(부은데다 멍까지 든 눈을 선글라스로 감추고)…‥(제 자동차 옆에 서서 전화 들고)……왜 안 받아아아…엄마 뭐했어……어 엄마…희숙이 연결 됐어…엉 연결됐어…나온대…알았어…알았어‥응…‥응…‥내 생각도 엄마랑 똑 같아…응…아아 알아서 할테니까 잔소리 스톱 엄마‥알았다니까아‥(희숙 나오는 것 보고)끊어 엉 나와‥(희숙의 앞 으로 빙그시 웃는 얼굴)차례 잘 지냈이?

희숙   (담담하게 보며)····(실내복에 희경 두터운 가디건만 걸치고)

영훈   (손잡으려 하며)타··

희숙   (손 피하는)

영훈   타라구··

희숙   얘기해.

영훈   여기서?···추워어.

희숙   난 안춰.

영훈   ····(보다가)날씨 좋은데 당신 좋아하는 송추 계곡에라도 가서

희숙   ······(그저 보며/쓸데없는 소리 하지 마라)

영훈   (안 먹히네)···그럼 어니 가까운데로 가지.

S# 거실

경애   (약 먹을 물 들고 안방으로)

S# 안방

순주   (등 돌리고 누워 있고/발치 덮고)

동수   ·····(보며)

경애   (들어와 앉으며)약 드세요··

순주   ·····

동수   (두통약 두 알 은박지에서 꺼내며)··엄마······(대답 없고)골 아프다
     면서요오····(대답 없고)···(약 놓고 엄마 일으켜 앉히는)

순주   ···(머리맡 얇은 수건 집어 눈께 닦는)

동수   (보며 약 들고)아아 해요.

순주   (들고 있는 약 빼다 넣고 경애가 집어 드는 컵 빼내 넘기고 내려놓으
     며)후우우우우(안 보는 채)

동수   엄마 잘하신 거 아니에요··다른 건 몰라도 건강 문제는 우리한

426

테 말했어야죠. 자식이 넷이나 있는데 자식없는 노인네들처럼 왜 그래요‥

순주   …(안 보는 채)

동수   돈이 얼마가 들든 그걸 왜 걱정해요‥형이 있는데‥아무리 짠돌이래도 설마 형이 모른다 그럴까봐요?

순주   넌 왜 형이라면 못잡아 먹어 안달이야‥니 형이 뭘 그렇게 잘못한다구‥

동수   엄마도 알고 나도 알고 우리 다 아는 거에요‥아버지 엄마 형한테 올인하면서 설마 오늘날 이런 대접 받을 줄 몰랐죠‥

순주   너는 늬들은 뭘 끔찍히 하는데‥

동수   우리한테는 올인 안하셨잖아요‥

경애   (가만 있어/ 남편 건드리고)

동수   나라보험 말고도 형을 또 하나 의료보험으로 생각하세요‥병원비가 얼마가 나오던 수억이 나와도 그건 형이 해줄테니까‥ 그것도 안하면 인간 아니에요‥그거 못한다면 내가 가만 안둬요.

순주   ??(보는/가만 안 두며)

동수   심장 이상이라 그래도 겁먹을 거 없어요. 우리 의술이 얼마나 수준높은데요‥

순주   ‥‥

동수   아버지 보면 그렇게 큰 탈 난건 아니에요‥종합진단 받으면 다 나와요 다아‥그럼 수리 간단해요‥

순주   ‥‥(등 돌리고 누워버리며)늬 아버지한테나 가봐.(쥐어박듯)

동수   ‥‥(일어나는)

경애   ???(따라 일어나며 눈짓/어떡해)

동수   (알아듣고)·····저기 엄마 그런데····우리 처갓집 가야하는데····

순주   ····

동수   지금 벌써 딴 때보다 늦었는데···

순주   그래 가아··깜박했어어···

동수   저녁 먹고 금방 올께요.

순주   ····

동수   ····(경애에게 나가 준비하라는 눈짓해 내보내고)가지 말라면 그만
      두고요··

순주   가···가라니까··

동수   아아 참 마음 무겁네에에··(하며 나가고)

S# 거실··

동수   (나와서 제 방으로)

S# 동수의 방

동수   (들어오며)잔돈 챙겨놨어?

경애   (동수 옷 주며)엉··

동수   (옷 받으며)얼마.

경애   이만원.

동수   야 이만원 갖고 돼?

경애   아 충분히 돌아가아아··딴 사람도 잔돈 갖고 오는데 뭐어··

동수   (옷 입으며)오늘의 목표는 이십만원이다··몽땅 다 줄테니까 구
      두 사신어라.

경애   터지지나 말어··형부들 다 도산데 도사들 눈감고 졸아?

동수   그래서 시작 전에 술을 좀 과하다 싶게 들게 할 거야.하하

경애   (옷 입으며)어떻게 생겼어.

동수   ??

경애   그 여자아..당신 애 난 아줌마아아..

동수   안 낳았다니까아?

경애   걔 지금 몇 살 된 거지?

동수   진짜 왜 그러냐. 껄쩍지근하게에

경애   어떻게 생겼어 간단하게 상중하 어디 들어가.

동수   상에 상이다..이 영애다..

경애   ???

동수   <u>ㅎㅎㅎㅎㅎㅎ</u>

S# 동네 카페··

영훈   (보며)....(웅? 어때)

희숙   ....(가만히 보며)

영훈   정말 진심이야··딱 끊는다구··우리 승우 두고 맹세해··만약 다
       시 또 그럼 그때는 내 꺼 전부다 당신 주께··가게구 상가구 건물이
       구 승우구 몽땅다··

희숙   .....(보며)

영훈   이런 맹세 처음아냐? 다신 안한다 소리 한 적 없어. 맞지··

희숙   ....

영훈   잠깐 이거 벗을게...이거 때문에 내 진심 안 보일 거야...(선글라
       스 벗는/눈이 거의 붙을 지경에 무서운 멍)크크 인물 다 버렸다··눈 안
       나간게 천운이야··봤지?(다시 쓰며)이 지경으로 터지고도 내가 반
       성 치열하게 했다··나 그렇게 나쁜 놈 아냐 여보··

희숙   ...(그저 볼 뿐)

영훈   생활비 배 올려주께··당신 용돈 별도로 백씩 아니 백오십주께··

백프로 이백프로 내 잘못이야 내가 죽일 놈이야··그러니까 내 사과 받아줘··받아주고 넘어갑시다.승우엄마··

희숙 (컵 집어 마시는/천천히)····

영훈 ····(보다가)엄마도··우리 엄마도 너한테 심했던 거 그거··니가 미워서가 아니라 우리 사업 /결국에는 미아리꺼까지 우리 꺼 되는데 너 딴딴하게 만들라구 부러 그러신 거래··

희숙 ····(컵 내려놓으며 안 보는)

영훈 (괜히 잠간 고개 옆으로 돌려 주변 보듯 하고 되돌리며)내가 그랬어. 어쨌든 엄마가 너무 심하게 한 건 사실이다··무엇보다도 뒷구녕으로 빼돌려 진정어쩌고는··그거 말도 안되는 모함이고 그런 사람 절대 아니다.

희숙 당신도 같이 했어··

영훈 아 나는 괜히 그랬던 거구우 삼년 뒤에 가게 당신 앞으로 돌려주께··난 아무래도 그 태양광 사업 그거 시작해 볼려구.

희숙 (오버랩)목이 빠져도 더 안해··

영훈 ···(보다가)그럼··그럼 당장 당신 좋아하는 돈 ··오···오천 현찰로 주께

희숙 ····(보며)

영훈 승우를 생각해 여보··내가 개과천선한다니까··깊이 뉘우치고 있다니까··

희숙 개꼬리 삼년 묻어둬도 개꼬리는 개꼬리 /족제비 꼬리 안돼·· (일어나 나가는)

영훈 ····(나가는 것 보며 잠시 있다가 야이 쌍하는 기분으로 벌떡 일어나는)

S# 카페 밖 길

희숙 (빠르게 걸어오는데)

영훈 (등 뒤에서 쫓아와 팔쭉지 잡으며)야 이 기집애야.

희숙 (오버랩)이거 놔

영훈 (오버랩)사람이 말을 하면 들어먹어 쇠고집 부리지 말구.

희숙 (팔 잡힌 채)놔··

영훈 너 쇠고집 내가 아주 넌덜머리가 난다 엉? 남자 바람/ 이유없이 나는 줄 알아?

희숙 (오버랩)사람살려어어어!!!!!(힘껏 소리치고)

영훈 (얼결에 놓으며)이게 미쳤나.

희숙 (입 앙다물고 노려보는)

영훈 미쳤어?

희숙 (획 돌아서 걷기 시작)

영훈 야 야아아아!!!(달려가 잡아채려는)

희숙 (두 손으로 힘껏 밀어내고)

영훈 ???

희숙 지구대 금방이야··지구대 들어가 납치신고해애??

영훈 ???

S# 거실 주방··

용만 (물통 들고 들어와 주방으로)

희경 (주방에서 작은 접시에 너댓 개 생밤 /하나는 씹으면서 접시 들다 돌아보고 접시 놓고 나서 물통 받으려)

용만 무거워··(놔둬)····(주방 끝 다용도실로)·····

희경 ·····(보며 기다리는)

용만 (잠시 후 나오는/ 나오며 목도리와 파카 벗는)····(벗으며 안방으

로)‥‥‥

희경 (아버지 들어가고 접시 들고 아드득아드득 씹으며 제 방 쪽으로)

S# 안방‥

용만 (들어와 누워 있는 아내 잠깐 보고 들고 들어온 옷 처리하는)

순주 (부시시 일어나 앉으며 머리 간추리는)‥‥

용만 (앉으며)뭐하러 일어나‥

순주 ‥‥

용만 (오늘도) 물뜨러 온 사람들 꽤 있드군‥

순주 동수 처갓집 가고…

용만 응‥

순주 희숙이‥승우애비…만나러 나갔어‥

용만 ??(왜)

순주 보자구 전화했어‥금방 들어온댔어…

용만 무얼‥보구자시구 할 게 있어‥난 반대야‥

순주 ‥‥(보며)

용만 사람이 사람대접 못받는 거 보다 더 비참한 건 없어‥정말 나쁜 사람들이야‥

순주 큰애가 병원에 예약잡아 당신 진찰받게 한대.

용만 ???

순주 (쓴웃음)말 안했다구 …애들이 나한테 막 뭐라 그러더라구‥동수 놈 지랄지랄하구‥

용만 쓸데없이‥쯧.

순주 입 다물고 있다가 과부되면…나만 손해지…

용만 더 자주 그러면 병원 갈라 그랬는데…‥괜히 애들 신경쓰이게…

432

순주   싸가지들 없는 게 너무 분해서..

용만   속이 그렇게 얕아서는…그저…그게 자식이다 그럼 되는 걸…

순주   나는 부처 아니야..

용만   금숟가락 은숟가락 물고 태어나게 못한 게….미안하지..

순주   별…금숟가락 은숟가락 얼마나 되는데..지들 복이 그뿐이었던
거지 뭐가 미안해..

용만   ….

순주   (울컥)새끼들 밖에는 아무 것도 안중에 없이 그렇게 살았어..
당신 맹장 떼고도 금방 일 나갔고 나 팔목 부러져 석고 처바르고도
일 댕겼어..

용만   …

순주   우리가 할수 있는 한/ 죽을 힘 다해서/ 죽자구

용만   (오버랩)자식한테 죽을 힘 안하는 부모가 어디 있어..생색낼 일
아니구먼..

순주   우리를…우리를 너무 우습게 봐..(두 손으로 눈 가리며)나는 그
게 분해..

용만   쯧……

순주   (우는/작게 지렁이 소리 울음)

용만   ….(가만히 보며)….

S# 용평 스키장

　　[야간 스키 타고 있는 동식 부부와 아들 둘……]

S# 경애 친정 마루

　　[두 동서 내외 동수 부부 장모/]

　　[한창 열 올라 있는 고스톱 판..시끌벅적하게 만들어 주세요.]

S# 용만 아파트 전경(밤)

  [탁자에 저녁상 차리는 중인 희숙과 순주.. 거의 다 차려놓은/]

순주 (탕국 숫자대로 뜨고 있는)…

희숙 (탁자에 물 놓고 주방으로 움직이며)희경아 나와아아…(엄마한테

  서 탕국 쟁반 받아들고 탁자로 와 서서)아버지이 나오세요오오오..

  [잠시 응답 없고 희경 나와서 앉고]

순주 (탁자로)아버지 대답했어?

희숙 아니? 주무시나?

순주 (안방으로 방문 여는데)

용만 (가슴 틀어쥐고 등으로부터 거실로 벌렁 /극심한 통증.)

순주 ??여보.. 여보..

희숙 아버지..

희경 (벌떡 일어나고)….

순주 여보 여보여여보.

희숙 희경아 일일구 일일구!!(희경 방으로 뛰어들어 가고)아버지 아

  버지이이이…아버지이이이…

S# 앰뷸런스 요란하게 소리내며 달리는…

S# 앰뷸런스 안

  [실려가고 있는 용만.]

  [괜찮다고 자꾸 일어나려 하는/ 희숙/구조대원과 함께 자꾸 눕히고 순

  주 울며불며 남편 팔 주무르는]

용만 (별수 없이 눕혀져서 눈 뜨고)……

  [앰뷸런스 소리 계속되는 가운데..]

S# 중국집 배달 소년 용만..

S# 공사판 모래 등짐 잡부 청년 용만

S# 벽돌공‥ 청년 용만‥

S# 미장공 용만‥

S# 콘크리트 타설 용만…

S# 택시 운전 용만…

S# 환경미화원 용만… 40대 초반/

S# 50대 초반‥

S# 정년 퇴직 직전. 미화원‥

S# 퀵서비스… 용만

　　[앰뷸런스 안의 용만에…]

　　[오토바이 달리는 용만‥]

〈끝〉

부록

TV 드라마

〈무지개〉
1972년, MBC, 주간 드라마.

〈상록수〉
1972년, TBC, 주간 연속극(문예물 각색).

〈새엄마〉
1972~1973년, MBC, 일일 연속극.
재혼한 여성이 대가족을 자신의 의지로 슬기롭게 끌고 나가는 이야기.
가족 중심 일일 연속극의 새 지평을 열다.

〈심판〉
1972년, KBS무대, 단막극.

〈강남가족〉
1974년, MBC, 일일 연속극.
고지식하면서도 정직하고 단란하게 살아가는 공무원 가정의 서민적 일
상생활 이야기.

〈수선화〉
1974년, MBC, 일일 연속극.
여성을 중심으로 지혜롭게 살아가는 가정살이 이야기, 세칭 '김수현표

438

드라마'로 평가받기 시작.

〈하얀 밤〉
1975년, KBS무대, 신년 특집극.

〈안녕〉
1975년, MBC, 일일 연속극.
가정과 부부 윤리의 변화를 그림.

〈신부일기〉
1975~1976년, MBC, 일일 연속극.
시골서 갓 시집온 영리하고 해맑은 새 며느리 중심의 부드럽고 화목한
가정 개혁.

〈아버지〉
1975년, TBC, 토요무대(단막극).

〈탄생〉
1976년, MBC, 신년 특집극.

〈여고 동창생〉
1976~1977년, MBC, 일일 연속극.
여고 시절 단짝이었던 다섯 명의 동창생들이 사회와 부딪치며 살아가는
이야기.

〈말희〉
1977년, KBS무대, 작가 스스로가 드라마 선집에 추천한 대표 단막극.

〈보통 여자〉
1977년, TBC, 단막극.

〈당신〉

1977~1978년, MBC, 일일 연속극.

새 며느리가 겪는 주변의 질투와 멸시 등의 어려움을 극복하고 부부애를 되찾는 홈드라마.

〈후회합니다〉

1977~1978년, MBC, 주말 연속극.

가족의 오해와 갈등 속에 인생을 살아가는 중년 여인 이야기.

〈청춘의 덫〉

1978년, MBC, 주말 연속극.

배신한 남자를 응징하는 애성 복수극. 1999년 SBS에서 리메이크되어 "당신 부숴버릴 거야"라는 유행어를 낳았다.

〈불행한 여자의 행복〉

1978년, TBC, 단막극.

〈행복을 팝니다〉

1978~1979년, MBC, 일일 연속극.

한 집안에 모여 사는 일곱 세대의 애환.

〈엄마, 아빠 좋아〉

1979년, MBC, 주말 드라마.

〈고독한 관계〉

1980년, TBC, 주말 드라마.

〈입춘대길〉

1980년, KBS, 신년 특집극.

〈잃어버린 겨울〉
1980년, TBC, 주말 드라마.

〈아롱이다롱이〉
1980년, TBC, 주간 드라마.

〈옛날 나 어릴 적에〉
1981년, KBS, 신년 특집극.
1993년 KBS 설날 특집극으로 리메이크.

〈첫 손님〉
1981년, MBC, 신춘 특집극.

〈안녕하세요〉
1981년, MBC, 주말 드라마.

〈사랑의 굴레〉
1981년, MBC, 〈사랑의 계절〉 100회 특집극.

〈불타는 다리〉
1981년, MBC, 육이오 특집극.

〈사랑합시다〉
1981~1982년, MBC, 일일 연속극.

〈야상곡〉
1981~1982년, MBC, 주말 드라마.
비교적 진한 애정극.

〈아버지〉
1982년, MBC, 신년 특집극.
중년 가장의 남자 이야기.

〈어제 그리고 내일〉
1982~1983년, MBC, 일일 연속극.

〈다녀왔습니다〉
1983년, MBC, 일일 연속극.
밝고 경쾌한 홈드라마.

〈날의 미소〉
1984년, KBS, 신춘 특집극.

〈사랑과 진실〉
1984년, MBC, 주말 드라마.
대조적 성격과 엇갈린 운명의 자매 이야기.

〈사랑과 진실〉 2부
1985년, MBC, 주말 드라마.
인기가 높아 속편, 즉 시즌 2가 나온 셈이다.

〈사랑과 야망〉
1987년, MBC, 주말 드라마.
2006년 SBS 주말 드라마로 리메이크. 시대적 배경과 함께 서로 다른 두 형제가 살아가는 이야기.

〈모래성〉
1988년, MBC, 미니시리즈.
자신의 원작 소설을 극화한 멜로드라마.

〈배반의 장미〉
1990년, MBC, 주말 드라마.
식물인간에서 깨어나는 남편과 아내 이야기.

〈사랑이 뭐길래〉
1991~1992년, MBC, 주말 연속극.
전통적인 가정과 비교적 개방적인 두 가정 사이의 문화적 갈등과 충돌
이야기로, 주인공 아들 '대발이 아버지'로도 유명.

〈두 여자〉
1992년, MBC, 미니시리즈.

〈어디로 가나〉
1992년, SBS, 창사 특집극.
병든 아버지와 자녀들 간의 갈등과 삶과 죽음 이야기.

〈산다는 것은〉
1993년, SBS, 주말 드라마.
미혼 여성이 가정을 책임지는 생활 전선 이야기.

〈작별〉
1994년, SBS, 주간 드라마.
시한부 인생의 의사와 그 가족의 슬픔.

〈인생〉
1995년, SBS, 창사 특집극.

〈목욕탕집 남자들〉
1995~1996년, KBS, 주말 연속극.
목욕탕을 하며 삼대가 함께 사는 서울 변두리 집안의 전통과 현대가 섞

인 이야기.

〈사랑하니까〉
1997~1998년, SBS와 HBS(케이블 현대방송) 동시 방송.
김수현 드라마 가운데 유일하게 우리 곁을 떠난 죽은 영혼이 드라마 속에 등장.

〈아들아 너는 아느냐〉
1999년, SBS, 창사 특집극.
주로 남자(아버지) 중심의 이야기.

〈불꽃〉
2000년, SBS, 주간 드라마.
프리랜서 커리어우먼의 생활과 애정 편력 드라마.

〈은사시나무〉
2000년, SBS, 창사 특집극.
현실 속의 부모 자식 간의 관계 다시 생각하기.

〈내 사랑 누굴까〉
2002년, KBS, 주말 연속극.
자녀들의 짝 찾기를 중심으로 펼치는 홈드라마.

〈완전한 사랑〉
2003년, SBS, 주말 드라마.
희귀병에 걸린 연상의 아내와의 애틋한 사랑.

〈혼수婚需〉
2003년, KBS-2TV, 추석 특집극.
결혼의 현실과 이상에 대하여.

〈부모님 전상서〉

2004~2005년, KBS, 주말 연속극.
경기도 여주를 배경으로 매일매일 살아가는 이야기를 돌아가신 부모님
께 그날그날 보고하는 형식의 드라마.

〈홍소장의 가을〉

2004년, SBS, 창사 특집극.
경제 위기로 퇴직에 내몰린 중년 남자가 끝내 극단적 선택을 하는 비극
으로 '홍소장'은 그의 형이다.

〈내 남자의 여자〉

2007년, SBS, 미니시리즈.
가까운 친구가 남편과 불륜에 빠진 이야기.

〈엄마가 뿔났다〉

2008년, KBS, 주말 연속극.
살림에 지친 주부가 휴가를 선언하는 홈드라마.

〈인생은 아름다워〉

2010년, SBS, 주말 드라마.
제주도 배경의 성소수자를 포함한 가족 이야기.

〈천일의 약속〉

2011년, SBS, 미니시리즈.
알츠하이머에 걸린 아내를 보살피는 순정극.

〈아버지가 미안하다〉

2012년, TV조선, 개국 특집극.
환경미화원 가장이 겪는 애환.

〈무자식 상팔자〉
2012~2013년, JTBC, 주말 연속극.
한 집안 삼대의 세대별 우여곡절.

〈세 번 결혼하는 여자〉
2013~2014년, SBS, 주말 연속극.
결혼의 의미를 되새겨 보는 젊은 층의 풍속도.

〈그래, 그런 거야〉
2016년, SBS, 주말 연속극.
아버지와 아들 세 형제가 살아가는 이야기.

라디오 드라마

〈저 눈밭에 사슴이〉
1968, MBC라디오 공모 당선 연속극.

〈약속은 없었지만〉
1968, MBC라디오 연속극.

〈지금은 어디서〉
1968, MBC라디오 연속극.

영화 시나리오

〈잊혀진 여인〉(1969), 〈아빠와 함께 춤을〉(1970), 〈필녀〉(1970), 〈미워도 다시 한번〉 3편(1970), 〈미워도 다시 한번〉 4편(1971), 〈보통 여자〉(1976), 〈불행한 여자의 행복〉(1979), 〈어미〉(1985)

소설

『상처』,『겨울로 가는 마차』,『안개의 성』,『포옹』,『유혹』,『청춘의 덫』,『여자 마흔 다섯』,『겨울새』,『결혼』,『모래성』,『그늘과 장미』,『망각의 강』,『눈꽃』(이 가운데 일부는 다른 작가의 각색으로 TV 드라마로 방송됨)

산문집

『미안해, 미안해』(1979),『生의 한 가운데』(1979)

영화화 된 원작들

『눈꽃』,『유혹』,『겨울로 가는 마차』,『마지막 밀회』,『내가 버린 남자』,『청춘의 덫』,『상처』,『약속은 없었지만』,『죄 많은 여인』,『욕망의 늪』,『버려진 청춘』,『너는 내 운명』,『나는 고백한다』,『이 밤이여 영원히』

1943   3월 충북 청주에서 출생.

청주여자고등학교, 고려대학교 국문학과 졸업.

잡지사 기자로 잠시 활동.

1968   MBC 문화방송 개국 기념 라디오 연속극 공모에 「그해 겨울의 우화」(〈저 눈밭에 사슴이〉)가 당선. 방송 드라마 작가로 공식 등난 이후 두어 편의 라디오드라마를 더 집필.

1969   〈잊혀진 여인〉 1970년 〈미워도 다시 한번〉(3, 4편) 등 10편 안팎의 영화 시나리오를 직접 썼고, 이 가운데 '필녀'는 1971년 제8회 청룡영화상 시나리오 각본상을 받았다. 이밖에 〈눈꽃〉 등 원작만을 가져가 영화화한 작품도 10여 편 더 있다.

1972   MBC-TV 주간극 〈무지개〉 집필 도중 일일 연속극 작가로 전격 발탁. 그 해 8월 말에 시작한 일일극 〈새엄마〉가 폭발적인 인기로 무려 411회나 방송되어 당시로서는 최장수 드라마의 기록을 남겼다. 이는 곧 현실적 일상생활을 바탕으로 하는 일일극 패턴의 시작을 알림과 동시에 일일극 중흥을 예고하는 '김수현 드라마'의 화려한 등장이었다. 〈새엄마〉는 1973년 한국 방송 사상 최초로 제1회 한국방송대상 극본상 수상. 1974년 〈강남가족〉, 〈수선화〉 등 쓰는 연속극마다 시청률 1위는 계속되었고, 앞서 〈새엄마〉 때부터 1980년대 초까지 약 10년 동안 거의 하루도 쉬지 않고 쓰는 실로 초능력의 작가가 되었다. 매일 또는 주간 연속극이라는 특징도 있지만 단순히 집필량으로만 치자면 아마도 이 지구상에서 가장 많은 원고를 쓴 작가로 기록될 것이다.

1975   〈신부일기〉 때부터는 '시청률 제조기'라는 별명과 함께 명실

공히 TV 드라마 일인자 자리를 굳혔다. 덕분에 MBC는 그때부터 한동안 '드라마 왕국'이라는 소리를 듣기도 했다. "김수현 드라마라면 죽은 시체도 벌떡 일어난다"는 말도 이때 나왔다. 실제로 김수현 드라마가 방송되는 저녁 시간에는 거리가 한산했고, 그 시각 설거지를 미루고 TV 앞에 앉는 주부들 때문에 전국의 수돗물 사용량이 줄어든다는 말까지 나왔다. 〈신부일기〉는 제3회 한국방송대상 최우수 작품상을 받았고, 1980년 TBC-TV를 통해 방송한 주말극 〈고독한 관계〉는 제16회 백상예술대상 극본상을 받았다.

1977 월간 여성 잡지 연재소설「상처」를 시작으로 1990년까지 드라마와 별개로 무려 13편 이상의 소설을 발표. 단행본으로 출간된 이들 소설들은 단번에 베스트셀러 반열에 올랐다. 소설『겨울로 가는 마차』,『여자 마흔 다섯』등이 모두 이 시기에 나왔다.

1980 컬러 TV 방송 시대가 열린 후 2000년대까지, 긴 연속극에 비해 상대적으로 작품성이 뛰어난 각 방송사의 명품 단막극 또는 순도 높은 2, 3부작의 특집극을 사실상 도맡아 집필하며 TV 드라마의 또 다른 진수를 보여주었다. 모두가 인간의 본질을 끊임없이 추구하는 내용들로, 3부작을 하룻밤에 연속 방송하는 집중 편성을 통해 더 많은 시청자들에게 전율에 가까운 충격과 감동을 안겨주었다. 이들 특집극 가운데 〈옛날 나 어릴 적에〉는 1981년 또다시 제17회 백상예술대상 극본상을, 〈어디로 가나〉는 제20회 한국방송대상 TV 드라마 부문 작품상과 그해 한국방송작가상을 받았고, 〈은사시나무〉는 다시 한번 제37회 백상예술대상 TV 부문 극본상을 수상했다.

1984 5월부터 11월까지 방송된 〈사랑과 진실〉은 최고 시청률을 76%까지 끌어 올리며 김수현 드라마 '사랑 시리즈'의 신호탄이 되기도 했다. 이 무렵부터 일일극에서 빠져나와 TV 드라마의 흐름을 주간 연속극 위주로 바꿔놓았고, 1987년에는 '사랑 시리즈' 제2탄이라 할 수 있는 〈사랑과 야망〉을 써서 또 한 번 최고 시청률 70% 이상이라는 선풍적인 인기를 안방에 몰고 왔다. 1988년

제24회 백상예술대상에선 TV 부문 대상을 차지했고, 2006년 SBS 에서 리메이크되어 또다시 폭발적인 인기를 얻었다.

1988　사단법인 한국방송작가협회의 이사장직을 맡아 이후 8년여 동안 방송 작가들의 권리 찾기에 앞장서 투쟁과 헌신으로 저작권 확보를 완성했다. 후진 양성을 위한 '방송작가 교육원'도 개설해 향후 이곳 출신 작가들 대다수가 방송 프로그램을 거의 장악해 방송 콘텐츠 향상을 주도함으로써 드라마를 비롯한 방송 발전에 크게 공헌하였다.

1990　11월부터 1992년 5월까지 방송된 주말극 〈사랑이 뭐길래〉는 코믹 홈드라마라는 새로운 장르를 개척함과 동시에 TV 드라마의 수준과 흥미를 한 단계 높였다는 평가를 받았다. 기왕의 수식어인 '언어의 연금술사'에 이어 TV 드라마에 관해 드디어 '신神의 경지'에 이르렀다는 극찬을 세상 사람들과 언론으로부터 들었다.

1992　〈사랑이 뭐길래〉는 한국 방송 사상 처음으로 중국에 진출, 한류의 원조 또는 효시로 최초의 수출 드라마가 되었다. 당시 〈사랑이 뭐길래〉가 방송되는 주말 저녁 8시 시간대에 남의 집에 전화하는 일은 크게 실례라고 할 정도로 온 국민이 이 드라마에 빠져드는 일종의 '김수현 신드롬'을 낳았다. 중국 역시 그 반응이 엄청나 당시 10억이 넘는 인구의 온 대륙이 들썩였다는 중국 CCTV 관계자의 증언이 있었다. 국내 최고 시청률 64.9% 또한 결코 그저 그냥 넘길 만한 수치가 아니었다.

1993　〈산다는 것은〉과 〈작별〉과 같은, 주로 삶과 죽음에 대해 진지하게 접근하는 작품들을 SBS 주간 드라마를 통해 선보였다. 번뜩이는 재치와 시청자의 말문을 트이게 하는 생생하고 맛깔스런 대사, 언어 문학의 상승 효과, 빠른 전개와 충만한 리얼리티, 인물들의 다양한 캐릭터와 상황 반전에 지치지 않는 서사 구조를 거침없이 쏟아냈다.

1995　KBS 주말 연속극 〈목욕탕집 남자들〉은 수많은 '김수현표 가족 드라마' 가운데 또 하나의 전범을 보여준 경우다. 이 드라마 한

편으로 그때까지 상대적으로 다소 열세에 있던 KBS 드라마들을 단 한 방에 강세로 돌려놓는 마법을 보여주었다. 1995년 당시 한 유력 월간지가 해방 후 '한국을 바꾼 100인' 가운데 방송계에서는 유일하게 드라마 작가 김수현을 선정 발표했다. 가령 시청률 30%면 대략 1천만 명, 70% 안팎이면 아무리 깎아도 2천만 명 이상이 한꺼번에 동시 시청한다는 계산이다. 게다가 이와 같은 특정 작가 드라마에 대한 꾸준하고 열광적인 시청 행태는 1970년대 초 김수현의 드라마가 처음 등장한 때부터 2010년대 초까지 약 40여 년 간 견고하게 유지됐다. 그간의 '김수현 드라마'가 한국인의 생활 양식이나 의식과 문화, 대중적 가치와 정서에 미친 긍정적인 영향을 올바르게 평가한 결론으로 볼 수 있는 일이었다.

2000   SBS 주간 드라마 〈불꽃〉을 시작으로 〈완전한 사랑〉(2003), 〈내 남자의 여자〉(2007)까지 시대의 변화와 함께하는 〈청춘의 덫〉 리메이크를 비롯해 새로운 감각의 멜로드라마를 모색해 동시대의 사회 윤리적 문제와 정서적 도덕 방향을 정리해보기도 했다. 2004년 KBS 주말 연속극 〈부모님 전상서〉는 두 번째로 한국방송작가상을 받았고, 〈엄마가 뿔났다〉(2008), 제주도를 무대로 한 〈인생은 아름다워〉(2010)와 JTBC의 주말 연속극 〈무자식 상팔자〉(2012)까지 2000년대에 들어 괄목할 만한 '가족 드라마 4종 세트'를 내놓으며 역시 김수현 드라마의 기본 단위는 '가족'이라는 점을 상기시켰다. 계속된 여러 편의 '국민 드라마'로 여전히 많은 시청자의 공감을 이끌어내는 데 성공했다.

2008   한국방송협회 주관 '서울 드라마 어워드'에서 '올해의 대한민국 대표 작가'로 선정됐다.

2012   대한민국 대중문화예술상 은관문화훈장을 수여받았다.

김수현 드라마 전집 2
김수현 단막극 2

1판 1쇄 인쇄   2020년 4월 3일
1판 1쇄 발행   2020년 5월 4일

지은이   김수현
펴낸이   임양묵
펴낸곳   솔출판사

편집   최찬미, 윤정빈
디자인   오주희
마케팅   김홍대, 이원지
제작관리   송선심

주소   서울시 마포구 와우산로29가길 80(서교동)
전화   02-332-1526
팩시밀리   02-332-1529
홈페이지   www.solbook.co.kr
이메일   solbook@solbook.co.kr
출판등록   1990년 9월 15일 제10-420호

ISBN   979-11-6020-122-2   04680
            979-11-6020-120-8   세트

· 이 도서의 국립중앙도서관 출판예정도서목록(CIP)은 서지정보유통지원시스템
  홈페이지(http://seoji.nl.go.kr)와 국가자료종합목록 구축시스템(http://kolis-net.nl.go.kr)에서
  이용하실 수 있습니다. (CIP제어번호:CIP2020005392)
· 잘못된 책은 구입한 곳에서 바꿔드립니다.
· 책값은 뒤표지에 표시되어 있습니다.